人工智能与制造业 转型升级

贺　刚◎著

本书出版得到国家社会科学基金重大招标项目"中国特色新型工业化道路研究"（07&ZD024）、国家社会科学基金西部项目"数字经济赋能农业生态产品价值实现机制研究"（23XJL004）的资助

ARTIFICIAL
INTELLIGENCE
AND
THE TRANSFORMATION
AND
UPGRADING OF
MANUFACTURING
INDUSTRY

经济管理出版社
ECONOMY & MANAGEMENT PUBLISHING HOUSE

图书在版编目（CIP）数据

人工智能与制造业转型升级 / 贺刚著 . -- 北京：

经济管理出版社，2024. -- ISBN 978-7-5096-9758-0

Ⅰ . F426.4-39

中国国家版本馆 CIP 数据核字第 2024K8J589 号

组稿编辑：王光艳
责任编辑：王光艳
责任印制：黄章平

出版发行：经济管理出版社
　　　　　（北京市海淀区北蜂窝 8 号中雅大厦 A 座 11 层　　100038）
网　　　址：www. E-mp. com. cn
电　　　话：（010）51915602
印　　　刷：北京市海淀区唐家岭福利印刷厂
经　　　销：新华书店
开　　　本：710mm×1000mm /16
印　　　张：14.75
字　　　数：249 千字
版　　　次：2024 年 7 月第 1 版　　2024 年 7 月第 1 次印刷
书　　　号：ISBN 978-7-5096-9758-0
定　　　价：68.00 元

在这个以创新为驱动的时代，我们正见证着人工智能如何以前所未有的速度和影响力，引领着制造业的转型与升级。作为经济管理领域的学者和教育者，我有幸为本书撰写序言。本书不仅是一项学术研究的成果，更是一次深入探索人工智能与制造业融合的旅程，它将为我们打开一扇观察和理解这一变革过程的窗口。

制造业作为国民经济的重要组成部分，其发展状况直接关系到国家的经济活力和国际竞争力。随着全球化的深入发展和科技的快速进步，制造业正面临着前所未有的挑战和机遇。成本的上升、效率的瓶颈以及创新的不足，是摆在我们面前亟需解决的问题。正是在这样的背景下，人工智能技术以其独特的优势，为制造业的转型升级提供了新的思路和解决方案。

本书的作者以深厚的学术底蕴和敏锐的洞察力，系统地探讨了人工智能对制造业转型升级的影响。不仅从理论层面进行了深入分析，还通过实证研究，为我们揭示了人工智能技术在提升全要素生产率、优化资源配置、促进技术进步等方面的关键作用。书中所涉及的研究内容，从自动化与机器人技术到数据分析和预测模型，从智能化服务和维护到劳动生产效率的提升，无不体现了作者对制造业转型升级全面而深刻的理解。进一步地，书中还特别强调了人工智能在不同行业应用中的异质性效应，这种细致入微的行业分析，不仅丰富了研究的维度，也为不同行业的管理者和从业者提供了更为具体和有针对性的指导。

特别值得一提的是，本书在探讨人工智能技术对制造业转型升级影响的同时，还针对不同行业的特点进行了细致的分析。无论是食品制造业、医药制造业，还是电子设备制造业、汽车制造业等，作者都进行了针对性的实证研究和深入的讨论。这种跨行业的综合分析，不仅展示了人工智能技术在不同领域的广泛应用，也为各行业的决策者和从业者提供了宝贵的参考和启示。书中的案例分析和实证研究结果，生动地展示了人工智能如何在实际制造业中发挥作用，提供了丰富的实践案例和经验教训。

此外，本书还特别强调了政策建议和战略规划的重要性。在人工智能技术的推动下，制造业的转型升级不仅是技术层面的革新，更是一场涉及政策、管理、人才等多方面的系统性变革。作者提出的政策建议和战略规划，为我们描绘了一幅制造业转型升级的宏伟蓝图，也为实现这一目标提供了清晰的路径和方法。这些有针对性的建议和规划，不仅有助于政府和企业决策者更好地理解和利用人工智能技术，也有助于推动制造业的整体进步和社会经济的发展。

作为一部具有高度学术价值和实践指导意义的著作，本书无疑将成为该领域的重要参考资料。我相信，无论是经济管理领域的学者，还是制造业的决策者和从业者，都能从本书中获得宝贵的知识和启示。

在本书的撰写过程中，作者展现了较高的学术追求和严谨的研究态度。不仅关注理论的深度和广度，更注重理论与实践的结合，力求为读者提供一部既有深度又有温度的学术著作。我相信，这种追求卓越、勇于创新的精神，将激励更多的学者和实践者投身于人工智能与制造业转型升级的研究和实践中。

最后，我要向本书的作者及其团队成员表示最诚挚的敬意和感谢。他们的辛勤工作和创新贡献，为我们提供了一部极具价值的学术著作。同时，我也要向所有关注和支持本书的读者表示衷心的感谢。让我们一起期待人工智能技术在制造业中得到更加广泛和深入的应用，共同迎接制造业更加美好的未来。

是为序。

蒋永穆

四川大学经济学院院长

二级教授、博士研究生导师

信息时代，人工智能的应用不仅使制造业产生了巨大的变革，也为企业和经济社会发展开辟了新的路径。一直以来，制造业都是全球经济发展的重要支柱，它涉及产品的设计、生产、销售等各个环节。2012 年，我国制造业增加值为 16.98 万亿元，占全球制造业增加值的比重是 22.5%；经过 10 年的发展，2022 年我国制造业增加值达到 33.5 万亿元，占全球制造业增加值的比重接近 30%①。然而，随着技术的进步和市场竞争的加剧，传统制造业面临着成本上升、效率低下、创新不足等问题。这些问题不仅制约了制造业的发展，也影响了全球经济的增长。不过，人工智能技术的引入，为制造业带来了新的发展机遇和挑战。

本书旨在对人工智能对制造业转型升级的影响进行深入的研究与分析，探讨人工智能促进制造业转型升级的机制、路径创新选择及其未来的发展趋势。

本书的撰写是基于对制造业发展的关注和人工智能技术的迅猛发展。随着全球制造业竞争的日益加剧，以及人工智能技术在各个领域的广泛应用，我们迫切需要深入了解人工智能对制造业转型升级的影响，为实践和政策制定提供理论指导。本书理论与实践分析相结合，可帮助决策者、学者和从业者深入理解人工智能与制造业转型升级的关系。

本书由八章组成，分为五个主要部分：第一部分是绪论，介绍研究背景与研究意义、概念界定、研究思路及研究方法、研究内容与结构安排，以及创新与待改进之处，为全书研究奠定基础。第二部分是文献回顾与理论基础，回顾了国内外在人工智能与制造业转型升级领域的研究进展，并进行了文献述评；探讨了人工智能与制造业转型升级相关的理论基础，如

---

① 苗圩. 加快推进新型工业化 推动我国制造业再上新台阶 [EB/OL]. [2023-11-23]. http://baijiahao. baidu.com/s?id=1783312873402342877&wfr=spider&for=pc.

技术创新扩散理论、产业转型升级理论等。第三部分是水平测度与现状分析，探讨了如何测度人工智能和制造业转型升级的水平，分析当前人工智能在制造业中的应用现状及未来趋势。第四部分是实证研究与重点产业分析，基于实证数据，分析了人工智能对制造业转型升级的影响机制，通过模型设计、数据分析，考察了人工智能对制造业转型升级的异质性。第五部分是研究结论与政策建议，基于前文的分析结果，提出人工智能赋能制造业转型升级的路径创新选择，探讨人工智能与制造业协同演化的趋势，并给出具体的政策建议和对未来研究方向的展望。

本书的主要特点之一是学术性。本书基于严谨的理论框架，通过总量分析与结构分析，结合实证分析和案例研究，为决策者和从业者提供可靠的理论支持和实践指导。此外，本书关注制造业转型升级的实际问题，提出基于政府与市场力量的政策建议和战略规划，促进人工智能在制造业中的应用。

本书旨在推动人工智能与制造业转型升级的研究和实践，笔者希望通过系统、深入的分析，为决策者提供有关人工智能应用在制造业中的策略和政策建议。同时，本书将为学者和从业者提供一份较为全面的参考资料，帮助其更好地理解人工智能对制造业转型升级的影响及其机制。

在未来展望方面，本书关注人工智能与制造业转型升级的演进态势。随着技术的进步和创新的不断涌现，人工智能在制造业中的应用前景将变得更加广阔。笔者期待通过本书的研究和分析，为未来制造业的发展提供新的思路，为决策者和从业者提供指导。随着人工智能技术的不断进步和应用的广泛推广，制造业将迎来更多的变革和创新。通过加强跨界合作和建立创新生态系统，可以进一步推动人工智能与制造业的融合发展，实现更高水平的制造业转型升级。

由于笔者水平有限，本书还存在一定的不足，恳请读者提出宝贵的批评和建议，衷心希望本书能成为人工智能与制造业转型升级领域的重要参考资料，为相关研究和实践提供有益的指导。

CONTENTS

目录

1

第❸章
人工智能与制造业转型升级的理论基础

第❹章
人工智能与制造业转型升级水平测度

第❺章
人工智能对制造业转型升级影响的实证研究

第6章

人工智能在制造业转型升级过程中对其重点行业的影响分析

第7章

人工智能赋能制造业转型升级的路径创新选择

第8章
研究结论与政策建议

Chapter

第 1 章

绪论

1.1 研究背景与研究意义

1.1.1 研究背景

　　随着全球经济的迅猛发展，制造业成为国家或地区经济的重要组成部分，其转型升级对于提升国家或地区的全球竞争力具有举足轻重的意义。在过去的几十年中，制造业经历了从传统的手工制造到现代的自动化制造的转变，现在正全力迈向智能化制造之路。人工智能技术的发展为制造业的转型升级提供了新的动力，各国政府纷纷出台相关政策推动制造业的转型升级。例如，美国提出了"工业互联网"战略，其目的在于深化制造业中人工智能技术的应用；德国提出了"工业 4.0"战略，其目的在于加速制造业的智能化转型；中国出台了《中国制造 2025》等一系列政策，旨在推动制造业的转型升级。这些政策的出台为制造业转型升级提供了政策支持和方向引导。因此，研究人工智能与制造业转型升级的关系对于探究和把握全球经济趋势和未来发展方向具有重要意义。

　　近年来，人工智能技术取得了突破性的进展，其发展速度之快、影响范围之广令人瞩目。从深度学习、自然语言处理到以 Sora 为代表的人工智能视频模型，从机器视觉到自主决策系统，这些技术在各领域的应用正改变着我们的生产和生活方式。其中，制造业作为全球经济的重要驱动力和核心产业之一，正在经历由人工智能技术带来的深刻变革。通过自动化生产线、智能制造系统、个性化定制，人工智能技术可以极大地提高生产效率、降低成本、提升产品质量，为制造业带来巨大经济效益。同时，人工智能综合约束条件、消费者偏好及不确定性等因素,有助于企业实现智能化决策;高效整合供应商、制造商、承运商等的决策和活动,有助于优化企业供应链管理;利用人工智能技术保障客户服务的可靠性、响应性、保证性、移情性、有形性,有助于提升企业的客户服务质量,加速制造业的转型升级进程。

随着人工智能在制造业中的广泛应用,其经济价值、社会价值逐渐凸显。首先,人工智能技术可以应用于自动化生产线,加速传统生产方式向智能化、信息化转型进程,实现生产过程的自动化和智能化。通过机器学习和深度学习技术,实现对生产数据进行实时分析和处理。智能机器人通过深度学习和自身算法命令来控制自己的行为,通过自主完成相应的动作以及空间上的位移减少人工干预①,不仅能降低人力成本,还可以提高生产精度和一致性,减少浪费和损失。其次,人工智能技术可以应用于智能制造系统,实现生产制造过程的智能化和数字化。人工智能是人类智能的物化,通过大数据分析和云计算技术,不仅可以实现数据的深度挖掘,提升数据收集能力和透明度,还能对财务目标、绩效等实现精准预测②,及时发现和解决问题,对制造过程进行实时监控和预测,提高生产效率和产品质量。再次,人工智能的算法决策系统可以帮助企业实现智能化决策,以强大的优势影响使用者的感受和行为,对大量数据的分析和挖掘,使人工智能强大的算法能力实质性地嵌入决策过程,为企业的战略规划和决策提供科学依据③。最后,人工智能技术可以应用于个性化定制,实现产品的个性化设计和生产。通过自然语言处理和计算机视觉技术,人工智能技术可以突破人类眼、耳等感官的局限性,听从于设计者的算法指令④,对用户需求进行准确理解和分析,从而实现产品的个性化设计和生产,提高用户满意度和忠诚度,满足消费者的个性化需求,提高产品的附加值,增强产品市场的核心竞争力。

人工智能与制造业的转型升级存在着密切的关系。随着人类生产生活方式的发展,人工智能技术逐渐成为推动制造业转型升级的关键因素。一方面,人工智能技术为制造业转型升级提供新的动力和方向。它能够通过

---

①④ 焦旋、张懿轩,邹逸彬.人工智能时代刑事责任体系的重构[J].东南大学学报(哲学社会科学版),2023,25(S1):109-113.

② 丁玲珠.人工智能和人类智能[J].哲学研究,1980(10):10-14.

③ 张怡然,曹明德.人工智能赋能气候治理的法治挑战及应对[J].环境保护,2023,51(Z3):19-23.

智能化的生产方式、管理模式和决策手段推动制造业向更高层次发展，并带来更多的创新机会和商业模式，从而促进制造业转型升级。另一方面，制造业转型升级反过来为人工智能技术的应用提供更广阔的市场和更丰富的场景。制造业对人工智能技术的应用可加强其对不同数据、不同场景的处理能力[①]，随着消费者对产品品质、个性化需求的提高，制造业需要以更灵活、高效的生产方式来满足市场需求，人工智能技术的大数据算法可以帮助制造业实现快速的数据、信息与算法场景处理。

然而，人工智能赋能制造业转型升级也面临不少挑战。首先，技术实施难度高。制造业涉及的工艺和流程复杂，实施人工智能技术需要具备丰富的行业知识和技术能力。同时，数据采集、处理和分析的难度较大，需要投入大量的人力和物力资源。其次，数据安全和隐私保护难。制造业涉及大量的数据和信息，包括产品设计、生产过程、供应链管理等，这些数据的安全和隐私保护至关重要。企业需要采取有效的技术和管理措施进行数据安全和隐私保护。最后，智能教育人才相对短缺。随着人工智能技术的快速发展和应用，制造业转型升级需要大量的高素质人才，包括人工智能技术研发、系统集成、应用运维等方面，如何培养和引进具备人工智能技术的专业人才成了重要问题。

综上所述，人工智能对制造业转型升级具有重要的影响作用。深入研究人工智能技术在制造业中的应用和影响，可以为制造业企业和政策制定者提供科学的决策依据，助力制造业实现可持续发展和创新驱动型经济的转型升级。同时，研究人工智能与制造业转型升级有助于拓展经济学领域的理论框架和方法论，深化经济学与智能技术的有机融合。

📖 1.1.2　研究意义

✏️ 1.1.2.1　理论意义

（1）丰富和拓展产业发展理论。通过研究和分析技术创新、资源基础和动态能力等理论，扩展经典的生产函数模型，丰富和拓展了产业发展理论。

（2）补充完善产业发展研究框架。基于人工智能技术，将制造业划分

---

① 周金琳.人工智能应用于会计行业的影响及对策研究[J].财会通讯，2023（15）:145-148.

为不同行业类型，多维度系统性地研究人工智能对制造业转型升级的影响及其异质性，对产业发展研究框架进行补充和完善。

1.1.2.2　现实意义

（1）人工智能赋能制造业转型升级，促进可持续发展。我国制造业迫切需要广泛应用大数据、人工智能等新一代信息技术，推动制造业向数字化、网络化和智能化发展，实现经济高质量发展，从而推动制造业转型升级，实现制造业的绿色生产和可持续发展。

（2）人工智能突破制造业转型升级短板，提升全要素生产率。人工智能与先进制造业的高度集成将引发大量"智能+制造"融合式的技术创新，从而形成技术创新的集群效应。智能制造新技术和新产品不断涌现，将促进制造业创新链、产业链和供应链的精准衔接，进而迅速提升全要素生产率。

1.2　概念界定

1.2.1　人工智能

早在 20 世纪四五十年代，人工智能就已引起学术界的关注。1956 年，人工智能之父约翰·麦卡锡（John McCarthy）首次提出了人工智能的概念（Artificial Intelligence，AI），认为人工智能是人类智能的一种物质化形式，是一种学习、延伸和深化人类智能的技术和应用，使计算机具备某些人类智能特征的一门学科。人工智能的外延广泛，涵盖了从简单的规则系统到复杂的深度学习等各种技术和应用。这些技术包括但不限于专家系统、机器学习、自然语言处理、计算机视觉和智能机器人等。

人工智能的发展是一个长期、持续创新的过程，由于技术创新不断推进，人工智能的概念和内涵也在不断演变。不同学者对人工智能的定义与理解不同，具有代表性的观点如下：①人工智能是指计算机系统具备像人类一样的智能行为能力，能够感知、理解、学习和推理，即人工智能是人类智能的物化。它强调了模拟人类智能的能力和行为表现。例如，欧盟统计局认为，人工智能是具有不同程度自主性的系统，以各种智能算法自主实现特定目标的最佳行动。②人工智能是指计算机系统能够通过学习和适应不同环境，实现特定目标的能力。这种观点强调系统学习和适应能力。麦肯锡公司 2017 年发布的研究报告《人工智能：下一个数字前沿》则认为人工智能是一种自动化。③人工智能是指计算机系统通过模拟和复制人类的智能过程，具备分析和解决问题的能力。日本总务省认为人工智能是通过数据分析进行执行、学习、推断、识别、判断的技术。这种观点强调系统解决问题的能力。

本书致力于探讨人工智能如何通过学习机制解析制造业大数据，以提升制造业企业学习和决策能力。在此过程中，人工智能有助于加速制造业范式的转换，进而推动其转型升级。本书的核心在于分析人工智能技术在制造业中的应用，以及它对制造业经济发展的影响。具体研究领域包括智能机器人、智能维护、质量控制、最优信息供应链以及个性化定制等。本书通过深入研究人工智能对制造业转型升级的影响，旨在提出具有理论依据的措施，以引导制造业实现转型升级并提升其竞争力。

📖 1.2.2　制造业转型升级

自 18 世纪末至 19 世纪初期，以英国纺织业的蒸汽技术应用为特征，以技术为产业变革核心力量以来，制造业转型升级经历了三个重要的阶段，其转型升级是一个不断演进的过程。由于经济社会、技术与市场的共同作用，制造业转型升级成为一种必然趋势。其过程涉及引入新科技、改变生产模式、提升产品品质与附加价值、改善管理等方面，其目标在于提升制造业创新水平、优化产业结构、创新商业模式和技术水平的全面提升。这不仅有助于推动制造业向更高效、更具市场竞争力发展，也有利于扩大国内生产总值。从广义上讲，制造业转型升级的内涵包括技术创新、生产模式改革、产品开发、创新管理、生产控制和风险预测等多个领域，其外延涉及制造业的各个部门和领域，包括但不限于智能制造、绿色制造、服务型制造等新兴领域，以及传统制造业的转型升级。

不同学者对制造业转型升级的定义与理解不同，具有代表性的观点如下：①制造业转型升级是指制造业从传统的劳动密集型、资源密集型向技术密集型、创新驱动型的转变，以提高竞争力和可持续发展能力。谢伟丽等（2023）认为要素禀赋结构优化是人工智能技术应用影响制造业高质量发展的重要机制，对促进制造业高质量发展具有积极作用；何小钢等

（2019）认为要素禀赋结构带动制造业对人力资本、金融支持等高级要素的投入，进而提高制造业生产效率，推动制造业高质量发展。②制造业转型升级是指制造业企业通过技术创新和管理创新，实现生产方式、产品结构和供应链的优化升级，以适应市场需求变化并提高附加值。Porter（1990）认为通过规模经济、消费者邻近效应推动技术创新和产业升级，加速市场规模扩大，有利于实现产业技术创新和效率提升，可有效避免制造业企业"市场隔层陷阱"；陈长江和成长春（2023）认为制造业转型升级要寻求产业链向上突破，发挥自身技术和集群优势，依托龙头企业和节点型企业，将资源集中投向高附加值的品牌和技术环节。③制造业转型升级是指制造业实现从规模扩张到质量效益的转变，通过提升技术水平、优化资源配置和改善生态环境，实现可持续发展。2015 年发布的《中国制造 2025》提出以促进制造业创新发展为主题，以提质增效为中心，以加快新一代信息技术与制造业深度融合为主线，以推进智能制造为主攻方向，实现制造业由大变强的历史跨越。

制造业转型升级是一个长期而复杂的过程，在本书中，制造业转型升级指的是通过引入人工智能技术、数字化技术、自动化技术和智能制造技术等新一代人工智能信息技术，实现制造业的生产方式、生产技术、产品质量、产品结构和管理运营等方面的全面升级。具体而言，本书将关注人工智能技术在制造业转型升级中的应用，包括但不限于智能生产线、智能仓储物流、智能供应链管理和智能制造服务等方面。通过分析人工智能对制造业转型升级的影响方式、对制造业企业发展的影响程度以及人工智能技术与制造业发展的动态融合过程，深入研究人工智能与制造业转型升级的关系，为制造业提升竞争力，实现可持续发展、创新驱动升级提供理论支持和实践指导。

1.3 研究思路及研究方法

1.3.1 研究思路

1.3.1.1 研究对象

本书以人工智能对制造业转型升级的影响与人工智能赋能制造业转型升级的路径创新为研究对象，主要探讨人工智能如何推动制造业的转型升级，及此过程涉及的路径创新问题。

1.3.1.2 研究起点

随着第四次科技革命的到来，人工智能技术逐渐成为当今社会的热点话题。人工智能技术的应用已成为制造业转型升级的重要驱动力，为制造业的发展提供新动力和新方向。因此，本书从人工智能技术对制造业的影响出发，探讨如何利用人工智能技术加速制造业转型升级。具体而言，本书关注人工智能技术如何提高制造业的生产效率、降低生产运营成本、提升品质、精准控制与预测，以及如何通过数据智能分析和预测模型构建等手段实现自动化、精准化的服务和维护。同时，探讨人工智能对制造业转型升级的影响机制，包括生产技术和流程改进、知识信息获取和技能升级以及资源优化等路径。基于以上环节分析人工智能对制造业转型升级的影响，为制造业转型升级提供政策建议和实践指导，加速我国制造业的可持续发展和创新驱动转型进程。

1.3.1.3 研究路径

首先，通过文献综述和理论分析，明确研究的主要问题和研究框架。其目的是对人工智能、制造业转型升级等相关基本概念进行清晰界定，提升研究意义和价值，对不同的研究视角和方法、不同的研究设计和观点进行分析、比较，填补现有研究的不足，梳理相关理论，为后续研究提供理论支撑。其次，对人工智能和制造业转型升级的理论基础进行分析和梳理。这包括人工智能理论、技术创新扩散理论、产业转型升级理论和产业生命周期理论等。通过梳理现有的相关理论，总结现有学者的研究动态、理论信息，为后续的实证研究和案例分析提供理论依据。再次，通过实证研究和案例分析，确定理论应用和假设研究的真实性和有效性，深入探讨人工智能对制造业转型升级的影响机制、现实应用、实际效果和路径创新问题。这包括利用相关数据和模型进行实证分析，验证研究假设，为具体的实践提供方向性指导，并通过典型案例衡量和检验人工智能技术在制造业转型升级中的实际应用效果。最后，根据前文的分析结果，提出相应的政策建议，加速制造业的可持续发展与创新驱动转型升级，这一步旨在将研究结果转化为实际应用，为制造业的发展提供实践指导。本书的具体研究思路如图 1-1 所示。

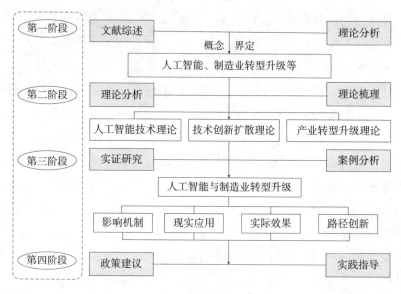

图1-1 研究思路

✎ 1.3.1.4 研究目标

从理论上看，一是对人工智能发展水平测度的理论方法进行对比分析；二是对制造业转型升级水平测度工具进行比较与选择；三是认识人工智能对制造业转型升级的影响机制。从实践上看，一是基于制造业转型升级视角，分析和整理人工智能对制造业转型升级的影响因素、影响程度、影响机理等关键特征；二是把握人工智能与制造业转型升级的现状与未来的发展趋势；三是探讨人工智能赋能制造业转型升级的路径创新选择，为制造业转型升级提供政策建议和实践指导。

📖 1.3.2 研究方法

本书致力于深入探究人工智能对制造业转型升级的影响，采用多种分析手段，包括文献综述、理论分析、实证研究和案例分析等，同时结合了定性和定量的研究方法。

具体而言，包括以下几个方面：

第一，文献综述是研究的基础。通过对国内外相关文献的系统梳理和分析，总结人工智能在制造业领域的应用进展、影响机制等方面的研究现状。这不仅有助于全面了解现有研究的不足，还能为后续研究提供理论支撑和参考，进而提升主题研究的科学性、创新性和实用性。

第二，理论分析是关键环节。通过深入探讨人工智能理论、技术创新扩散理论、产业转型升级理论等，为后续的实证研究和案例分析提供理论依据。同时，通过理论分析对研究结果进行解释，提炼出具有普遍意义的结论。

第三，实证研究是重点。通过收集相关数据，利用统计分析和计量经济学模型进行实证分析，深入探讨人工智能对制造业转型升级的影响机制和人工智能赋能制造业转型升级的路径创新问题。包括对制造业转型升级水平进行测度，分析人工智能对制造业生产效率、成本和品质的影响，并验证相关研究假设。

第四，案例分析是辅助。通过对典型企业或行业进行深入剖析，全面、真实地掌握人工智能技术在制造业转型升级中的实际应用效果和问题，检验和发展人工智能与制造业转型升级关联性的相关理论，有助于补充和验证实证研究的结果以及构建新的理论框架和体系，并为政策制定和实践提供有益的参考。

1.4　研究内容与结构安排

1.4.1　研究内容

根据前文的研究思路和研究方法，本书主要围绕人工智能对制造业转型升级的影响及其机制进行分析，探讨劳动生产率的中介效应，并检验由要素禀赋、地理位置、经济发展状况等因素作用形成的异质性机制。通过数据分析和模型设计进行实证研究，探讨人工智能与制造业转型升级间的作用关系，并提出人工智能赋能制造业转型升级的策略。

第 1 章是绪论。主要介绍研究背景和研究意义，强调人工智能在推动制造业转型升级中的重要性。同时，对人工智能和制造业转型升级等相关概念进行了界定，并概述了研究思路、研究方法和结构安排，最后指出了研究的创新点和待改进之处。

第 2 章是文献综述。主要对国内外关于人工智能与制造业转型升级的研究进行文献综述，其内容涵盖影响制造业转型升级的关键因素、人工智能对国内外制造业的具体影响等方面。通过深入分析现有文献，总结了当前的研究进展、学术观点以及未来发展趋势，为后续章节提供了宝贵的理论支撑和经验借鉴。

第 3 章是人工智能与制造业转型升级的理论基础。本章系统地探讨了人工智能理论、技术创新扩散理论、产业转型升级理论、产业生命周期理论等在人工智能与制造业转型升级过程中的应用。

第 4 章是人工智能与制造业转型升级水平测度。结合现有研究对人工智能及制造业转型升级水平的衡量方法,采用测度结果评价和可视化分析方法,量化分析人工智能与制造业转型升级的水平,为相关决策提供科学依据。

第 5 章是人工智能对制造业转型升级影响的实证研究。首先,进行机制分析、提出研究假设,探讨人工智能对制造业全要素生产率提升的影响作用,分析人工智能、劳动生产率、制造业转型升级三个变量间的中介效应,以及企业规模、地理区位等因素作用形成的异质性机制。其次,通过研究设计、模型设计和基准回归结果分析,检验前文所提出的研究假设。最后,对要素禀赋、产权和地区的异质性作用进行检验,探讨它们对制造业转型升级的影响作用。

第 6 章是人工智能在制造业转型升级过程中对其重点行业的影响分析。分析人工智能在制造业转型升级过程中对其重点行业的影响,并分析其影响机制。这些重点行业包括食品制造业,医药制造业,计算机、通信和其他电子设备制造业,汽车制造业,化学原料和化学制品制造业,通用设备制造业,专用设备制造业,电气机械和器材制造业。

第 7 章是人工智能赋能制造业转型升级的路径创新选择。厘清制造业转型升级不同路径的特点以及制约因素与推动力量,分析人工智能促进制造业转型升级的机制与原理,利用场景应用和案例分析展示人工智能与制造业协同演化的趋势,提出人工智能赋能制造业转型升级的路径创新选择。

第 8 章是研究结论与政策建议。讨论研究的贡献和局限性,并提出研究的实践意义和未来研究建议。

📖 1.4.2 研究结构

综合研究背景、前期研究基础及研究意义提出研究的主要问题,并辅以理论基础的分析和探讨,进而明确研究思路,进行模型设计、实证检验,最后提出研究结论及政策建议,研究技术路线如图 1-2 所示。具体而言,从人工智能赋予制造业转型升级的战略机遇出发,以人工智能理论、技术创新扩散理论、产业转型升级理论、产业生命周期理论及扩展的生产函数理论为基础，从多维度分析人工智能对制造业转型升级的影响，并结合人工智能和制造业转型升级趋势，探讨制造业高效、可持续转型升级的路径，以完善人工智能对制造业转型升级的研究。

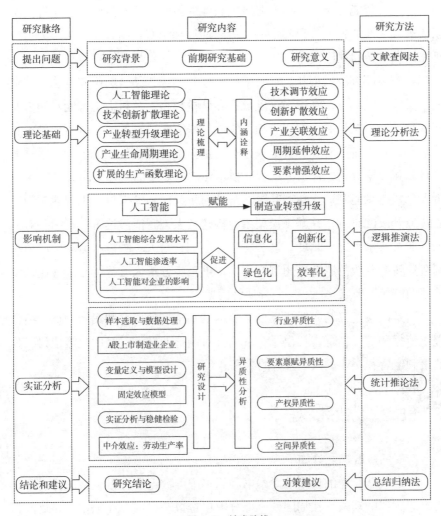

图 1-2　技术路线

1.5　创新与待改进之处

1.5.1　创新之处

一是综合视角的创新。本书从人工智能技术、制造业转型升级、影响机制和路径创新等维度进行综合研究，不仅关注技术本身，还深入探讨其与制造业的融合与变革，为相关研究提供了更全面的视角。

二是理论框架的创新。本书不仅对现有理论进行梳理，还尝试构建一个关于人工智能与制造业转型升级关联性的新的理论框架。该框架将技术创新扩散、产业转型升级和产业生命周期等理论有机结合在一起，为后续研究提供了新的理论支撑。

三是实证方法的创新。本书采用定性和定量相结合的研究方法，特别是在实证研究部分，利用多维度数据和计量模型，分析人工智能对制造业转型升级的影响机制，有望为相关领域的研究提供新的实证分析工具。具体来看，既注重经济学分析范式，也注重对经济理论的实证检验，通过案例研究和数据分析，评估人工智能技术在制造业中的实际应用效果：①分析人工智能赋能制造业转型升级的路径创新选择；②考察人工智能对制造业转型升级的影响，并基于模型结论构建"人工智能渗透率"指标，对人工智能发展水平进行测度；③分析中介效应，对人工智能与劳动生产率对制造业转型升级的联合作用进行建模，进一步分析人工智能与制造业转型关系的产权、要素禀赋、空间异质性问题。

四是政策建议与实践指导创新。本书基于实证研究和案例分析，结合理论依据和实际情况，提出了一系列针对制造业转型升级的政策建议，为政策制定者和企业提供了有益的参考。

1.5.2 待改进之处

本书的待改进之处如下：

一是数据获取的局限性。本书利用多维度数据和计量模型进行实证分析，但数据的获取存在局限性，部分数据难以获得或存在偏差，导致数据缺失，这可能影响研究的准确性和可靠性。

二是理论解释的深度。尽管本书尝试构建关于人工智能与制造业转型升级关联性的理论框架，但理论解释仍存在不足，对某些现象和机制仍需要进行更深入的理论探讨和解释。

三是案例选择的代表性。在案例分析部分，本书选择了一些制造业的典型企业进行深入剖析。然而，案例的选择存在一定的主观性，且不一定代表所有的情况。因此，案例分析结果有一定的局限性。

第 2 章
文献综述

2.1 国际前沿研究

2.1.1 人工智能的起源与国际研究进展

1956 年，在美国新罕布什尔州达特茅斯学院召开的一次学术会议上，首次提出了"人工智能"这一概念，自约翰·麦卡锡提出机器可以解决人类问题而获得计算机领域的最高奖项——图灵奖后，关于人工智能的研究日益丰富。人工智能不仅是一种获取知识的方法，也是一种表现知识及运用知识的学科，其以知识为核心（Nilsson，1982）。人工智能不仅在宏观层面深刻影响产业结构、收入分配、全球贸易、经济增长等经济问题，还在微观层面对居民、企业等产生影响（Brock & Wangenheim，2019; Garbuio & Lin，2019）。人工智能作为一种基于科学产生的新兴技术，可以形成新产业，或颠覆现有产业（McKinsey，2019）。人工智能技术利用水平的持续提升，可带来正向回报，为相关业务领域提供高额收入（Cam et al.，2019），但现有的人工智能技术还未充分体现对经济发展的影响作用，人工智能技术使用初期投资成本较高，且其生产力较低（Brynjolfsson et al.，2019）。

人工智能从诞生到发展不足 100 年，但其对人类经济社会的冲击力和影响力越来越大，学术界基于不同视角和标准，对其发展阶段进行了不同的划分。本书基于经济学视角，将人工智能的研究划分为以下四个阶段。

第一阶段，初期研究阶段（20 世纪 40~70 年代）：该阶段标志着人工智能发展的起步。在这个阶段，人工智能的研究主要集中在符号推理、专家系统和知识表示等方面。这一阶段重要的事件包括：1943 年，麦卡洛克和皮茨提出了神经网络的概念，为人工智能研究奠定了基础；1950年，图灵在《计算机器与智能》一书中提出了著名的图灵测试，引发了对人工智能的热议；1956年，在美国新罕布什尔州达特茅斯学院举行的一次学术会议上，提出了"人工智能"这一概念。

第二阶段，知识推理阶段（20世纪80年代至90年代初期）：在此阶段，专家系统成为人工智能研究的热点。专家系统利用专家知识和规则进行推理和问题求解。20世纪80年代中期，专家系统在商业和工业领域得到广泛应用，被认为具有巨大的经济潜力。这一阶段重要的事件节点包括：1981年，日本第五代计算机项目启动，旨在开发具有人工智能能力的计算机；1986年，Rumelhart、Hinton和Williams等提出了反向传播算法（Backpropagation Alogrithm），为神经网络的训练提供了重要的方法。

第三阶段，知识工程和机器学习阶段（20世纪90年代中后期至21世纪初）：随着机器学习和知识工程的发展，人工智能研究的重点逐渐转向数据驱动的方法。机器学习技术使计算机能够从数据中学习和改进性能。此阶段的里程碑事件包括：1997年，IBM的深蓝超级计算机战胜国际象棋世界冠军卡斯帕罗夫，引起了对人工智能潜力的广泛讨论；2006年，李飞飞等提出了"深度学习"的概念，引领了机器学习的发展方向。

第四阶段，深度学习和大数据阶段（2010年至今）：深度学习技术的兴起标志着人工智能领域的重大突破。深度学习通过应用神经网络模型，实现了在图像识别、语音识别及自然语言处理等领域的重要进展。这一阶段的发展得益于大数据的快速发展，大规模的数据集为深度学习算法提供了更好的训练和应用平台。2012年，谷歌的深度学习算法在图像识别竞赛中获得突破，标志着深度学习在计算机视觉领域的成功应用。2020年，美国头部人工智能研究机构OpenAI发布了GPT-3模型，2022年ChatGPT问世。2022年11月末，OpenAI发布了聊天机器人ChatGPT-3.5，一周内突破百万用户，2个月累计用户过亿；2024年2月15日，该机构再次发布AI视频模型Sora，这一创新迅速引起了学术界和企业界的广泛关注，被誉为AI领域的新里程碑。如果说ChatGPT加强了机器与人的互动，那么Sora则加强了机器与世界的互动。

这四个阶段的划分是从经济学视角出发，对人工智能发展进行综合分析的结果，涉及经济学、计算机科学和人工智能领域，同时考虑了技术进步、技术应用领域的转变以及商业化对经济的影响。

2.1.2　制造业转型升级的国际研究动态

2.1.2.1　制造业转型升级进程

以纽约、东京和伦敦为全球城市的代表，制造业转型升级的发展历程如图 2-1 所示。1932 ~ 1938 年，在英国建立的初次就业人数至少为 25 人的新工厂中工业区占 39.6%，就业转移偏向制造业（Scott & Walsh，2004）；1908 年后，日本制造业以市场为导向，迅速扩大市场份额；1969 年后，日本汽车种类增加，同时生命周期大幅缩短（Hitomi，1992）。20 世纪五六十年代，英国繁荣初期的全部生产潜力展示了制造业发展的集中趋势，也是制造业向服务业转变的证据（Jeremy，1991）。1870 ~ 1940 年，日本传统工业和现代工业的发展与其政府活动相关，1940 年以前的日本经济本质上是市场主导型，传统部门在工业化过程中并没有衰落，反而实现了繁荣发展（Hashino & Saito，2004）。

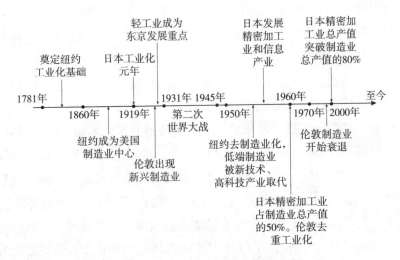

图 2-1　世界主要代表城市制造业发展历程

资料来源：笔者根据相关资料整理。

2.1.2.2　制造业转型升级方式及影响因素

目前，人工智能被认为是制造业发展最重要的通用技术（Brynjolfsson & McAfee，2014；Füller et al.，2022）之一。ChatGPT 的出现更展现出人工智能给各行业的发展带来新的可能和挑战。企业转型升级可划分为跨产业升级、功能升级、产品升级和过程升级四种（Humphrey & Schmitz，2002），动态能力不足是企业转型升级乏力的原因之一（Smith，2016）。企业要想在激烈的竞争环境中生存，就必须提升和培养动态能力，从而保障自身在动态环境下找到正确的转型方向（Ma，2017）。后工业化时期，制造业行业结构由资本密集型向技术密集型转变、由重污染行业向轻污染行业转移，要素密集转型升级和污染密集转型升级成为制造业转型升级的核心内容（Chenery et al.，1986）；从价值链的角度考察，企业主要投入资源由劳动变为知识，即跨越门槛进入获利能力更强的资本密集型、技术密集型经济领域，此过程可视为企业转型升级的过程（Gereffi，1999）。相关研究发现，20世纪50年代以来，制造业对中等技能员工的需求日益减少（Kunst，2019）。

2.1.3　人工智能对制造业转型升级的影响研究

如果智能化劳动可以替代人力劳动，那么即使没有技术进步，经济仍可以持续增长（Prettner，2016）。有学者选择17个国家1993~2007年的行业面板数据研究发现，工业机器人的使用有效提升了行业增加值和劳动生产率，其中自动化促使经济增长速度提升了0.37%（Graetz & Michaels，2018）。人工智能的发展有利于产业结构的优化，提升生产效率（Kim，2017；David，2017）。人工智能可通过提高劳动效率或者经济生产率，实现生产的全自动化，进一步推动产业结构转型升级（Autor et al.，2015）。以共享经济为基础，借助移动互联网技术，可对传统服务业的供给与需求进行实时、准确的匹配，提高传统服务的个性化与精准度，推动服务业的发展（Pisano，2015）。随着人工智能的发展，生产力水平和经济发展速度不断提升，推动了产业发展有效需求的增加，进而实现产业结构优化（Brynjolfsson & McAfee，2014）。从宏观经济层面来看，人工智能应用能优化生产要素的配置，对产业技术创新、产业结构升级起到很大的推动作用（Ivus & Boland，2015）。人工智能深入制造业生产的各领域，改变着经济社会的运作方式，它是人类大脑的一种扩展，在提升生产力方面有巨大的潜力（Furman & Seamans，2019）。人工智能应用能加速产业技术的扩散、应用和创新，提高产业技术效率，同时，它还具有广泛的普适性，能推动产业间的数据交换、信息共享和知识编码，加速产业整合和创新的扩散，从而优化传统产业的生产方式、管理模式与价值链，实现产业结构升级（Cardona，2013）。也有学者利用德国工业智能机器人数据研究发现，人工智能导致各行业的劳动力就业率发生变化,其特征是:在制造业中,劳动力就业率降低,而在服务业中,劳动力就业率提高(Dauth et al.,2017)。就业创造效应可有效解释美国 1999~2010 年的就业增长现象(Acemoglu & Restrepo,2018),原因在于新型技术对具体社会活动及经济活动的影响。人工智能发展的综合水平不仅受限于其本身的发展水平,还依赖于人工智能对经济社会各领域的渗透度(Barefoot,2018)。Hémous 和 Olsen(2022)探讨了自动化对劳动力市场和收入不平等的影响发现自动化技术的广泛应用导致了工资差距的扩大,尤其是中低技能工人的收入下降。

2.2 国内相关研究

2.2.1 人工智能的国内研究进展

2.2.1.1 人工智能学术史分析

人工智能是一个非常重要的研究领域,很多学者都对该主题进行了深入研究,综合来看,人工智能相关研究的发展大体可划分为以下四个阶段。

第一阶段(1999~2004 年)的核心主题词是"人工智能"。还有学者从"人类智能"(钱铁云,2004)、"哲学"(徐明德,2004)、"思维"(杨文华,2004)等角度对人工智能进行了研究。

第二阶段(2005~2010 年)的核心主题词是"人工智能"。还有学者从"认识论"(王雅君,2006)、"专家系统"(董慧、徐雷,2010)、"产生式系统"(周元元、贾晓柏,2007)等角度对人工智能进行了研究。

第三阶段(2011~2018 年)的核心主题词是"人工智能"。随着中国经济向高质量经济转型升级,创新驱动的发展战略引发人们的关注。实现经济高质量发展,需要把创新驱动放在首位,从根本上提升企业科技创新的动力与活力,不断提升企业的创新水平。专利申请数量是企业创新能力的重要标志(黎文靖、郑曼妮,2016)。有学者认为,人工智能对服务业的影响主要有契合情感需要、实现场景个性化服务、更好地满足基础需要及提供定制化服务。人工智能技术能有效提升实景营销中消费者的愉悦感,从而增强消费者的消费欲望(王先庆、雷韶辉,2018)。在工业智能化时代,这种基于降低成本考虑的"机器换人"被认为是必然存在的现象,只不过持续时间不同(朱巧玲、李敏,2018)。此外,还有学者从"深度学习"（朱凤，2018）、"机器学习"（苗红等，2018）、"图书馆"（金银琴，2018）等角度对人工智能进行了研究。

第四阶段（2019年至今）的核心主题词是"人工智能"。云计算、大数据、5G等技术在新一轮科技革命的推进下蓬勃发展，人工智能的发展尤为迅猛，并在社会经济各领域得到普遍应用（陈凤仙，2022）。不同于以往聊天机器人"非人化"的语言系统，ChatGPT能不断"思考"，为用户提供高效、灵活、拟人化的语言文本服务，在艺术创作、文字写作、语言翻译等方面表现出卓越的能力，但同时可能引发伦理风险与学术道德等问题（令小雄等，2023）。人工智能的应用在有良好的制度环境、健康的市场氛围及充裕的科技人才时收益更多。拓展性分析发现，人工智能对绿色经济增长具有显著的正向空间溢出效应，聚焦产业结构升级与绿色发展双重视角，可为塑造以人工智能为核心的技术竞争优势、实现经济高质量发展提供理论支撑和经验证据（周杰琦等，2023）。此外，有学者从"算法"（贾若男等，2023）、"人工智能技术"（郑权，2023）、"人工智能时代"（周亚建、陆晓红，2023）等方面对人工智能进行了研究。

✎ 2.2.1.2 人工智能对产业结构和经济增长的影响

（1）人工智能对产业结构的影响。近年来，国家出台了一系列促进人工智能发展的政策，在《新一代人工智能发展规划》《机器人产业发展规划（2016—2020年）》《中国制造2025》等国家战略规划出台后，实体经济与人工智能的融合不断深入（李雅宁等，2020）。人工智能是引领新一轮科技革命和产业变革的战略性技术，人工智能技术的发展推动了产业结构的转型升级（郭凯明，2019），人工智能对产业结构升级具有显著的正向促进效应（郭艳冰、胡立君，2022）。特别是在制造业领域，人工智能的发展对制造业转型升级和全要素生产率产生了积极的影响（孙早、侯玉琳，2021）。

（2）人工智能对经济增长的影响。随着世界各地科技革命的不断深入与加强，发展人工智能成为各国的重大战略。人工智能技术在为经济创造新活力，实现社会生产力提高方面具有巨大的优势。人工智能对于经济增长来说，一方面可为经济增长提供新的动力（朱巍等，2016），因为国际互联网经济蓬勃发展，生产、物流、消费等环节面临智能化技术瓶颈，而其突破口是人工智能，要实现经济增长，传统互联网经济向"互联网＋人工智能"转变是必由之路；另一方面可提高实体经济的吸引力，并增强实体经济资本对经济增长的拉动效果（林晨等，2020）。

2.2.1.3　文献评价

既有文献对"人工智能"进行了比较系统的研究，具体可划分为四个阶段：1999~2004 年、2005~2010 年、2011~2018 年和 2019 年至今。每个阶段都有不同的核心主题词和研究角度。研究观点在不同阶段可能存在差异，但整体上，在人工智能研究对人工智能发展和应用的重要性方面，学术界达成了共识。文献研究使用的理论有"激励理论"（刘影，2017）、"框架理论"（路寻，2010）、"具身认知理论"（李海英等，2017）、"空间理论"（李海峰等，2018）、"生命周期理论"（段欣等，2020），文献研究使用的方法有"现象学"（邓晓芒，2022）、"内容分析"（臧维等，2021）、"文献计量"（郑烨、任牡丹，2021）、"问卷调查"（胡钦太，2021），文献研究使用的案例涉及"人工智能领域"（徐家天泽等，2022）、"人工智能"（王华等，2023）、"人工智能产业"（刘媛等，2021），文献研究的维度有"人工智能"（张乐乐、顾小清，2023）、"影响效应"（刘曙光、孟庆婕，2022）、"影响路径"（李志强等，2022）、"人工智能领域"（刘夔龙等，2021）、"投资组合量化"（方毅等，2022）。虽然这些文献推进了以"人工智能"为主题的研究，但"人工智能"研究仍有很大的拓展空间。基于以上分析，本书从一个补充性角度进行研究，可选择的研究理论有创新扩散理论、共生理论、自我决定理论、效用理论、公共选择理论，可选择的研究方法有文本分析、文本挖掘、知识图谱分析、扎根理论、深度访谈，可选择的研究维度有影响因素、国际比较、人工智能应用、就业效应、影响机理、路径创新等。

2.2.2　制造业转型升级的国内研究动态

2.2.2.1　制造业转型学术史分析

制造业转型是一个动态演进过程，有较多学者对此主题进行了探索性研究，周民良（2011a）、王晓卉和翁伟斌（2015）、葛冬冬（2019）、胡丽娜（2023）提出的观点都富有洞见，推进了该主题的研究。综合来看，制造业转型研究脉络大体可以划分为以下四个阶段。

第一阶段（2007~2011 年）的核心主题词是"制造业"。也有学者从

"制造业转型"（张雪，2011）、"FDI"（彭羽，2011）、"世界工厂"（孙杭生，2011）等角度进行了研究。

第二阶段（2012~2015年）的核心主题词是"转型升级"。制造业作为实体经济的重要组成部分，是中国实现高质量发展的基础，实现转型升级对经济社会整体转型升级和重点产业高质量发展具有巨大的带动作用。部分学者认为，服务型制造是制造业与服务业融合发展的新制造模式，是引领制造业转型升级的重要力量（彭本红等，2015）。此外，有学者从《中国制造2025》（史铭之，2015）、"产业升级"（李强，2015）等角度进行了研究。

第三阶段（2016~2019年）的核心主题词是"转型升级"。改革开放40多年来，中国从农业国发展为世界第一制造大国；未来，中国制造业创新发展的根本路径在于坚定地向智能化、高质量、绿色化和服务化转型，逐步完成从"制造业大国"到"制造业强国"的本质性飞跃（李廉水，2018）。此外，有学者从"全球价值链"（问泽霞，2019）角度进行了研究。

第四阶段（2020年至今）的核心主题词是"转型升级"。当前，中国正处于经济由高速增长向高质量发展转型的关键时期。转型升级的关键在于提高效率、提高动力，实现全要素生产率的提高。部分学者认为，数字经济能显著促进制造业结构合理化和制造业结构高级化，助力制造业转型升级和高质量发展（周勇等，2022）。也有学者认为，制造业作为国民经济支柱型产业，加速转型升级是整个经济社会实现高质量发展的关键，开放式创新已成为制造业企业提升核心竞争力和实现价值链攀升的必然选择（吕慧珍、张萌，2022）。此外，有学者从"数字经济"（吴文菲，2022）、"中介效应"（杨幼，2022）等角度进行了相关研究。

2.2.2.2 制造业转型升级的驱动因素

制造业转型升级是一个复杂的系统，其影响变量多种多样，主要包括：

（1）技术创新。技术创新是制造业转型升级的核心驱动力。许多研究者关注到技术创新对制造业转型升级的影响（李春发等，2020；何冬梅、刘鹏，2020；余东华、张维国，2018；李捷等，2017）。此外，全球价值链治理视角下的创新驱动制造业转型升级也是研究的重要方向（曾繁华等，2015，2016；魏龙、王磊，2017）。

（2）环境规制。环境规制对制造业转型升级具有双重作用。一方面，环境规制可以推动企业进行绿色技术创新，实现绿色转型（原毅军等，2019）；

另一方面，环境规制可能给企业带来负担，影响制造业转型升级（徐广林、林贡钦，2015）。

（3）要素市场扭曲。要素市场扭曲对制造业转型升级具有影响作用（余东华、张维国，2018）。

（4）人口老龄化作为社会经济现象，会对制造业转型升级产生影响（杨正源等，2021）。

2.2.2.3 制造业转型升级的路径选择与政策支持

制造业转型升级的路径选择与政策支持是本书重要的研究方向。产业融合被认为是制造业转型升级的重要途径（张华，2010；韩明华，2010；孙德升等，2017）。其中，服务业驱动制造业转型升级的路径和机制（李璟等，2022），及生产性服务业集聚对制造业转型升级的影响（詹浩勇、冯金丽，2014）是重要的研究内容。政策支持对制造业转型升级起到关键作用。对税收优惠、金融服务、人才发展等方面的支持被认为是推动制造业转型升级的重要手段（钱宝荣，2010；张华，2010；周大鹏等，2010）。此外，双循环新发展格局下制造业转型升级的成本问题（张金若等，2022）也是重要的研究课题。

2.2.2.4 文献评价

既有文献对"制造业转型"做出了比较系统的研究。2007~2011年，研究重点是制造业本身，关注制造业的发展和转型；2012~2015年，研究重点逐渐转向转型升级，强调制造业的转型升级与发展，以及制造业与服务业的融合；2016~2019年，研究重点仍是转型升级，但更加注重制造业向智能化、高质量、绿色化和服务化转型；2020~2023年，进一步强调了高质量发展和数字经济对制造业转型升级的推动作用。以往研究使用的理论有"生命周期理论"（彭本红等，2015）等。文献研究使用的方法有"问卷调查"（彭本红等，2015）、"系统动力学"（王层层，2020）、"深度访谈"（王继平等，2019年）、"空间计量"（詹浩勇、冯金丽，2016），文献研究的案例涉及"泉州制造业转型升级"（郭伟锋等，2012）、"宁波制造业转型"（韩明华，2010）、"制鞋企业"（戴勇，2013）、"世界纺织业"（张舒，2015），研究的维度有"产业链整合模式"（蒙丹和姚书杰，2019）、"协同机理"（郭伟锋等，2012）、"路径和机制"（李璟等，2022）、"新思维"（徐广林、林贡钦，2015）。虽然这些文献推进了以"制造业转型"为主题的研究，但对"制造业转型"的研究还有待深入。基于以上分析，后期将从一个补充性角度进行更深入的研究，可选择的研究方法有个案研究、聚类分析、内容分析、文献计量、文本分析，可选择的研究维度有影响因素、区位因素效应、生态环境效应等。

2.2.3 人工智能与制造业转型升级的相关研究

2.2.3.1 人工智能对制造业生产率和价值链的影响

已有文献研究表明人工智能会对制造业生产率和价值链产生积极影响。

观点一：人工智能技术对中国制造业企业生产率具有正向促进作用，尤其在全要素生产率方面（郑琼洁、王高凤，2021）。但这种效应存在区域差异，对东部地区制造业企业的促进作用最显著，西部地区次之，中部地区影响不显著，东北地区则表现出"生产率悖论"。这一观点表明，人工智能技术在中国制造业发展中发挥了积极作用，显著提高了企业的全要素生产率。效应区域差异性的存在可能是因为受到地区发展水平、技术基础和产业结构等因素的影响。东部地区的制造业发达程度较高，对人工智能技术的应用更积极，因此影响更为显著。相比之下，中部地区和东北地区可能面临挑战，需要进一步研究或通过政策支持推动人工智能技术在这些地区的应用和发展。

观点二：人工智能技术驱动制造业价值链的提升，改变了企业的生产要素结构，促进了技术创新，降低了资源错配率，提升了生产率（郑琼洁、王高凤，2021）。在"十四五"时期，需要集中力量进行创新，优化服务，充分挖掘"人工智能＋制造业"的生产要素创新功能。此观点强调了人工智能技术对制造业价值链的积极影响。通过改变生产要素结构、促进技术创新和优化服务，人工智能技术将推动制造业企业向高附加值环节攀升。另外，还应当提升制造业创新能力，形成核心技术优势，注重高端发展，打造开放创新的新高地，并充分挖掘制造业生产要素的创新功能，以推动制造业的转型升级。

观点三：人工智能可显著促进制造业韧性的提升，不同地区存在异质特征，尤其在信息基础设施水平较高、对外开放程度较低的中部地区，其促进作用更显著（刘鑫鑫、韩先锋，2023）。此观点强调了人工智能对制造业韧性的积极影响，人工智能技术的应用可提升制造业的抵抗力、恢复力和革新力，增强其应对外部冲击的能力。不同地区的异质特征与地区的信息基础设施水平、对外开放程度和产业结构等因素有关。特别是在中部地区，人工智能技术的促进作用更显著，这与中部地区的发展阶段和政策支持有关。

综上所述，人工智能对制造业转型升级的影响具有积极性。它可以提高企业的生产率和全要素生产率，推动制造业向智能制造转型，推进产业链高附加值环节发展，提升制造业的弹性、韧性和适应能力。然而，这种影响在东中西部地区存在区域差异，不同区域差异受到地区发展水平、资源禀赋、人力资本、技术基础和产业结构等因素的影响，面临不同的挑战和机遇。在未来的发展中，企业应注重技术创新、优化服务，增强创新能力，形成核心技术优势，并制定相关支持政策，以推动人工智能在制造业中的应用和发展。

2.2.3.2 人工智能对制造业智能化升级和技术进步的影响

关于人工智能与制造业转型升级的研究呈现增多趋势。这些研究主要强调，人工智能技术的提升对经济高质量发展有显著的促进作用，影响制造业创新机制、资本和技能溢价、企业高质量发展、企业价值链提升及柔性生产等。

（1）人工智能对经济高质量发展的促进作用。在机器人应用与经济增长方面，有学者通过引入机器人的规模效应和定价行为，发现工业机器人应用通过全要素生产率间接影响经济增长（杨光、侯钰，2020）。也有学者认为机器人使用渗透度的增加导致企业对劳动力的需求下降，特别是容易被机器人替代的行业，机器人应用规模的扩张会降低劳动力的就业量（王永钦、董雯，2020）。人工智能对中国各省份经济高质量发展有重要的促进作用，制造业创新链在其中发挥中介作用。人工智能对东部地区经济发展的促进作用更强烈，且相比 2013 年后，2013 年前的促进作用更强（周松兰等，2023）。此观点指出了人工智能对经济高质量发展的积极影响，尤其是在制造业创新方面，人工智能的应用发挥了重要作用。相关研究指出人工智能对经济高质量发展的促进作用存在地区和时间上的差异，在东部地区人工智能的促进作用更大。因此，还需要进一步研究人工智能影响经济发展的具体机制，以更好地推动经济的高质量发展。

（2）人工智能对制造业创新的影响机制。人工智能的应用显著促进中国制造业创新（王磊、肖倩、邓芸芳，2023），特别是在资本密集型行业和高新技术行业，人工智能的创新影响边际效应更强，对企业实质性创新的影响也更大。人工智能应用无形中要求制造业增加研发人员、扩大对高技能人员的需求、提高研发经费支出，进而促进制造业创新。此观点强调了人工智能在制造业创新中的重要作用，指出人工智能应用对不同类型的企业和行业的影响的差异，人工智能在资本密集型和高新技术行业中的创新效应更显著。研究结果强调人工智能应用使制造业对研发人员、高技能人才和研发经费的需求增加，这对于制造业的转型升级和提高竞争力有重要意义。

（3）人工智能对中国制造业高质量发展的影响。人工智能对制造业的促进作用包括：人工智能通过优化资本结构实现扩大居民消费和促进经济增长的双重目标（林晨等，2020）；从劳动收入不平等的视角，人工智能引起的岗位更迭在低技术部门呈现替代效应，而在高技术部门呈现互补效应（王林辉等，2020）；人工智能通过促进技术进步、改善劳动力成果和提高物质资本使用率等方式提升制造业企业全要素生产率（李廉水等，2020）；人工智能应用能显著促进制造业高质量发展，特别是在提高劳动生产率、优化资源配置、提升产品质量和创新能力方面有积极作用。当然，人工智能的应用也会带来挑战，如技术壁垒、数据隐私和安全风险等。政府应加大对人工智能技术研发和创新的支持力度，同时加强相关政策法规和标准的制定，以推动制造业的高质量发展（杨仁发、陆瑶，2023）。人工智能的应用对中国制造业企业的高质量发展有显著促进作用，国有企业、非沿海地区企业和高技术行业企业受益更大。政府可通过财政支持、补贴和税收优惠等措施促进机器人和人工智能技术的引进、应用和开发，同时加强技术创新模式转变和劳动者技能培养（刘松竹等，2022）。此观点强调了人工智能对中国制造业企业高质量发展产生的积极影响，指出不同类型的企业和地区在人工智能应用方面的受益差异，政府的支持措施在推动人工智能技术引进和应用方面起到重要作用。此外，该观点提到了技术创新模式转变和劳动者技能培养的重要性。

（4）人工智能对中国企业价值链的影响。人工智能技术应用正在积极推动中国在全球价值链中的地位提升（郑琼洁、王高凤，2022）。此观点认为，公司应采取不同技术水平的递进战略，特别是高技术与低技术产业，拥有各种技术技能的公司可采取措施提高其全球竞争力。这是制造业在全球市场中占据更多份额的重要措施。

除以上四个方面，其他研究强调了以下内容。①人工智能可增强出口韧性。人工智能的渗透对制造业尤其是高技术制造业的出口韧性有显著的正向影响。劳动生产率对人工智能渗透对制造业出口韧性的提升作用起到负向调节作用（李怀政等，2023）。②人工智能可提高制造业服务化水平。人工智能主要通过优化人力资本结构、提高数据要素密集度、改变生产和交付模式等途径影响制造业服务化水平（苗翠芬，2023）。其中，人工智能对技术密集型制造业服务化的促进效应更显著，这为推动制造业和服务业深度融合发展提供了经验借鉴和政策参考。③人工智能可在降低企业金融化程度的同时促进高质量发展，人工智能通过降低企业经营风险、提升企业主营业务利润率和增加企业财政补贴等方式，降低制造业企业金融化程度，其中人工智能对劳动密集型企业和融资约束较强的企业的影响更明显（吕民乐、汪星星，2023）。

综上所述，人工智能已对经济社会生产和生活各方面产生了重要影响，尤其在创新引领、生产效率提升、产业升级等方面扮演着关键角色，推进制造业高质量发展。从要素禀赋上看，人工智能的应用主要对资本密集和高技术产业的制造业创新产生重大影响，对传统产业转型有推进作用。从产权性质上看，不论是对国有企业还是民营企业，人工智能都产生了积极影响。在初始阶段，政府政策支持及激励机制在推动人工智能技术引进、应用和发展方面发挥了重要的作用。尽管人工智能给制造业转型升级带来了许多机会和可能性，但也为其带来了挑战和风险。这些挑战包括传统制造业竞争力的影响，劳动力替代引发失业风险、数据隐私和数据安全的担忧，及对人类价值观和伦理道德的挑战。因此，有必要正视这些问题并采取相应的措施。

2.2.3.3 人工智能对制造业就业的影响

近年来，人工智能对制造业就业的影响备受关注。随着老龄化和人工智能机器人的使用，制造业的就业需求正在发生变化。一些研究对人工智能对制造业的影响提出了独到的见解，重点关注人工智能对制造业就业和产业结构的影响。

（1）人工智能对劳动力结构的影响。随着人工智能应用的深入，高技能劳动力就业规模上升，低技能劳动力就业规模下降，中技能劳动力受影响不显著（李舒沁等，2021）。机器人的扩大应用降低了本地劳动力就业水平，尤其是易被机器人替代的行业（孔高文等，2020）。人工智能引起了制造业劳动力结构的变化，出现了补偿效应和替代效应。此外，在私营、外资企业以及出口贸易企业中，工业机器人对劳动工资差距的影响尤为明显（余玲铮等，2021）。

（2）人工智能对就业的影响机制。人工智能技术的应用对制造业员工数量有负向影响，但对员工技能和收入有正向影响（何勤等，2020）。人工智能通过技术创新效应和人力资本积累效应推动制造业优化升级，人工智能应用不仅能改变就业结构，也能提高员工的技能水平和收入（付文宇等，2020）。

（3）人工智能对制造业就业的影响表现出空间异质性。一些学者认为，早期出台的区域人工智能政策的省份对制造业就业造成的影响更大，市场导致的政策效果显著（李新娥等，2020）。也有学者认为，人工智能对东部地区制造业转型升级的促进作用高于中西部地区（付文宇等，2020）。

总的来说，这些研究结果表明，人工智能在制造业中的应用对就业和就业结构产生了重大影响，使劳动力结构发生变化，高技能工人就业增加，但对低技能工人产生相反的替代效应。同时，人工智能的应用通过技术创新和人力资本的积累有利于制造业的优化升级。区域差异和政策因素也会影响人工智能在制造业就业中的表现。这些研究结果可为人工智能政策和新时代劳动培训策略的制定提供借鉴。

2.3 研究述评

总体而言，已有研究对人工智能与制造业转型升级的关系进行了深入分析，从人工智能的发展、经济影响等多方面，运用不同经济理论展开研究，取得了初步的结果，为进一步研究奠定了较好的基础。

2.3.1 已有研究的贡献

第一，人工智能发展研究阶段。对人工智能的发展历程进行了分类和梳理，从1999年到2023年将其划分为四个阶段。这一划分为研究者提供了清晰的时间线，可了解人工智能研究的发展趋势。

第二，人工智能对产业和经济的影响。已有研究指出，人工智能技术的发展对产业结构和经济增长有积极影响。特别是在制造业领域，人工智能的应用推动了产业结构的转型升级，并对全要素生产率产生了积极影响。这些观点为理解人工智能对经济发展的作用提供了重要的理论支持。

第三，从产业整合、政策支持、环境规则和技术创新等角度探讨制造业转型升级的主要问题。

第四，不同学者对制造业转型升级的看法存在差异。有学者认为，服务型制造作为服务业与制造业融合发展的新模式，能有效促进制造业转型升级。同时，有学者认为技术创新是制造业转型升级的核心驱动力。不同的视角和观点反映了研究者对制造业转型升级的不同理解。

第五，从研究方法和理论上看，这些文献大多采用文献综述、实证研究、案例分析、历史研究和政策分析等方法，应用理论包括生命周期理论、空间理论、自我认知理论、框架理论和强度理论。各种方法和理论的应用，丰富了人工智能与制造业转型升级的研究视角，使相关研究全面深入发展。

2.3.2　已有研究的不足之处

第一，缺乏定量数据支持。虽然已有文献研究发现人工智能对产业和经济的积极影响，但缺乏定量数据支持，进一步可通过数据分析和实证研究，量化人工智能对产业和经济的实际影响程度。

第二，已有研究聚焦人工智能对产业结构和经济增长的影响，对于其他方面的研究较少。未来的研究可以进一步探讨人工智能在制造业转型升级中的具体应用、技术创新等方面。

第三，缺乏跨学科研究。已有研究主要从经济学的角度探讨人工智能与制造业转型升级的关系，缺乏与其他学科的联合研究。未来可以结合计算机科学、工程学和管理学等学科，深入探讨人工智能在制造业转型升级中的多重影响。

2.3.3　未来研究的聚焦方向

2.3.3.1　关于政策与制度环境研究

在人工智能起步阶段，分析政府在制造业转型升级中的角色，探讨在从政府主导向市场主导转变过程中，如何通过政策与制度改革来推动制造业的转型。从全球视野看，以美国、德国、日本为代表，对其与人工智能相关的政策进行分析，并评估其效果与普适性。此外，需关注与人工智能相关的伦理和法律问题，如隐私保护、公平算法和责任分配等重要议题，通过制度创新营造人工智能与制造业转型升级的良好氛围。

2.3.3.2 关于制造业升级路径与方法研究

已有研究提出了如下问题：人工智能背景下传统制造业如何转型，新兴技术如何从产品变为产业，转型路径是外延式还是内涵式，数据如何驱动制造业转型，企业、产业如何构建产业生态圈，政府推动还是市场推动，内生动力还是外生动力？研究制造业转型升级的具体路径和转换方法，旨在提升制造业的整体水平。通过分析不同行业和企业的成功案例，借鉴其成功经验与策略，可为制造业的升级提供有益参考。

2.3.3.3 关于人工智能与区块链、物联网等先进技术的互补性及其对经济社会的影响研究

未来可研究人工智能对劳动力市场的影响，讨论工作需求的改变，探索如何利用人工智能改善环境、提高资源利用效率。

2.3.3.4 关于人工智能促进制造业数字化转型研究

未来可深入研究人工智能创新对制造业数字化转型的作用，从细小的方面论述人工智能对制造业生产效率提升、供应链改善及产品创新的影响。

2.3.3.5 关于人工智能在具体行业领域的实际运用价值研究

通过定量分析的方法分析人工智能对产业结构调整和经济发展的影响。例如，研究人工智能同制造业与服务业的融合，挖掘服务型制造业新业态；研究运用人工智能为客户提供增值服务，提升客户体验感。

综上所述，已有文献对人工智能的发展与对制造业转型升级的影响提供了参考思路，但在实证研究、案例分析、路径分析等方面仍存在许多不足。未来的研究在向这些方面发展的同时，还应深入研究人工智能带来的隐私数据保护、法律伦理等问题，以便全面深刻地认识人工智能对制造业转型升级的影响。

第 3 章
人工智能与制造业转型升级的理论基础

3.1 人工智能理论

3.1.1 关于人工智能理论与应用的讨论

人工智能涉及对人类智能行为模式（如学习、计算、推理、思考、规划等）的研究，通过构建具有相应智慧能力的人工系统，完成通常需要人的智慧才能完成的工作。其理论研究可以追溯到 20 世纪 50 年代，这一时期人工智能的概念被提出，这一概念在发展中分为两个派系：一是强调思路模拟的控制派，二是强调自我意识的仿生派。在前期，控制派路线占据主导地位。然而，在"深度学习"技术取得突破性进展之后，人工智能在仿生派路线的推动下，进入技术突破和大规模应用的新阶段。该理论研究如何使机器具备智能行为和能力，以模拟或超越人类的认知和决策能力。

人工智能涵盖了知识表示与推理、机器学习、计算机视觉、自然语言处理等领域。随着时间的推移，人工智能理论不断发展，人工智能收益的增加将使人工智能技术供给增多（见图 3-1），并覆盖更广泛的领域。

人工智能理论包含了人工智能的原理、方法、应用以及局限性，主要涉及符号推理、神经网络、进化算法、人工智能的伦理、可解释性、隐私保护等问题。

虽然人工智能理论本身并不会直接影响制造业转型升级，但为我们提供了在制造业中应用人工智能技术的理论依据，并解释了人工智能技术的作用和局限性。

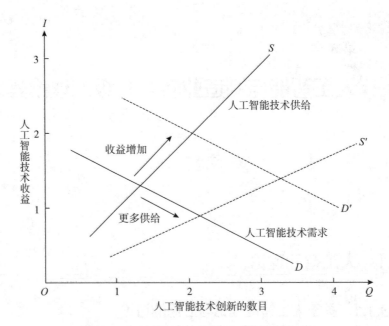

图 3-1　人工智能技术的供给与需求的经济学解释

资料来源：作者根据相关理论制作。

3.1.1.1　智能制造（Smart Manufacturing）

智能制造是人工智能与制造业融合的重要领域，将传感器、物联网、云计算等技术与制造过程集成，可实现制造过程的自动化、智能化和柔性化。

3.1.1.2　工业物联网（Industrial Internet of Things，IIoT）

工业物联网是指将传感器、设备和其他工业资源链接到互联网，实现设备间的通信和数据共享。结合人工智能，工业物联网，可实现实时监测、预测性维护和生产过程优化。

3.1.1.3　机器学习应用

作为人工智能的关键领域之一，机器学习通过模型与算法，使机器具备自动学习与优化的能力。在制造业生产过程中，机器学习技术可广泛应用于质量控制、生产计划优化、供应链管理等环节，进而提升行业的生产效益。

✎ 3.1.1.4　自适应控制与优化

自适应控制与优化是一种生产方法。在制造过程中运用人工智能技术可实现生产实时调整与优化，通过收集和分析数据，系统能够自动调整生产参数与策略，以适应不断变化的生产环境。

📖 3.1.2　人工智能在制造业转型升级场景中的应用

人工智能作为一门技术科学，对于制造业的转型升级有重要作用。在制造业转型升级中，人工智能的应用涉及智能制造系统的建设、机器人技术的应用、数据驱动制造过程优化、智能供应链管理及人机协作等方面。

第一，人工智能技术可加快制造业中智能制造系统的建设。智能制造系统是一种集成先进信息技术、数字化技术、互联网技术和智能化技术的现代化生产系统，通过使生产过程中的各环节实现智能化，包括生产计划与调度、设备监测与维护、质量控制等方面，从而实现生产过程的自动化、数字化和网络化，提升生产效率、节约生产成本。

第二，机器人技术优化制造业生产过程。人工智能和机器人技术的结合可以促成自动化生产线、人机协作和柔性制造系统，推动制造行业技术创新和变革。自动化生产线主要结合人工智能和机器人技术，实现生产线的自动化、智能化、高效化，降低人力投入和成本。人机协作将机器人与工人的技能和智能结合起来，在制造业生产过程中实现两者的优势互补。柔性制造系统是利用人工智能来实现生产过程的灵活调整和优化，使制造业企业快速应对市场变化和个性化需求，进一步提高生产效益。

第三，数据驱动整个制造过程。一方面，制造业企业可通过收集和分析制造过程相关数据，使用人工智能技术实时监测生产状况及设备运行情况，从而改进生产过程并降低成本。另一方面，制造业企业能收集和分析客户数据、市场数据、技术数据，利用人工智能技术进行生产计划和市场需求预测，从而优化产品设计，提高市场竞争力。

第四，智能供应链推动制造业转型升级。利用人工智能技术对供应链数据进行分析，不仅能对供应链各个环节进行实时、精细化管理，包括原材料采购、生产进程、物流配送等，还能对市场变化和异常情况快速做出反应，更准确地应对市场需求，优化库存管理，避免库存积压或缺货的情况，降低库存成本和物流成本。

第五，工业互联网作为信息的传输渠道对制造业发展起到推动作用。如果把大数据作为人工智能大脑的输入信息，把工业互联网作为大脑通向终端设备的神经网络系统，那么其关系到大脑与终端设备之间的联系程度大小，代表一种开创性的工业发展模式。这种模式主要涉及将物理设备、传感器、计算机技术、云计算、大数据等众多技术引入生产过程，实现人工智能与传统制造业的有机结合，使生产与市场间的联系更紧密，推动制造业生态圈建设。这不仅能促进跨制造领域企业的合作与交流，还能加速技术创新和知识转移，实现资源共享。

近年关于人工智能应用于制造业的研究文献，在制造业生产率方面比较丰富，陈彦斌（2019）指出，人工智能的迅猛发展及其在各个领域的广泛应用，极大地提高了制造业的生产效率和技术创新能力；孙早和侯玉琳（2021）认为，人工智能技术的突破和工业机器人的应用有助于提升制造业的全要素生产率。从推动行业发展来看，余玲铮等（2021）指出工业机器人等人工智能应用能促进劳动力结构转型，提升制造业劳动生产率。关于制造业产业结构，郭凯明（2019）证明了人工智能服务和技术会促使要素流动，从而促进产业结构升级；韦东明等（2021）从实证角度考察了人工智能对产业结构转型的作用。关于制造业全球价值链提升，吕越等（2020）、杨丹（2022）均认为人工智能可推动产业迈向全球价值链中高端，提升其在全球价值链分工中的地位；韩峰和庄宗武（2022）发现人工智能可提高产品质量，提升产品附加值从而促进制造业企业出口升级。

3.2 技术创新扩散理论

3.2.1 技术创新扩散理论的内涵与外延

技术创新扩散的概念起源于奥地利经济学家熊彼特的"创新理论"。1912 年，熊彼特在《经济发展理论》一书中将技术变革过程划分为发明、创新和扩散三个阶段，但未明确界定技术创新和技术创新扩散的概念。技术创新扩散理论由埃弗雷特·罗杰斯（Everett Rogers）于 1962 年在其著作《创新的扩散》中明确提出。该理论的核心概念包括创新、扩散、采纳和决策者。创新指的是一种新的思想、产品或实践，它给社会带来了改变。

扩散是指创新在社会中传播的过程，包括创新的采纳和适应。决策者是指影响创新采纳的个人或组织。技术创新扩散理论，为解释创新在社会中的接受程度和扩散速度提供了一个框架。它认为创新的采纳是一个社会系统的决策过程，涉及个体、组织和社会等层面。在该理论中，有五个基本要素需要考虑，即创新本身、传播渠道、时间、社会环境和创新采纳者。

第一，创新本身是技术创新扩散理论的核心要素之一，创新的新颖性、价值性、阶段性、不可预测性直接决定创新的扩散。第二，传播渠道是技术创新扩散的基础，有效的传播渠道能提升创新的传播和采纳程度。其中，人际交往和交流也是重要的传播渠道。第三，时间是技术创新扩散的关键因素，不同的创新有不同的扩散速度和采纳周期。罗杰斯提出的创新扩散曲线描述了创新的采纳过程，将创新扩散的受众分为早期采纳者、早期多数者、后期多数者和滞后者。第四，社会环境是技术创新扩散的前提，社会环境的特征和结构会影响创新的接受程度和扩散速度。第五，创新采纳者是技术创新扩散的关键角色。罗杰斯认为不同类型的创新采纳者的创新态度、行为和决策具有差异性。早期采纳者及早期多数者往往更愿意接受新技术和创新，后期多数者和滞后者则相反。

此外，有学者运用博弈论、创新理论、制度理论等，从不同层次、多个视角分析不同国家、产业和企业创新扩散的路径。他们发现，智能技术创新扩散呈现非线性、递进式扩散的趋势（王袁欣、刘德寰，2023）。其他学者则关注技术创新扩散理论在具体领域的应用。例如，在新能源汽车领域，可将消费者划分为创新者、早期采用者、早期多数跟随者、晚期多数跟随者和滞后者，不同的消费群体对创新的接受有不同的特征。通过对比不同品牌新能源汽车的市场表现，说明个人接受新能源汽车的决策过程。近年互联网已成为新能源汽车创新扩散的重要渠道，需要加以重视（董哲，2020）。通过对比不同企业的市场表现，说明企业接受人工智能技术的决策过程。在政策制定方面，政府可利用该理论来制定科技创新和创新产业发展的相关政策，以加速技术创新的扩散和应用。

国外学者从不同角度阐述了对技术创新扩散这一术语的理解。罗杰斯将技术创新扩散解释为，技术创新在社会系统的成员之间通过一定的渠道随时间传播的过程。英国学者斯通曼通过数量模型对技术创新扩散这一概念进行了解释，他将这一过程定义为一种学习活动，即在模仿的基础上不断进行自主创新的活动，这种模仿不是一成不变的，企业要根据成本与利益期望来确定是否采纳某一项技术创新。他提出的技术创新扩散概念更侧重技术创新扩散发生的经济学条件。当某项技术创新所带来的收益预期大于企业在创新过程中所需支付的成本时，企业就会采纳该创新，反之，企业将不会采纳该创新。国内学者洪后其等（1991）将技术创新扩散解释为对技术创新的一种"模仿"或者"学习"行为，企业对成本与收益的期望影响了技术创新扩散的发生条件，而且技术创新扩散需要渠道的传递才能完成。傅家骥（1992）指出，技术创新扩散与技术扩散既有联系又有区别。技术扩散和创新观念的扩散是技术创新扩散不可或缺的组成部分。因此，技术创新扩散过程同时包括技术扩散过程。国内外的很多经济学流派，基本认同"技术创新扩散是技术创新传播的过程"这一观点，只是观察与表达的侧重不同。综合国内外学者们的观点，可将技术创新扩散定义为：从技术创新扩散的本质（技术创新的再实现）出发，技术创新扩散是技术创新通过一定渠道，在首个技术创新实现者后再实现的过程，是同样、同类或者更进步的技术创新的再实现过程。

3.2.2 关于技术创新扩散的影响因素与路径的讨论

技术创新扩散理论可用于分析人工智能在制造业中的应用和影响，以理解为什么某些制造业部门更容易采用人工智能技术，以及这些技术如何改变企业和产业的竞争格局。

从量化研究看，对经典 S 曲线规律的约束条件不断进行优化，从最初仅关注时间维度的扩散，逐渐转向重视空间维度的扩散，这是技术创新扩散量化研究的重要突破。康凯等（2000）较早地提出了技术创新扩散场理论，对空间扩散理论进行了探索。在技术创新扩散理论的本土化应用研究方面，研究者们探讨了影响技术创新采纳和扩散的因素、技术创新扩散的路径和速度，以及技术创新扩散在不同社会群体间的差异。林兰等（2007）关注高新技术企业区位与技术扩散间的关系。汤长安（2008）发现产业集群在初期和成熟期技术创新扩散的方式及扩散过程中的差异，并提出产业集群成熟期技术创新在集群内加速扩散的策略。王志平（2013）分析了在技术创新扩散过程中企业、政府和市场三方面的作用，基于空间和时间维度，构建了绿色技术创新扩散模型，探讨绿色技术创新扩散机制。常悦等（2013）分析技术转让模式下技术创新扩散参与人间的竞争与合作。钟章奇（2016）分析多区域技术创新扩散对全球经济增长的影响。陈莫凡和黄建华（2018）将企业、合作社、农户三者纳入研究框架，并将政府补贴作为环境约束，构建生态农业技术创新扩散博弈模型。肖汉杰和王华（2017）研究了低碳环境友好技术创新扩散的非对称演化博弈问题。董景荣等（2019）认为中国技术创新的扩散策略应是通过高新技术对传统产业进行升级改革。此外，其他学者研究了不同类型的创新采纳者，如早期采纳者和滞后采纳者对技术创新扩散的影响。

3.2.3　技术创新扩散理论在人工智能与制造业转型升级场景中的应用

在人工智能影响制造业转型升级的场景中，技术创新扩散理论主要包括以下方面：

其一，创新的特性与采纳者决策：研究人员可通过分析人工智能技术的特性（如可观察性、相对优势等）及影响采纳者决策的因素（如风险态度、知觉的适配性等），来预测和解释人工智能技术在制造业中的应用情况。

其二，传播渠道与社会网络：了解人工智能技术在制造业中的传播渠道及社会网络的结构和作用，有助于推动技术的扩散和应用。通过建立合作关系、加入行业组织及参与技术交流等方式，可促进人工智能技术的传播和扩散。

其三，时间因素与采纳过程：在人工智能影响制造业转型升级的场景中，技术创新扩散理论强调时间对技术采纳过程的影响。研究人员通过分析制造业对人工智能技术的采纳曲线、采纳速度和采纳阶段，帮助企业实现转型升级与提升市场竞争力。

3.3　产业转型升级理论

3.3.1　产业转型升级理论的提出、内涵与外延

产业转型升级理论是研究制造业从传统制造向高附加值、高技术含量和高创新性方向转变的过程的理论框架。该理论是在多个历史时期和学术背景下逐渐形成和完善起来的。早在 17 世纪，古典政治经济学家威廉·配

第在《政治算术》一书中就开始使用数学方法研究经济问题，涉及产业转型升级的理论萌芽。到了20世纪中叶，库兹涅茨等经济学家对多个国家经济增长和产业结构变动的数据进行研究，进一步阐述了产业转型升级的内在机制和影响因素。随着全球化进程的加速和科技的不断进步，产业转型升级逐渐成为各国经济发展的核心战略。其理论内涵也在不断丰富和发展，包括产业结构的优化升级、产业链的延伸和完善、新兴产业的培育和发展、传统产业的改造和转型等方面。同时，产业转型升级需要考虑环境保护、资源节约、可持续发展等因素，以实现经济、社会和环境的协调发展。

该理论可追溯到20世纪60年代的产业结构理论和经济发展理论。在这些早期理论的基础上，产业转型升级理论逐渐形成，强调技术创新、产业结构优化和创新能力的提升在产业发展转型和升级中的作用。产业转型升级理论认为，技术创新是推动产业转型升级的核心要素之一。其一，技术创新不仅可改变产业的生产方式、优化生产要素配置，还可提高产品和服务的附加值和竞争力。其二，产业结构优化是产业转型升级理论的重要内容。产业结构优化指的是调整和优化产业内部各个部门和环节的比重和结构，以适应市场需求和提高资源配置效率。其三，创新能力提升是产业转型升级理论关注的重点。创新能力包括企业和产业在技术研发、市场创新、组织创新等方面的能力和水平。

3.3.2 产业转型升级理论的讨论

产业转型升级理论涉及技术创新、市场需求变化、政策支持等对产业转型升级的影响，这些因素推动产业向创新驱动的模式转变。在人工智能时代，人工智能技术的应用改变了制造业的价值链、业务模式和组织结构，从而推动产业转型升级。

首先，人工智能技术的引入改变制造业的价值链。传统的制造业主要侧重产品的生产制造环节，引入人工智能技术后，制造业的价值链开始向上游延伸。利用人工智能技术，制造业企业产品设计、材料采购、生产计划等环节可实现智能化和自动化，进而提高生产效率和产品质量。例如，余东华和水冰（2017）探讨了价值链嵌入程度对制造业转型升级的影响，认为全球价值链的重新整合为中国制造业嵌入全球价值链高端环节提供了机会。同时，人工智能技术可实现产品的智能化升级，如智能制造设备和机器人的应用，进一步提高制造业的附加值。

　　其次，人工智能技术改变制造业的业务模式。传统制造业以产品销售为核心，而人工智能技术的引入使制造业企业向服务型模式转变。利用人工智能技术，制造业企业可提供更多的定制化服务和智能化解决方案，满足客户个性化需求。

　　最后，人工智能技术改变制造业的组织结构。传统制造业企业的组织结构较为刚性和层级化，而人工智能技术的应用促使制造业企业朝着扁平化、灵活化的组织结构转变。利用人工智能技术，制造业企业可实现生产过程的自动化和智能化，减少了对人工的依赖，从而实现组织结构的优化和效率的提升。同时，人工智能技术的应用可促进企业内部和企业之间的信息共享和协同合作，推动产业链上各个环节的协同发展，实现产业的全面升级。李捷等（2017）指出，技术资本密集型与劳动密集型制造业企业在提高全要素生产率的过程中，对信息网络技术应用程度的差异可能影响其转型升级的进程。

3.3.3　产业转型升级理论在人工智能与制造业转型升级场景中的应用

　　产业转型升级理论有助于深入了解制造业如何借助人工智能技术优化生产流程、提升产品质量、创新商业模式，实现从传统制造向智能制造的转型升级。在人工智能影响制造业转型升级场景中，产业转型升级理论主要涉及以下方面：

3.3.3.1　技术创新和研发能力

　　技术创新是产业转型的核心动力，新技术的出现和应用往往能颠覆传统产业，催生新兴产业。研发能力的提升有助于制造业企业实现产品创新、工艺改进，提升竞争力。同时，研发能力的增强有助于培育新的经济增长点，研发能力较强的企业往往能在竞争中占据优势地位，甚至引领制造业的发展趋势。

3.3.3.2　产业结构优化

　　这里指通过人工智能调整和改善制造业产业间或产业内部的相互关

系，以更合理地配置资源，提升经济发展的质量与效益。此过程将推动制造业朝着智能化和高附加值的方向发展。随着人工智能技术的迭代演进，人工智能技术与实体经济深入融合。例如，周杰琦等（2023）通过非连续创新路径跨越和技术范式转换，以产业结构优化为切入点构建人工智能技术赋能绿色发展的逻辑框架，实证研究发现人工智能的产业结构优化效应，在技术创新人力资本积累越深厚、市场化水平越高、要素市场扭曲程度越低的地区表现越明显。人工智能对推动绿色发展有时滞效应，但该效应在技术密集度和资本密集度较高时可得到一定缓解（周杰琦等，2023）。也有学者从赋能效应和反馈效应两个方面探讨新一代人工智能、产业结构合理化、产业结构高度化的动态交互效应，发现产业结构优化的反馈效应有滞后性，产业结构合理化和高度化的滞后性显著提高新一代人工智能综合指数（叶祥松、欧进锋，2023）。

3.3.3.3 价值链重构与组织变革

价值链重构是指制造业企业重新整合价值链的各个环节，以实现整个价值链的智能化和数字化。人工智能在企业中的应用显著提升了企业的全要素生产率，企业研发设计、生产制造、市场营销环节的智能化发展，也带来显著的全要素生产率提升效应（张龙鹏、钟易霖，2023）。人工智能对全球价值链分工地位的提升有积极作用。人工智能显著提升了我国制造业在全球价值链中的地位，相较于资本和技术密集型行业，人工智能对资源和劳动密集型行业价值链地位提升的效果更显著，人工智能通过提升人力资本水平、促进新产品研发两条路径推动我国制造业全球价值链地位的提升（刘曙光、孟庆婕，2022）。人工智能通过对企业组织资源、人机物关系、组织形态与组织机制、劳动替代与创造效应、人力资源管理者产生多方面影响，促进制造业企业对其内部组织结构、管理体系和企业文化等进行相应的调整与优化，以适应人工智能带来的全新业务模式和技术要求。

3.3.3.4 政策引导和合作伙伴关系建立

政府可制定支持人工智能发展与制造业转型升级的政策和规划，并提供相应的资金支持。同时，企业间可建立合作伙伴关系，共享资源和技术，实现整个制造业的转型升级。

3.4 产业生命周期理论

3.4.1 产业生命周期理论的提出与发展

产业生命周期理论最早由奥地利经济学家约瑟夫·瓦彻纳（Joseph Schumpeter）在 20 世纪初提出，后来得到了经济学家的发展。Larry E. Greiner 1972 年在《组织成长的演变和变革》中提出了企业生命周期的概念。Gort 和 Klepper（1982）构建了产业生命周期的 G–K 模型，该模型将产业生命周期划分为引入期、大量进入期、稳定期、大量退出期及成熟期。此后，产业生命周期理论的研究逐渐丰富。Nelson（1982）和 Winter（1984）等学者认为企业像生物有机体一样，从生物学的角度来研究企业的生命周期问题，指出企业也会经历诞生、成长、壮大、衰退、死亡五个阶段。

产业生命周期理论强调技术创新在产业转型中的重要性，技术创新推动了产业的成长和发展，同时会导致市场竞争和经济变革。产业生命周期理论将产业的发展划分为创新期、成长期、成熟期和衰退期。在创新期，新兴产业刚刚诞生，技术、市场和管理等方面都处于探索阶段，企业数量较少，规模也较小，企业需要积极进行技术研发和创新，才能确立在市场中的竞争优势。在成长期，产业迅速发展，企业数量增加，规模扩大，这是由于技术创新的推动、新产品和服务的引入，以及市场的迅速扩张。在成熟期，企业数量和规模达到较高水平，企业间的竞争主要体现在产品质量、价格和服务等方面。产业技术成熟，技术创新的速度相对减缓，市场竞争虽然激烈，但企业间合作也非常普遍。在产业的衰退期，技术创新停滞或减缓，市场需求下降，企业利润和市场份额减少，企业数量和规模减小，一些企业可能会选择退出市场或进行兼并重组，但新技术的出现，可能会促进产业转型和升级，甚至催生新的产业。

3.4.2 关于产业生命周期理论应用的讨论

产业生命周期理论包含产业生命周期的不同阶段、转折点和影响因素。学者们重点探讨了技术创新的作用、市场需求变化、竞争格局和管理策略等主题。

首先，技术创新在产业生命周期中起到关键作用。技术创新是产业成长和发展的主要驱动力。人工智能技术在制造业中的应用可提高其生产效率、降低成本、提升产品质量，并带来新的商业模式。其次，市场需求变化是影响产业生命周期的重要因素。随着时间的推移，市场需求可能会发生变化，从而影响产业的发展。随着消费者对智能化产品需求的增加，制造业开始采用人工智能技术来满足市场需求。最后，竞争格局和管理策略也对产业生命周期产生影响。随着产业的发展，竞争可能会加剧，企业需要采取不同的管理策略保持竞争力。例如，在成长阶段，企业需要注重技术创新和市场拓展；在成熟阶段，企业需要注重产品质量和成本控制；在衰退阶段，企业需要调整经营战略或寻找新的市场机会。针对不同产业和市场，学者们也提出了一些扩展和修正模型，以更好地解释产业生命周期现象。这些模型考虑了不同产业和市场的特殊性和变化规律。例如，有学者提出了非线性的产业生命周期曲线，认为产业不一定按照线性的成长—成熟—衰退的路径发展，而是进行更复杂的动态变化。

3.4.3 产业生命周期理论在人工智能与制造业转型升级场景中的应用

2023年，人工智能在制造业中的应用正处于产业生命周期的创新阶段，尽管人工智能在制造业中的应用还不够深入与广泛，但随着人工智能技术的快速发展，新技术和创新成果会不断涌现，特别是在机器学习、自然语言处理和计算机视觉等领域的突破，将推动制造业向更高层次发展。

首先，制造业运用人工智能技术的速度是决定产业生命周期的一个关键因素，人工智能作为一种新兴技术，其应用速度在很大程度上影响着制造业的发展进程。不同企业对于新技术的应用速度存在差异，这种差异主要受到产业特点、企业规模、企业资源获取能力和组织结构等因素的影响。

其次，市场竞争也会影响人工智能技术在制造业中的发展。随着人工智能技术的普及和应用，整个制造行业出现新的竞争格局和市场需求，企业通过应用先进的技术和创新手段来提高产品质量、降低成本、增强创新能力，从而在市场上取得竞争优势。

最后，人工智能推动制造业的转型升级。通过引入人工智能技术，制造业可能经历从传统制造到智能制造转型的过程，智能制造将会改变制造业的生产方式、组织结构和价值链等，从而使制造业迈向全新的转型路径。

3.5 扩展的生产函数理论

3.5.1 引入数据后传统 Cobb-Douglas 生产函数的扩展

传统生产函数通常采用科布 – 道格拉斯（Cobb-Douglas）生产函数或其他形式的函数来表示产出与劳动和资本之间的关系，数学表达式为 $Y = A^* K^\alpha L^\beta$，其中 Y 为产出，A 为全要素生产率，K 为资本，L 为劳动，α 和 β 为生产要素的弹性系数。但是，传统生产函数忽视了数据及其对生产过程的影响。

在人工智能时代，我们可以将数据 D 作为额外的生产要素，将 Cobb-Douglas 生产函数扩展为 $Y = A^* K^\alpha L^\beta D^\gamma$，其中 γ 为数据的弹性系数。数据的弹性系数 γ 反映数据对产出的影响程度。如果 γ 大于零，表示加强数据的使用将对产出产生正向影响，即数据有正的边际效益。这意味着在生产过程中加强对数据的使用将提高生产效率和产出水平。通过在传统生产函数中引入数据的权重或指数项，构成扩展传统生产函数，即对数据与劳动、资本等传统生产要素进行联合建模。在加入数据后的生产函数中，数据的权重或指数项也表示数据对产出的贡献程度。

3.5.2 数据与增长理论

在数据与增长理论的研究中，数据的量化与建模对经济产出的影响是重要课题。为了更好地理解数据在经济中的作用，学术界进行了一系列实证研究，并提出了相关的经济模型。

一种常见的经济模型是对生产函数的扩展，将数据作为新的生产要素引入。这种扩展的模型被称为"数据驱动的生产函数"。一方面，通过将数据作为额外的输入因素，该模型可以发现数据对生产力和经济增长的积极影响。另一方面，数据的积累和利用对创新和技术进步起关键作用。通过分析大规模的数据集，企业可发现新的市场机会、产品设计和商业模式。数据驱动的创新能显著提高企业的生产效率和经济增长速度。同时，数据开放与共享也被认为是促进经济增长的重要机制。通过共享数据资源，不同组织间可以加强合作，加快创新的速度，进而促进企业的技术合作和全球价值链的整合，推动经济增长。

3.5.3　关于数据驱动生产函数的讨论

生产函数理论是经济学中描述生产要素与经济产出关系的重要工具。然而，在研究人工智能对制造业转型升级的影响时，生产函数理论的适用性较弱，这是因为生产函数理论主要关注传统生产要素（如劳动和资本）对产出的影响，而在人工智能时代，数据将是重要的生产要素之一。

在传统的生产函数理论中，生产要素的投入与产出间的关系被表示为一个函数。然而，这种函数形式无法直接反映数据对产出的影响。数据的广泛收集、存储和分析促进了创新和生产力的提高。数据驱动的决策和预测分析可使企业更好了解市场需求、优化生产流程和提供个性化服务，从而提高产出效率。因此，将数据引入生产函数模型对研究人工智能如何影响制造业转型升级的重要扩展。尽管生产函数理论缺乏对数据的考虑，但它仍然具有一定的理论和分析价值。传统生产要素仍是制造业的重要组成部分，且数据与其他生产要素间也存在相互作用。因此，将数据与传统生产要素结合，可以更全面地理解和分析人工智能时代制造业的转型升级。此外，生产函数理论在研究其他领域的经济增长和生产效率提升时，仍具有较高的分析价值。由此可见，尽管生产函数理论在研究人工智能对制造业转型升级的影响时有不足之处，但加入数据这一生产要素，可以得到扩展的生产函数模型。

3.6　关于理论应用分析框架的评述

技术创新扩散理论和产业转型升级理论，为研究人工智能对制造业转型升级的影响提出了两个主要的理论分析框架。这两种理论注重技术创新的运用和产业转型升级的动态过程，能分析人工智能技术在制造业中的应用及其影响。技术创新扩散理论强调技术的采用和传播过程，以及不同企业和产业在不同阶段对待技术创新的差异，提供了一种分析新技术在市场上扩散的速度和影响的理论框架。而产业转型升级理论关注产业结构的演变和转型，特别是由技术变革引起的产业转型，该理论探讨了不同阶段产业转型的路径，为研究人工智能时代制造业的转型和升级提供了分析框架。

相比技术创新扩散理论和产业转型升级理论，人工智能理论和产业生命周期理论，在研究人工智能对制造业转型升级的影响时应用的范围较窄。

人工智能理论主要关注人工智能技术本身的特点和功能，较少关注新技术是否被采纳和应用。产业生命周期理论更关注产业成长、成熟和衰退的过程，较少关注技术创新对产业的影响。

面对人工智能时代的新要求，生产函数理论在分析实际问题时需要加入数据这一生产要素，并结合其他理论和方法对数据进行综合分析，因此较少用研究人工智能对制造业转型升级的影响。然而，生产函数理论在分析制造业转型升级问题时并非完全没有价值，通过将数据与传统生产要素结合，这一理论可以更全面地分析人工智能对制造业转型升级的影响这一新课题。

综上所述，技术创新扩散理论和产业转型升级理论是研究人工智能对制造业转型升级影响的关键理论；人工智能理论和产业生命周期理论在领域的适用性较弱；生产函数理论在人工智能时代需要加入数据这一要素，因此在这个研究领域中的应用较少。

第4章
人工智能与制造业转型升级水平测度

4.1 人工智能赋能制造业的现状与趋势

4.1.1 制造业中人工智能技术的应用现状

4.1.1.1 人工智能在制造业中的应用概述

从全球范围看，美国、德国和日本走在智能制造前列。美国于1988年首次提出了"智能制造"的概念；日本于1989年提出"智能制造系统"国际合作计划；德国于2013年推出"工业4.0版"，其战略核心是智能制造技术和智能生产模式。自此，智能制造作为国家战略受到各国的关注。全球智能制造装备跨国企业主要集中在美国、德国和日本，且产业集中度高。全球前50家智能控制系统企业排行榜中74%为美、德、日企业[①]。王媛媛等（2020）测度了G20国家制造业智能化指数，排名前五的国家分别是韩国、日本、德国、美国和中国。其中中国智能化指数为8.56，和排名第一的韩国仍有差距，其智能化指数为17.65。可见，国际智能制造产业竞争日趋激烈，中国虽然已步入第一梯队，但与西方制造业发达国家相比仍有差距。

国内人工智能技术的应用日益广泛，涵盖了多个领域。在智能制造方面，中国分别于2016年和2021年发布《智能制造发展规划（2016—2020年）》《"十四五"智能制造发展规划》，推动制造业企业积极探索智能生产线和工厂的建设，引入机器学习和自动化技术，提高生产效率和灵活性。经过多年发展，已经形成十余个先进制造业集群，工业互联网、工业机器人、

---

① 参见《世界智能制造中心发展趋势报告（2019）》。

高端数控机床和半导体产业发展尤为迅速。在质量控制方面，制造业借助人工智能技术进行缺陷检测和质量预测，提升了产品质量和市场竞争力。

从产业规模看，2020 年中国智能制造行业产值约为 25056 亿元，同比增长 18.85%[①]；从产业分布看，形成珠三角地区、中西部地区、环渤海地区和长三角地区四大产业聚集区，截至 2020 年建成智能制造产业园区 537 个；从主要领域看，涉及工业物联网、工业机器人及半导体工业。2020 年，全国工业互联网产业经济增加值达 3.57 万亿，占 GDP 比重为 3.51%；全国工业机器人产量达到 237068 台，同比增长 19.1%；半导体销售额达 673.6 亿元。根据《智能制造能力成熟度模型》标准分类，全国智能制造业平均水平处于二级规范级，截至 2020 年达到五级引领级的企业有 952 个，占比 3.39%。[②]其中，参与智能制造能力成熟度评估的企业主要集中在山东、江苏、广东等传统制造业发达地区。

总体而言，中国智能制造在各领域均取得了长足进步，已经形成了一系列行业体系和评估标准，部分领域关键技术突破迅速，正处于加速发展阶段。但现阶段仍然存在发展不平衡、高端领域占比小、与美德日等发达国家差距大等非均衡发展问题。

✎ 4.1.1.2　中国四大智能制造产业聚集区重点领域对比分析

2023 年，我国四大智能制造产业聚集区依托当地资源、政策等形成了具有区域特色的发展模式和重点领域，如表 4-1 所示。从表中可以看出，中国不同地区在产业布局上有一定的特色和优势。不同地区的龙头企业在各自的主导领域中发挥着重要作用。表中信息反映了各地的发展重点和特点，以及相关企业的影响力和创新能力，对于了解中国的区域经济发展和产业格局具有参考价值。其中：①环渤海地区在高科技领域有显著优势。以工业互联网、生物医药制造和半导体材料产业为主导，重点发展高科技产业，具有代表性的企业包括小米、三一重能和北京现代等。②长三角地区在高科技制造和通信领域的地位举足轻重。以先进材料制造，智能装备制造，通信、电子信息技术设备和先进材料的研发与生产为重点，领军企

---

① 资料来源：《2021 年中国智能制造行业市场现状与发展前景分析 智能制造增长空间巨大》，https://www.qianzhan.com/analyst/detail/220/210930-938a0aba.html。

② 中国工业互联网研究院（2021）.中国工业互联网产业经济发展白皮书（2021 年）[EB/OL].2024-07-01. http://www.ciita.org.cn/news/979.html.

业包括上海新时达、上汽集团和中能硅业等。③珠三角地区在制造业和信息技术领域拥有显著优势。以工业机器人、可穿戴智能设备、电子信息及软件等技术为重点，具有代表性的企业包括广州数控、柳工机械和华为等。④中西部地区在交通设备和高端制造方面具备强大的竞争力。主要涉及轨道交通设备、高端数控机床和工业互联网等领域，其中的龙头企业包括宁江机床、川建机和川大智胜等。

表4-1　四大智能制造产业聚集区重点领域对比分析

地区	代表城市	主要领域及产品	龙头企业
环渤海地区	北京、天津、石家庄	工业互联网 生物医药制造 半导体材料	小米、三一重能、北京现代等
长三角地区	杭州、上海、苏州	先进材料制造 智能装备制造 通信、电子信息技术设备、先进材料制造	上海新时达、上汽集团、中能硅业等
珠三角地区	广州、深圳、珠海	工业机器人 可穿戴智能设备 电子信息及软件	广州数控、柳工机械、华为等
中西部地区	西安、成都、长沙	轨道交通设备 高端数控机床 工业互联网	宁江机床、四川建设机械、川大智胜等

资料来源：前瞻研究院。

4.1.1.3　中国智能制造优秀场景分布

2022年2月工业和信息化部公布的《2021年度智能制造优秀场景名单》显示，智能制造优秀场景分布表现出以下特征：

其一，地区分布广，智能制造优秀场景在中国各省份广泛分布，涵盖了东部沿海地区、中部地区及西部地区等地。山东、河南、江西和浙江等省份在智能制造优秀场景数量上表现较突出，分别达到了21个、18个、16个和15个（见表4-2）。

其二，区域差异大，东部沿海地区在智能制造优秀场景数量上具有相对优势，其中江苏、上海和广东等地区的数量较多，中部地区如湖北和湖南也展现出较高的智能制造发展水平；西部地区的智能制造优秀场景数量较少。同时，智能制造优秀场景数量的分布反映了各地区的经济发展水平和创新能力，东部沿海地区一直是中国经济发展的主要引擎，在智能制造领域有先发优势；一些中部地区如湖北、湖南和江西等在智能制造领域也取得了显著进展；不同地区间的智能制造优秀场景分布差异为各地区提供了合作和交流的机会，优秀场景的发展经验和技术可以在不同地区间分享，促进智能制造的跨地区合作与发展。

表 4-2　2021 年中国智能制造优秀场景分布　　　　　　　单位：个

地区	智能制造优秀场景数量	地区	智能制造优秀场景数量
安徽	6	江西	16
北京	7	辽宁	6
福建	4	内蒙古	4
甘肃	2	山东	21
广东	11	山西	2
广西	2	陕西	7
贵州	2	上海	20
河北	11	四川	7
河南	18	天津	8
黑龙江	6	新疆	5
湖北	12	云南	6
湖南	16	浙江	15
吉林	6	重庆	8
江苏	17	宁夏	1

资料来源：《2021 年度智能制造优秀场景名单》。

综合来看，中国智能制造优秀场景在中国各省份呈现区域分布差异，东部沿海地区和中部地区在数量上表现较突出，反映了各地区在智能制造发展上的优势，以及不同地区间的差异。这些场景的发展不仅体现了地方经济的活力和实力，也为各地区间的合作与交流提供了契机。

4.1.2　人工智能技术对制造业生产效率、成本和品质的影响

人工智能（AI）具有新社会主体、生成性、知识积累方式突变性的创新特征，对企业产品开发、运营和营销等企业价值链的影响，正在改变制造业转型升级的机制与路径。通过技术研发和人才培养、数据驱动、价值链重构和组织变革方式，可确保人工智能技术的可持续发展；制造业将更好地应对市场挑战，提高生产效率、降低成本、提升品质，并保持竞争优势。

4.1.2.1 生产效率的提升

人工智能技术在制造业中的应用，为生产效率提高、组织变革、成本降低和品质提升带来了新的机遇。通过智能化设备和自动化技术的引入，生产过程得以实现智能化与自动化，可显著提升制造业的生产效率。张龙鹏和钟易霖（2023）利用 2007~2019 年中国 A 股上市公司的微观数据，基于价值链视角，实证研究了人工智能应用对全要素生产率的影响效应与机制。研究表明：人工智能在企业中的整体应用显著提升了企业的全要素生产率，企业研发设计、生产制造、市场营销环节的智能化发展也带来了全要素生产率的显著提升。此外，机器学习和数据分析技术的应用，有助于企业发现生产的瓶颈和优化点，又优化生产流程与工艺，进一步提高生产效率。

4.1.2.2 成本控制的改善

在成本控制方面，机器人和自动化装置能替代人力完成重复、繁重的生产任务，提高生产速度和安全性。例如，人工智能可以通过降低成本和缓解代理问题两种渠道影响企业成本黏性。人工智能对企业成本黏性具有抑制效应，能够降低成本。人工智能对企业成本黏性的抑制效应主要源自人工智能的商业应用（陈红等，2023）。同时，智能化调度通过优化生产流程、改进生产工艺、优化库存管理和提高生产效率，能进一步降低生产成本。例如，以制造企业为例，岳宇君等（2022）分析了人工智能对制造企业成本黏性的影响及作用机制，研究发现人工智能对成本黏性有降低效应，在资产专用性较高、环境不确定性较大的制造业企业中降低效应更显著。此外，在老龄化背景下，证实人工智能和老龄化程度的加深均能有效降低人工成本，但这种影响存在区域异质性。成本的降低有助于提高企业的利润率和竞争力。

4.1.2.3 品质提升与缺陷预防

人工智能技术对制造业产品品质的提升和缺陷的预防起关键作用。一是通过产品创新影响制造业转型升级的适应性。AI 作为新社会主体可在产品企划、结构工艺等开发环节，改变或增强人类智能的产品开发思维，拓展产品开发的知识边界。二是 AI 可增强产品创新与运营、市场营销和销售的全价值链即时互动和调整，构建平衡制造敏捷性与用户敏捷性冲突的自适应调节机制（谢康等，2024）。三是人工智能能通过实时监测与质量控制技术，监测生产过程并分析产品质量，及时发现异常情况并采取措施进行调整。这有助于降低次品率、提高产品品质和客户满意度，进而增强企业的声誉和市场竞争力。此外，人工智能产业政策主要通过降低贸易成本和增强技术创新能力等途径，推进中国出口产品质量的跃升，其中技术创新效应的作用效果更显著。学者研究发现，人工智能技术显著促进了制造业企业出口产品质量升级，且与高生产率企业相比，人工智能对低生产率企业的促进作用更明显；人工智能的促进效应是通过替代低端劳动力降低企业成本、推动企业技术创新和优化企业要素配置实现的（唐青青等，2021）。

4.1.3　未来制造业中人工智能技术的发展趋势和方向

4.1.3.1　智能制造的推进

中国将进一步推进智能制造发展，通过人工智能技术实现更高水平的自动化和智能化生产。

（1）生产设备数字化、网络化。数字化和网络化是智能制造的主要特征，截至 2020 年全国智能制造设备数字化率已达到 50%，实现设备联网和生产过程数据收集的企业达到 23%。

（2）生产载体智能化。发展智能制造需要立足于制造本质，以数据为基础打造智能车间、智能工厂、智能工业链等生产载体。2020 年全国仅有 40% 的企业车间实现了远程操作，23% 的车间实现了生产过程信息可视化和数据采集。[1] 智能化生产载体建设仍有提升空间。智能制造将涵盖更广泛的领域，包括工业机器人、无人工厂、智能物流等，为中国制造业带来更大的竞争优势。

4.1.3.2　数据驱动的决策和优化

数据作为新型的生产要素，其价值与作用正得到理论与实践的认可。2023 年，制造业正广泛运用大数据分析工具和机器学习算法，更深入地挖掘和利用生产过程的实时数据，不断提升决策模型参数，从而促进生产效率和产品品质的跃升。

---

[1] 刘达.2022 年中国数字经济行业应用市场现状分析智能制造数字化水平提高 [EB/OL]. 2022-3-30. http://www.qianzhan.com/anahystl/detail/220/220330-73256ea4.html.

首先，基于数据进行决策将助力制造业企业优化生产调度。通过采集和分析生产过程中产生的数据，企业能更准确地识别生产线的瓶颈和短板，了解设备的运行状况及故障情况。基于这些信息，企业可以制订更科学合理的生产计划，避免生产过程中的资源浪费和效率低下。例如，通过实时监控和分析生产设备的运行数据，企业能及时调整生产线的运行速度和产品的生产顺序，以最大限度地利用产能，提高生产效率。此外，针对不确定的市场需求，采用支持向量聚类（SVC）方法构建满足一定置信水平的数据驱动不确定集。基于SVC的数据驱动鲁棒优化方法可为管理者在需求不确定性的情况下，制定库存策略提供有效决策借鉴（孙月、邱若臻，2022）。同时，数据的工艺改进和流程优化有助于提高制造过程的效率和可靠性。

其次，基于数据进行决策将有助于优化产品设计。数字化设计是实现制造业智能化的关键，截至2021年底，全国工业企业关键工序数控化率达到55.3%，数字化研发设计工具普及率达到74.7%。截至2020年底，已有48%的企业开展了计算机辅助设计，25%的企业开展了数字化仿真建模，27%的企业实现了基于三维模型的设计。① 通过数字化设计缩短产品周期、生产个性化产品，是智能制造的重要特征，因此未来制造业产品设计数字化率将继续提高。通过对市场数据、用户反馈和产品性能指标的分析，制造业企业可以了解消费者需求的变化趋势和产品的优化方向。借助机器学习算法，企业可进行产品设计和改进的预测模拟，以降低试错成本、缩短开发周期。例如，通过分析产品使用数据和用户反馈，企业可了解产品的瓶颈和改进点，从而优化产品功能和设计，提高产品的市场竞争力。

最后，基于数据进行决策可改善供应链管理。制造业供应链涉及多个环节和参与者，数据的集成和共享可促进供应链的可视化和协同化发展。企业通过数据实时监控和分析反馈，可及时发现和解决供应短缺、库存积压等问题，减少生产中断的风险；通过需求预测和库存优化，平衡库存并降低成本，提高供应链的灵活性和响应力。

然而，基于数据进行决策仍面临一定挑战。一是需要确保数据的质量，只有准确度和可信度高的数据才能有效驱动决策，低质量数据可能误导决策；二是数据的收集、共享和使用涉及知识产权、隐私等问题，需要符合

---

① 数字化研发工具普及率达74.7% 我国制造业数字转型加快发展[EB/OL]. 光明网, 2022-02-28.http://economy.gmw.cn/2022-02/28/content-35551093.htm.

相关法律规定，确保数据的安全性；三是需要建立数据分析和机器学习的能力，培养专业人才和投资先进的数据分析技术，建立合理的数据共享机制，促进供应链各方的数据协同和共享。

总之，充分利用大数据分析和机器学习算法，可帮助企业更好地实现生产调度、产品设计和供应链管理优化，提高生产效率和产品质量，这不仅是制造业智能化的重要特征，也是中国制造业未来的发展趋势，将为中国制造业的转型升级提供新的动力和竞争优势。

✏ 4.1.3.3　人工智能与人类工作的协同

智能制造不仅强调人工智能技术与制造业的深度融合，也强调与人类工作的协同。随着人工智能技术的快速发展和应用，只有实现"人机协同"，才能最大限度发挥技术的驱动作用与人工的主观能动作用，从而提高生产效率、灵活性和创新能力。

通过大数据技术和机器学习算法，人工智能能从海量数据中提炼出有价值的信息和规律，为制造业企业的生产决策和管理优化提供有力支持。例如，在新能源汽车生产调度方面，人工智能根据实时数据和算法预测生产需求及设备故障情况，根据市场销售情况自动调整新能源生产计划和资源分配，提高生产效率和响应速度。在产品设计方面，人工智能分析市场需求和用户反馈，包括实时路况信息，为新能源汽车设计师提供创新灵感和改进建议，增强产品竞争力、提升用户满意度。同时，在供应链管理上，人工智能精准预测供需关系、优化库存，降低供应链风险。

尽管人工智能在计算和分析方面有强大的能力，但仍需人类的智慧和创造力参与决策、创新和管理。从供给视角看，人工智能的组织方式、流程整合和要素协同决定了人工智能作用的发挥。从需求视角看，人类对人工智能的认知、情感和功能期待决定了人工智能的实际效率。供需间的匹配程度决定人工智能数智供应链的效能（宋华，2024）。人工智能技术的运用必定会给岗位需求带来颠覆性的影响，对劳动者产生"挤出"和"挤入"效应。人工智能发展将经历从人机竞争到人机协同的过程。研究人工智能如何与人类共存、交互和协同的机器行为学作为新兴学科应运而生（曾大军等，2021），包括机器行为模式及其演化、人机协同中人的行为塑造和特征、人机协同决策的模式和管理场景、基于人机协同决策的产品和服务创新。人类工作者与人工智能系统协同合作有助于发挥各自优势，以应对复杂问题与异常情况。

然而，实现人工智能与人类工作的协同仍面临挑战。例如，从 AlphaGo、ChatGPT 到 Sora，人工智能在劳动场景中的广泛应用，不仅带来劳动本质复归、劳动解放、劳动能力发展等方面的积极效应，也引发劳动权利丧失、劳动强度增大、劳动能力退化的风险和挑战。从政府、技术、劳动者等层面，构建一个包括所有利益相关者在内的人机和谐、人机协同的生态系统，是人工智能时代劳动发展的现实路径（祝黄河、孙兴，2023）。此外，人工智能发展需要多方面的支持，包括高性能计算资源、数据安全保障和人工智能算法；制造业企业需培养具备数据科学、人工智能相关知识和创新能力的人才，并调整组织架构以适应人机协同模式。

总之，制造业为人工智能与人类工作协同发展提供实验平台和载体，人工智能与人类工作协同发展有助于制造业提高生产效率、进行个性化生产和创新。"智能"与"人工"的协同合作，可拓展人类的知识边界，为制造业转型升级注入新动力，提升其竞争优势，推动制造业向高质量发展迈进。

4.2 人工智能水平测度

4.2.1 人工智能发展水平测度进展

人工智能作为一种新兴的技术，已在各领域展现出了巨大的潜力和影响力。特别是在制造业领域，人工智能的应用对于实现制造业转型升级有重要意义。然而，要全面评估和测度人工智能的发展水平，需要建立科学有效的测度指标体系。本书基于"人工智能对制造业转型升级的影响"视角，对人工智能水平测度方法进行比较评价，并选择适合本书的测度方法。

在现有的研究中，人工智能水平的测度方法主要包括以下几类：基于专家判断的主观评估法、基于数据分析的客观指标法、基于综合评价的综合指标法。

首先，基于专家判断的主观评估法是一种常用的测度方法。该方法通过邀请专家进行主观评估，根据其经验和知识对人工智能的发展水平进行打分或排序。Posner（1961）提出技术是重要的生产因素，需要进行可测量性和可操作性方面的研究。由于技术差距不直接表现在某个显性指标上，为此各国学者寻求各种可量化的显性指标来衡量技术差距。例如，Castellacci 和 Natera（2013）用人均 GDP 差异或生产效率差距作为代理变量来衡量人工智能技术水平。Dauth 等（2017）用企业机器人安装数量以及每千名工人所使用机器人的数量衡量企业人工智能发展程度；Hemous 和 Morten（2013）采用机器人使用征税比对人工智能发展水平进行测度。然而，这种方法存在着边界模糊、评估结果容易受到个体差异的影响等问题，且测量模型忽略了个体经济内生结构的变化。

其次，基于数据分析的客观指标法是一种较客观的测度方法。该方法通过收集大量的实证数据，利用数据分析和统计方法对人工智能的发展水平进行测度。例如，Schmookler（1966）首次将专利数量作为技术差距的衡量指标，Bosworth 等（2001）及 Eaton 和 Kortum（2002）也肯定了这种衡量指标，并强调使用专利数量来衡量人工智能领域关键技术水平，可反映人工智能的技术源头、技术创新和技术扩散情况。除了专利数量，许多专业机构提出了其他衡量人工智能发展水平的核心指标。例如，世界经济论坛、欧盟、世界知识产权组织及中国科学技术发展战略研究院，均使用知识产权来衡量人工智能技术差距，并受到广泛关注。这种方法具有客观性强、结果可量化等优点，但也存在着数据获取困难、数据质量不高等问题。

最后，基于综合评价的综合指标法是一种综合考虑多个指标的测度方法。该方法通过构建综合指标体系，对不同指标进行加权组合，从而综合评价人工智能的发展水平。例如，经济合作与发展组织（OECD）引用科学出版物、发明专利数据等反映人工智能技术水平的变量来测量技术水平差距；乌镇智库 2017~2019 年发布的《全球人工智能发展报告》选取了技术水平、应用场景和产业发展三个反映人工智能产业发展水平的变量来测量技术差距，其中涉及投融资、企业数量、专利论文等细分变量；Muro 和 Liu（2021）在布鲁金斯学会发布的研究报告中，基于人工智能商业化活动情况和研发活动情况两个维度，设置了用于测量人工智能技术差距的 7 个具体指标。该报告基于这些指标测量了 384 个城市的人工智能发展水平，并对各城市间的差距进行分析。

4.2.2 测度方法评价与选择

为确保评价结果的科学性、客观性和可比性，在构建测度体系时需要选择适当的指标和评价方法。本书的核心概念是人工智能与制造业转型升级，因此需要关注评价方法的有效性和适配度。已有研究文献在评价人工智能发展水平时采用了不同的评价方法，如表 4-3 所示。

表 4-3　人工智能水平评价指标体系的代表文献

指标来源	指标维度	主要指标	测度方法
Muro & Liu（2021）	技术创新水平 企业发展水平 发展环境水平	论文数量、专利数量、研发投入、政府支持项目、人才队伍建设、行业标准制定等 23 个主要指标	k- 均值法
Stanford University（2021）	产业发展水平 技术创新水平 企业发展水平	人工智能产业业务收入、业务收入年增长率、人工智能企业总数、全国人工智能产业园区产值、全国人工智能产业园区产值年增长率等 22 个主要指标	TF-IDF 法
国家工业信息安全发展研究中心（2020）	发展环境水平 国际影响力	政府支持项目、人才队伍建设、行业制定标准、人工智能产业规模占全球比重、人工智能产品进出口总额占全球比重等 15 个主要指标	算术平均法
王永钦和董雯（2020）	技术创新水平 发展环境水平	从业人员平均薪酬、劳动力需求、企业员工构成、企业经营情况等 11 个主要指标	工具变量法

注：作者根据相关文献整理。

其一是 k- 均值法。该方法的主要思路是选择初始化的样本作为初始聚类中心，然后计算每个样本到聚类中心的距离，从而得出所需的指标。例如，Muro 和 Liu（2021）在衡量人工智能技术水平时，使用了 k- 均值法来处理论文数量、专利数量等主要指标。

其二是 TF-IDF 法。TF-IDF（t，d，D）代表词频及文档频率，用 D 表示语料库，d 表示文档，t 表示术语。TF 反映了词语 t 对文档内容的重要程度，IDF 反映了词语 t 对整个文档的重要度。例如，Stanford University（2021）将 TF-IDF 法作为人工智能发展水平渗透率指标的经典算法。

其三是算术平均法。该方法是计算观测期内目标数据的算术平均数，将目标数据与其算术平均数的比值作为最终指标。例如，国家工业信息安全发展研究中心（2020）在衡量中国各省份人工智能发展水平时，使用各省指标在总指标中的比重来评估人工智能发展水平。

其四是工具变量法。王永钦和董雯（2020）运用工具变量法构建了工业机器人渗透率指标，该方法类似于巴蒂克工具变量，通过构建企业和行业层面的工业机器人渗透度，与另一个外生变量之间的工具变量关系构建评价指标。本书选择工具变量法，通过构建人工智能渗透率来衡量人工智能发展水平。

　　针对关于"人工智能对制造业转型升级影响"的研究，用比较评价的方法，综合考虑方法的客观性、可操作性和综合性，通过构建人工智能渗透率指标来衡量其发展水平。这样的方法能保障评价结果的科学性和准确性，并提供可比性的分析框架。本书借鉴 Acemoglu 和 Restrepo（2018）及王永钦和董雯（2020）的方法，构造中国 A 股上市制造业企业层面的机器人渗透率指标，具体测度方法如下。

　　第一步，构造行业层面人工智能渗透率指标，记为 ind_{it}：

$$ind_{it}^{CH} = \frac{sto_{it}^{CH}}{emp_{i,t=2010}^{CH}} \qquad (4-1)$$

其中，sto_{it}^{CH} 为中国 i 行业 t 年的工业机器人存量，由于中国对人工智能的使用是在 2010 年后呈现快速上升趋势，因此选用 2010 年作为计算基期；$emp_{i,t=2010}^{CH}$ 为中国 i 行业 2010 年的就业人数；ind_{it}^{CH} 为 i 行业 t 年的人工智能渗透率。

　　第二步，构造企业层面人工智能渗透率指标：

$$AI\_CH_{jit} = \frac{pro_{jit=2011}}{manu_{t=2011}} \times \frac{sto_{it}^{CH}}{emp_{i,t=2010}^{CH}} \qquad (4-2)$$

该指标衡量了 i 行业 j 企业 t 年人工智能渗透率。其中，$\dfrac{pro_{jit=2011}}{manu_{t=2011}}$ 为制造业中 i 行业 j 企业 2011 年（基期）生产部门员工数，与制造业所有企业 2011 年生产部门员工数占总员工数比重的中位数的比值。

　　第三步，利用美国行业层面的工业机器人数据构建中国企业层面人工智能渗透率的工具变量：

$$AI_{jit} = \frac{pro_{jit=2011}}{manu_{t=2011}} \times \frac{sto_{it}^{US}}{emp_{i,t=1990}^{us}} \qquad (4-3)$$

其中，sto_{it}^{US} 为美国 i 行业 t 年的工业机器人存量，$emp_{i,t=1990}^{us}$ 为美国 i 行业 1990 年（基期）的就业人数，$\dfrac{sto_{it}^{US}}{emp_{i,t=1990}^{us}}$ 为美国 i 行业 1990 年的工业机器人渗透率。

　　对比现有文献测得的人工智能渗透率，王磊等（2023）测得的中国制造业企业人工智能渗透率均值为 1.173，最大值与最小值分别为 7.423 与 −3.692，而本书对制造业所有企业当期人工智能渗透率进行测算，最终得到的均值为6.785，最大值与最小值分别为15.09、0.143。造成数据间差异的原因有：一是基期选择不同，王磊等（2023）选择的基期为2009年，而本书以2011年为基期测算人工智能渗透率。二是行业分类标准不同，王磊等（2023）选择2009~2019年按行业分规模以上工业企业所属的制造业行业数据，而本书选用2017年《国民经济行业分类》标准，制造业行业分为31个子行业。

4.2.3 人工智能水平测度结果及可视化分析

4.2.3.1 分行业的人工智能渗透率测评结果分析

通过上述计算过程，测出A股上市制造业企业人工智能渗透率，考虑到篇幅有限，将2022年人工智能渗透率按行业分类，同时以2015年的人工智能渗透率为对照组，剔除存在数据严重缺失的行业，企业人工智能渗透率平均值如图4-1所示。

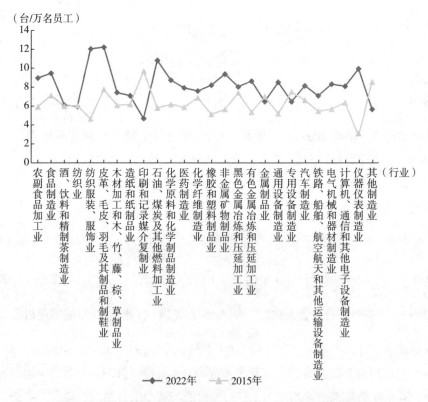

图4-1 2015年和2022年制造业分行业人工智能渗透率变化情况

如图 4-1 所示，人工智能渗透率排名前三的分别是皮革、毛皮、羽毛及其制品和制鞋业，纺织服装、服饰业和石油、煤炭及其他燃料加工业，这三个行业人工智能渗透率较高。一方面，人工智能对劳动具有较强的替代效应，作为通用性技术，人工智能渗透不断革新各行业的生产、消费、组织与管理等环节，增强企业的创新能力。由于人工智能技术具有较强的信息收集及处理能力，能引导生产模式不断变革，逐渐变化为弹性较大的柔性生产。另一方面，人工智能渗透改变劳动力结构，诸如皮革、毛皮、羽毛及其制品和制鞋业等人工智能渗透率排名前列的行业，都属于劳动密集型行业，在"机器换人"的生产过程中，深化了人工智能劳动力要素的替代效应，降低了生产过程的边际成本，人工智能应用水平也由此提升，行业的人工智能渗透率上涨。

从本质上来看，技术密集型行业的人工智能渗透率差距不大。人工智能渗透是现代信息网络技术对传统产业技术不断替代，进而实现智能转型的过程，在这一过程中人工智能通过替代低技能劳动力、辅助高技能劳动力引起劳动生产率的变化，而技术密集型行业拥有更先进的工艺流程，人工智能应用水平本身较高，这就形成了人工智能渗透率水平较为平稳的变化趋势。

从整体上来看，2022 年制造业的人工智能渗透率大于 2015 年制造业的人工智能渗透率，资本与劳动密集型行业间的人工智能渗透率存在明显差异，2015~2022 年人工智能渗透率变化幅度较大；人工智能应用会直接促进企业加快技术创新与变革，对于劳动与资本密集型的行业，人工智能应用水平的少量提升将会带来生产率的大幅提升，其人工智能渗透率相较于技术密集型行业变化更大。

4.2.3.2　分年度的人工智能渗透率测评结果分析

人工智能渗透率能反映一国机器人的实际应用水平，对 2007~2022 年制造业各子行业的人工智能渗透率取平均值，得到整个制造业年度人工智能渗透率，如图 4-2 所示。从图中可以看出，2007~2022 年，制造业人工智能渗透率总体呈现上升趋势，从变化幅度上看，2011~2012 年与 2014~2015 年呈现下降的趋势，分别下降了 0.0311 和 0.0985，2015 年下降幅度较大。相反，2020 年人工智能渗透率上涨幅度最大，上升 0.5268，其次是 2013 年与 2009 年，分别上升 0.4932 与 0.4911。从整体上看，2007~2022 年中国人工智能应用水平变化较大，人工智能渗透率增加了 3.4249，这表明中国人工智能发展水平逐渐提升。

（台/万名员工）

图 4-2　2007~2022 年人工智能渗透率变化情况

✎ 4.2.3.3　按时间节点的行业人工智能渗透率测评结果分析

人工智能对制造业转型升级的影响存在多重传导路径，人工智能渗透率这一关键指标能更全面地显示出制造业转型升级过程中人工智能的作用程度。本书将 2007~2022 年分为三个阶段，即 2007~2010 年、2010~2015 年、2015~2020 年，分别取当期制造业所有子行业人工智能渗透率的平均值，如表 4-4 所示。

在第一阶段（2007~2010 年），2007 年为中国人工智能发展的初期，人工智能渗透率排名前三的行业分别是铁路、船舶、航空航天和其他运输设备制造业，其他制造业，造纸和纸制品业，人工智能渗透率分别为 5.1779、5.0363、4.8269。2010 年人工智能渗透率开始出现上升趋势，人工智能渗透率排名前三的行业分别是印刷和记录媒介复制业（7.6220）、金属制品业（5.8111）、化学纤维制造业（5.5963），行业间人工智能渗透率最高值和最低值差距较大，最低为皮革、毛皮、羽毛及其制品和制鞋业（1.7180），差值为 5.9040。相较于 2007 年，大部分制造业行业的人工智能渗透率呈现上升趋势，但食品制造业，木材加工和木、竹、藤、棕、草制品业，其他制造业处于下降趋势，分别下降了 0.4296、1.4540、1.2983，下降幅度最大的是木材加工和木、竹、藤、棕、草制品业。相较之下，印刷和记录媒介复制业上涨了 5.8880，上涨幅度为全行业最大。

表 4-4　2007 年、2010 年、2015 年、2022 年制造业分行业人工智能渗透率变化情况

行业	年份							
	2007	2010	2010-2007	2015	2015-2010	2022	2022-2015
农副食品加工业	4.2778	5.3773	1.0995	5.9388	0.5615	8.9528	3.0140
食品制造业	3.3861	2.9565	-0.4296	7.1105	4.1540	9.4665	2.3560
酒、饮料和精制茶制造业	3.7636	4.7175	0.9539	5.9731	1.2556	6.0959	0.1228
纺织业	4.6722	5.5215	0.8493	6.0604	0.5389	5.9488	-0.1116
纺织服装、服饰业	3.5282	5.0620	1.5338	4.6420	-0.4200	12.0480	7.4060
皮革、毛皮、羽毛及其制品和制鞋业	1.3354	1.7180	0.3826	7.7438	6.0258	12.2240	4.4802
木材加工和木、竹、藤、棕、草制品业	4.4740	3.0200	-1.4540	6.0894	3.0694	7.4240	1.3346
造纸和纸制品业	4.8269	5.5669	0.7400	6.1714	0.6045	7.0967	0.9253
印刷和记录媒介复制业	1.7340	7.6220	5.8880	9.6713	2.0493	4.6816	-4.9897
石油、煤炭及其他燃料加工业	4.0292	4.8348	0.8056	5.8019	0.9671	10.8100	5.0081
化学原料和化学制品制造业	4.0422	5.2085	1.1663	6.1732	0.9647	8.7351	2.5619
医药制造业	4.3467	5.1533	0.8066	5.8683	0.7150	7.9227	2.0544
化学纤维制造业	3.2683	5.5963	2.3280	6.8900	1.2937	7.5920	0.7020

续表

行业	年份						
	2007	2010	2010—2007	2015	2015—2010	2022	2022—2015
橡胶和塑料制品业	4.4263	5.3867	0.9604	5.1302	−0.2565	8.2068	3.0766
非金属矿物制品业	4.3008	5.3049	1.0041	5.6507	0.3458	9.3845	3.7338
黑色金属冶炼和压延加工业	3.5087	5.1796	1.6709	7.4036	2.2240	8.0368	0.6332
有色金属冶炼和压延加工业	4.6950	5.3102	0.6152	5.3550	0.0448	8.6437	3.2887
金属制品业	4.0483	5.8111	1.7628	6.9945	1.1834	6.4839	−0.5106
通用设备制造业	3.7367	5.5487	1.8120	5.2028	−0.3459	8.5077	3.3049
专用设备制造业	4.5900	5.1647	0.5747	7.5011	2.3364	6.4748	−1.0263
汽车制造业	3.8908	4.6158	0.7250	6.6226	2.0068	8.1493	1.5267
铁路、船舶、航空航天和其他运输设备制造业	5.1779	5.4998	0.3219	5.4494	−0.0504	7.0876	1.6382
电气机械和器材制造业	3.8453	5.4633	1.6180	5.6835	0.2202	8.3228	2.6393
计算机、通信和其他电子设备制造业	4.3134	4.8215	0.5081	6.3657	1.5442	8.0932	1.7275
仪器仪表制造业	1.4289	4.7660	3.3371	2.8625	−1.9035	9.9296	7.0671
其他制造业	5.0363	3.7380	−1.2983	8.5313	4.7933	5.6736	−2.8577

在第二阶段（2010~2015 年），2015 年中国工业机器人的使用呈现快速上升趋势，人工智能渗透率排名前三的行业分别是印刷和记录媒介复制业，其他制造业，皮革、毛皮、羽毛及其制品和制鞋业，其人工智能渗透率分别为 9.6713、8.5313、7.7438，仪器仪表制造业渗透率为 2.8625，是 2015 年制造业全行业最低。但相较于 2010 年，2015 年仪器仪表制造业，纺织服装、服饰业，通用设备制造业，橡胶和塑料制品业，铁路、船舶、航空航天和其他运输设备制造业呈现下降趋势，分别下降了 1.9035、0.4200、0.3459、0.2565、0.0504；相应地，皮革、毛皮、羽毛及其制品和制鞋业上涨 6.0258，上涨幅度最大。

在第三阶段（2015~2022 年），2022 年制造业人工智能渗透率排名全行业前三的行业分别是皮革、毛皮、羽毛及其制品和制鞋业，纺织服装、服饰业和石油、煤炭及其他燃料加工业，人工智能渗透率分别为 12.2240、12.0480、10.8100，印刷和记录媒介复制业的人工智能渗透率最低，为 4.6816，与行业最高值相差 7.5424，说明行业间人工智能应用水平存在较大差异。相较于 2015 年，印刷和记录媒介复制业、其他制造业、专用设备制造业、金属制品业、纺织业的人工智能渗透率呈现下降的趋势，下降幅度分别为 4.9897、2.8577、1.0263、0.5106、0.1116；相反，纺织服装、服饰业的人工智能渗透率增长幅度最大，为 7.4060。从总体上看，制造业全行业的人工智能渗透率比 2007 年高，行业间呈现较大差异。

4.3　制造业转型升级水平测度

4.3.1　制造业转型升级阶段

关于制造业转型升级阶段的划分，学者们已做了丰富研究，但这些划分都是基于某单一研究视角进行的，并没有形成统一的固定标准，可能会因国家、地区以及研究者的研究目标的不同而有差异。对制造业转型升级阶段进行划分是为了更好地理解和研究制造业的发展趋势和特征，以便制定相应的政策和战略。2001 年中国加入世贸组织（WTO）之后，众多制造业跨国巨头纷纷进入中国，国内制造业也进入了迅猛扩张阶段（路江涌、陶志刚，2006）。李廉水等（2019）认为制造业智能化发展包括数字化制造、网络化制造、智能制造三个阶段；改革开放 40 多年来，我国已从"制造业大国"发展为"制造业强国"（李廉水，2018）。

依据标准不同，制造业转型升级阶段的划分也不同，其划分标准涉及技术、市场、组织、政策等方面。在通常情况下，制造业转型升级阶段的划分依据包括技术水平、产业价值链、产品结构、生产方式、组织架构、增加值水平等。例如，根据技术水平的提升，可以将制造业转型升级划分为传统制造阶段、机械化阶段、自动化阶段、数字化阶段等。从生产方式演进看，制造业从传统的人工操作逐渐向机械化、自动化、柔性化和智能化转变，每个阶段的生产方式都有不同的特征。因此，在划分制造业转型升级阶段时，往往需要综合考虑多种标准，并根据具体国家或地区的情况进行分析和研究。

基于对以上划分依据的综合考虑，本书将中国 1949 年以来制造业发展的转型升级过程划分为四个阶段，具体如图 4-3 所示。

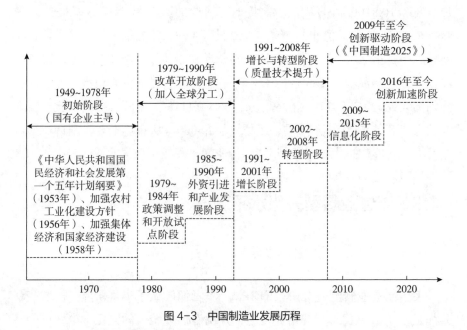

图 4-3 中国制造业发展历程

4.3.1.1 初始阶段（1949~1978 年）：中华人民共和国成立至改革开放前

中华人民共和国成立之初，工业基础薄弱，因此该阶段的重点任务是通过国家计划和政府主导，尽快建立重工业基础体系并完善基础设施。初始阶段的主要政策文件有：《关于发展国民经济的第一个五年计划的报告》

（1955 年），报告提出发展工业的重要性，明确加快国家工业化进程的目标和任务。

这一时期的标志性数据如下。

（1）工业产值。初始阶段中国的工业产值逐渐增长，1949 年中国的工业产值约为 140 亿元人民币[①]，而 1978 年约为 4237 亿元人民币。

（2）重要工业部门发展。钢铁、煤炭、电力等重要工业部门得到了发展。例如，1952 年中国钢铁产量约为 135 万吨，而 1978 年约为 3178 万吨[②]。

（3）工业就业人数。工业就业人数在此阶段逐渐增加，1978 年中国的工业就业人数约为 6945 万人。

初始阶段中国注重工业化、农村工业化和工业企业管理改革等方面的发展，国家计划手段和宏观政策调控取得的成就，为后续中国制造业发展奠定了坚实的基础。

✎ 4.3.1.2　改革开放阶段（1979~1990 年）：1979 年中国实施改革开放政策

改革开放使中国逐步开放市场，引进先进技术和管理经验，加强对外贸易，逐步进入世界市场，为中国制造业发展带来巨大的机遇。在这一阶段，出口导向型制造业得到发展，成为中国制造业的重要特征。具体可划分为两个阶段：

（1）政策调整和开放试点阶段（1979~1984 年）：中国开始进行政策调整和经济改革试点，推动制造业的发展。政府采取了一系列改革措施，如农村经济改革、城市经济体制改革和外贸体制改革等，为制造业的发展创造了良好的环境。政府试点推行了经济特区、开放政策和吸引外资等措施，鼓励外资进入中国市场。主要政策文件有：《中共中央关于农村经济体制改革的决定》（1984 年），提出农村家庭联产承包责任制，鼓励农民发展生产，推动农村经济的发展；《中共中央关于经济体制改革的决定》（1984 年），提出企业经营自主权和利润自负盈亏的改革方向，鼓励企业增加效益，推动城市企业的发展和改革；明确经济体制改革的总体目标和基本原则，为中国的经济改革提供了指导。

---

① 邱霞. 新中国经济发展道路的初期探索 [J]. 新理财：政府理财，2021（7）：41-44.

② 资料来源：《新中国成立 60 周年经济社会发展成就回顾系列之一》，http://www.gov.cn/gzdt/2009-09/07/content_1410926.htm。

（2）外资引进和产业发展阶段（1985~1990 年）：中国制造业吸引了大量外资，促进了产业的发展。政府积极引进外资、建设经济特区和开展外贸合作，推动了制造业的快速发展。外资的引进不仅带来了资本，也带来了先进技术、管理经验和市场渠道，为中国制造业的现代化建设提供了重要支撑。

这一时期的标志性数据如下。①国内生产总值（GDP）：中国的 GDP 在此阶段实现了快速增长。1978 年中国的 GDP 为 3678.7 亿元人民币，而 1990 年达到了 18872.9 亿元人民币[①]。②农村经济发展：农村经济得到了重视并进行了改革。农村家庭联产承包责任制的推行提升了农民的生产积极性、促进了农村经济的发展。农村集体经济和农民收入也有所提高。③外贸出口额：外贸出口额迅猛增长。1978 年中国的出口额约为 98 亿美元，1990 年增长到 621 亿美元[②]。④外商直接投资：改革开放阶段，中国吸引了一定数量的外商直接投资。于 1990 年增长到 102.9 亿美元，其中外商直接投资为 34.9 亿美元[③]。

以上政策和数据反映了改革开放阶段中国政府在经济改革和发展方面的努力和取得的成绩，突出了农村经济改革、城市企业改革以及对外开放等方面的重要性，为中国经济的快速增长奠定了基础。

4.3.1.3　增长与转型阶段（1991~2008 年）

中国制造业在增长与转型阶段实现了快速增长和转型。随着市场经济的发展和外商投资的持续增加，制造业逐渐从劳动密集型产业向技术密集型和资本密集型产业转型，成为全球制造业的重要基地，出口额大幅增加，涉及更多高附加值的制造业领域。可以将其进一步划分为以下两个子阶段：

（1）增长阶段（1991~2001 年）：是制造业快速增长的时期，主要特点是经济高速度增长和加工制造业快速发展。这期间实行的出口导向型发展战略吸引了大量外资，成为世界制造业的重要基地。主要的政策措施包括引进外资、建立经济特区、推动市场化改革等。标志性数据包括 GDP 的

---

① 资料来源：《中国统计年鉴（2022）》。

② 资料来源：《新中国成立 60 周年经济社会发展成就回顾系列之一》，http://www.gov.cn/gzdt/2009-09/07/content_1410926.htm。

③ 资料来源：《新中国 60 周年：从封闭半封闭到全方位开放的伟大历史转折》，https://www.gov.cn/test/2009-09/15/content_1417800_5.htm。

快速增长、出口额的大幅提升以及外商直接投资的增加。

（2）转型阶段（2002~2008 年）：是制造业开始转型升级的时期，主要特点是产业结构的调整和技术创新的推进。在这一阶段，政府提出加快推进现代制造业发展的政策，如鼓励技术创新、优化产业结构、支持企业自主研发等。标志性数据包括制造业增加值的持续增长，高新技术产业和装备制造业的发展，以及制造业在全球价值链中地位的提升。

这两个子阶段显示了制造业在不同阶段的发展重点：在增长阶段，制造业以出口为导向，主要生产初级产品、加工零部件，推动制造业由小到大，强调规模扩张和产能提升，加大制造业的原始积累；在转型阶段，制造业更注重技术水平的提升，注重开发高附加值的产品，从生产零部件到整装产品、集成产品转变，不再满足于低端初级产品的生产和加工。这一时期的发展为其后的发展奠定了坚实的基础，为高质量转型提供了有力的支撑。在增长与转型阶段，和制造业相关的政策文件如表 4-5 所示。

表 4-5　增长与转型阶段和制造业转型升级发展相关的政策文件

发布年份	文件名称	内容	意义
2006	《国务院关于加快振兴装备制造业的若干意见》	提出提升技术创新能力、加强企业自主研发、推进产业结构调整等具体要求	该文件对高端机床、特种装备和工业母机加大了支持力度
2007	《高举中国特色社会主义伟大旗帜 为夺取全面建设小康社会新胜利而奋斗》	提出了"中国特色新型工业化道路"，大力推进信息化与工业化融合，促进工业由大变强，振兴装备制造业，淘汰落后生产能力	推动制造业的快速发展和转型升级，为中国制造业未来的发展奠定了坚实的基础

由这些政策来看，政府致力于推进制造业的快速发展和转型提升。这些文件提出了一系列具体的措施，涉及信息行业、现代制造业以及装备制造业等关键领域。政策的拟定彰显了政府对制造业的重视，为中国制造业在全球竞争中获得领先地位奠定了基础。

这一时期的标志性数据如下。①GDP 增长：此阶段中国 GDP 增长迅速。1990 年中国 GDP 为 18872.9 亿元人民币，而 2008 年达到了 319244.6 亿元人民币[①]。②出口额：中国的出口额大幅增长。1990 年中国的出口额

---

① 资料来源：《中国统计年鉴（2022）》。

为 620.9 亿美元，而 2008 年增长到了 14306.9 亿美元[1]。③外商直接投资（FDI）：此阶段中国吸引了大量外商直接投资。1990 年中国实际利用外资额约为 102.9 亿美元，截止到 2008 年 7 月底，实际利用外资金额累计 8204 亿美元。[2]④制造业增加值：此阶段中国制造业增加值持续增长。1990 年中国制造业占全球的比重为 2.7%，居世界第九[3]；2008 年中国制造业增加值约为 14756.74 亿美元[4]。

这些政策文件和数据反映了增长与转型阶段政府在制造业发展方面的努力和取得的成绩。政策文件侧重推进现代制造业、信息产业和装备制造业的发展，数据则展示了制造业的发展速度、出口贸易和外商投资的增加，为中国制造业的崛起和国际竞争力的提升做出了重要贡献。

4.3.1.4 创新驱动阶段（2009 年至今）

中国政府提出由"制造业大国"向"制造业强国"转变的战略目标，鼓励创新和技术升级；制定了一系列政策措施，支持研发投入、提升制造业创新能力；加大在高科技领域的投入，提高制造业技术水平，推动制造业由低附加值向高附加值转型。这一阶段可以划分为两个子阶段：

（1）信息化阶段（2009~2015 年）。2009 年后，中国制造业开始注重信息化技术的应用，主要特点是在经济增长放缓背景下，加大创新驱动力度，提升技术水平和产业竞争力。在这一阶段，中国政府提出了一系列政策措施，如"Internet+"，推动信息技术与制造业深度融合，加强自主创新能力和核心技术研发。标志性数据包括高技术制造业增加值的提升、专利申请和授权量的增加以及科技型中小企业的崛起。

（2）创新加速阶段（2016 年至今）。是中国制造业进一步加强创新驱动的时期，主要特点是加大科技创新投入，推动产业升级和高质量发展。政府提出了"创新驱动发展战略""双创"等政策，鼓励科技创新，推动人工智能、大数据、云计算等新兴技术的应用，培育新兴产业和高端制造业。标志性数据包括高技术制造业和战略性新兴产业的快速发展、企业研发投

---

① 资料来源：《中国统计年鉴（2022）》。
② 资料来源：中国经济网.改革开放 30 年（一）：中国利用外资逾 8 千亿美元 5 大成就。
http://intl.ce.cn/specials/zxxx/200810/08/t20081008_17005406.shtml。
③ 资料来源：《以供给侧改革促进中国制造从大到强》，https://gdp.gotohui.com/show-158801。
④ 资料来源：《中华人民共和国 2010 年国民经济和社会发展统计公报》。

入的提升以及创新创业活动的蓬勃发展。

这两个子阶段反映了中国制造业在创新驱动不同时间段的特性与发展重心。在信息化阶段，政府提出将新一代信息技术产业作为战略性新兴产业培育，强调信息技术的研发及其在制造业中的运用，尤其是工业互联网和工业 4.0 的内涵与外延的应用；而在创新加速阶段，政府出台相关激励机制，包括财政补贴与税收优化，强调科技创新的投入、自主创新能力的提升、高质量发展的推动以及新兴产业的培育。这一时期的发展为制造业发展营造了创新环境，并推动其向高端化、智能化和可持续发展转型。

（3）在创新驱动阶段（2009 年至今）。与制造业相关的政策文件如下：①《2015 年政府工作报告》（年度政府工作报告），首次提出制定"互联网 +"行动计划。②《中国制造 2025》于 2015 年发布，提出了推动中国制造业向高端、智能化、绿色可持续发展的目标，强调加强技术创新、智能制造和绿色制造，促进制造业的升级和转型。③《国务院关于深化制造业与互联网融合发展的指导意见》（2016 年），提出了推动互联网与制造业融合发展的政策措施。鼓励企业加强信息化建设，推动互联网技术在制造业中的应用，提高制造业的智能化水平。④《信息化和工业化融合发展规划（2016—2020）》，旨在推动中国制造业的信息化发展，鼓励企业加强信息技术应用，提升制造业的数字化水平和智能化程度。⑤《新一代人工智能发展规划》提出促进人工智能发展。

这一时期的标志性数据如下。①高技术制造业增加值：此阶段中国的高技术制造业增加值快速增长。2010 年中国的高技术制造业增加值约为 6.1 万亿元人民币[①]。②专利申请和授权：此阶段中国的专利申请和授权数量大幅增加。2010 年中国的发明专利申请量约为 39.1 万件，2019 年增长到了 140.1 万件[②]。同时，授权量从 2010 年的约 13.5 万件增长到了 2019 年的 36.1 万件[③]。③研发投入：此阶段中国企业的研发投入不断增加。2010 年中国企业的研发经费支出约为 5185.5 亿元人民币[④]，2019 年增长到了

[①]　资料来源：根据中华人民共和国国家改革与发展委员会公布的《2010 年全国高技术产业发展总体情况》测算得到。

[②]　中国新闻网.国家知识产权局：2019 中国每万人口发明专利 13.3 件 [EB/OL]. http://m.ce.cn/yw/gd/202001/141t20200114-34122173.shtml.

[③]　资料来源：国家知识产权局《专利统计简报》2011（1）；科学技术部《2019 年我国专利统计分析》。

[④]　资料来源：《2010 年全国科技经费投入统计公报》。

16921.8 亿元人民币 ①。

这些政策文件和数据反映了创新驱动阶段中国政府在制造业创新发展方面的政策导向和成果。政策文件强调了制造业的智能化、绿色化和融合发展，数据展示了高技术制造业的发展、专利申请和授权数量的增加以及企业研发投入的提升，表明中国制造业正朝着高质量发展和创新驱动的方向迈进。

4.3.2　现有测度文献分析

在制造业转型升级的研究中，Gereffi（1999）最早提出了转型升级的概念。他认为，通过转型升级，企业可有效地将重点转向资本密集和技术密集领域，从而提高盈利能力。Humphrey 和 Schmitz（2002）认为，企业的转型升级可以提升其技术能力和市场表现。他们从全球价值链的角度明确了四种升级模式，即生产过程升级、产品升级、功能升级和跨产业升级。

关于制造业转型升级的测度，国外学者通过衡量产业结构变动评估制造业的转型升级程度。例如，Gollin 等（2002）指出，如果第二产业的产值比重相对于第一产业的产值比重上升，这表明产业结构得到了优化，制造业实现转型升级。Comin 等（2015）则通过研究第一二三产业、制造业和服务业的相对比重变化，对制造业的转型升级进行测度分析。Qiang（2020）对海洋制造业转型升级的综合效果进行测量，并提出海洋制造业转型升级综合效果的推进策略。国内学者结合中国的实际情况，不断充实和发展了制造业转型升级的测度评价体系。

在微观层面，采用基于要素生产率的测度方法。王志华和陈圻（2012）将全要素生产率增长率作为测度制造业转型升级水平的指标。他们通过单位根和协整检验方法检验各回归变量的平稳性，并利用索洛残差法估算了江苏制造业全要素生产率增长率。潘为华等（2019）在现有文献的基础上，从质量效益、创新能力、信息技术和绿色发展四个方面构建了制造业转型升级的综合评价指标体系。孔伟杰（2012）通过问卷调查，运用浙江省制造业企业的大样本微观数据，研究了影响企业转型升级的因素。周长富（2012）将企业利润率与出口倾向作为制造业代工企业转型升级的测度指标，并利用江苏省昆山市制造业企业的微观数据，研究了影响制造业出

---

① 资料来源：《2019 年全国科技经费投入统计公报》。

口企业转型升级水平的因素。

在宏观层面，采用基于全球价值链的测度方法。孙理军和严良（2016）聚焦全球价值链（GVC）框架下的制造业转型升级绩效比较，完善了基于GVC 的制造业经济、社会和环境转型升级的测度指标体系。李平等（2010）从工业现代化、工业文明和工业化三个维度构建了中国制造业可持续发展的指标。王志华和董存田（2012）利用制造业的规模化水平、高附加值化水平、生态化水平、高加工度化水平和技术密集化水平等七个指标，衡量了江苏制造业转型升级的水平。马珩（2012）认为产业升级即制造业高级化，构建了制造业高级化的指标体系，其中包括结构优良和价值链高度两个一级指标。余东华等（2017）进一步丰富了制造业转型升级的评价体系，增加了生产智能化这一维度。

以上研究为深入理解制造业转型升级提供了重要的参考和框架。然而，此领域仍然有很多需深入研究的主题，以进一步完善对制造业转型升级的认识。

4.3.3　制造业转型升级水平的测度方法

制造业转型升级水平的测度目前主要采用熵权法。熵在物理学领域中是用来描述微观物质热运动状态的参数。熵权法的核心思想是根据指标的变异性来确定其综合指标中的权重。具体而言，指标的熵值越小，其提供的信息量越大，所占的比重也越高。一些学者利用熵权法对制造业的创新能力进行了测度，如付丽琴（2016）和季良玉（2016）。付丽琴（2016）运用层次分析法来评估中国各地装备制造业的自主创新能力，并使用熵权法确定了每个层次指标的权重，完成了对中国 30 个省装备制造业自主创新能力的测度。季良玉（2016）收集了制造业人员数量、研发经费等具体指标，利用熵权法计算了企业技术创新综合能力，并从产业结构合理化、产业结构高度化和产业结构集约化等角度构建了测度指标体系。

此外，鲁晓东（2012）采用了 LP 法，使用中间品投入指标替换原代理变量，使指标数据的选择更灵活。张志醒（2018）使用了 DEA—Malmquist指数测算法，将全要素生产率拆分为技术变化、纯技术效率变化和规模效率变化，并利用各项分解指标的均值来计算目标指标。在评估制造业转型升级水平时，研究人员应根据具体情况选择适合的测度方法和指标体系，以获得准确和全面的结果。

本书选择 LP 法作为测算全要素生产率的方法来衡量制造业转型升级的水平。根据固定资产、可变资产、劳动力等要素对企业的生产效率进行评估，以全面衡量企业的生产力水平，包括生产过程中的资源利用率、技术水平和经济效益，LP 法具体的计算公式如下。

$$LP = \frac{Y}{\sum (a_i x_i) + \sum (\beta_j Z_j)} \qquad (4-4)$$

其中，Y 为企业的产出总量，a_i 为固定资产的贡献系数，x_i 为固定资产的数量，β_j 为可变资产的贡献系数，Z_j 为可变资产的数量。将企业生产效率转化为比率，即企业产出总量与各要素的组合间的关系。

对比现有以 LP 法测算制造业全要素生产率的文献，赵海峰等（2022）使用 LP 方法测算了 8330 个观察值，得到了 2007~2022 年的全要素生产率，对全要素生产率取对数得到其平均值为 8.056，最小值与最大值分别为 5.642 与 11.108，本书测得的 2007~2022 年的全要素生产率均值为 0.854，最大值与最小值分别为 0.358 与 1.1891，两者存在单位数量级的差异，但在样本趋势上差异不太明显，可能的原因是本书使用 LP 方法测算的原始数据与赵海峰等（2022）采用的数据的数量单位存在差异。杨岚和周亚虹（2022）采用 ACF 方法共计检测 1147072 个样本，对全要素生产率取对数，得到全要素生产率均值为 2.893，最小值与最大值分别为 −8.67 与 8.72，与本书测得的结果在单位数量级与样本均值上存在差异，可能的原因是，该研究选取了 2002~2008 年的数据，且样本不全为上市 A 股制造业企业，原始数据单位数量级的选取与本书也存在差异。表 4-6 列出了制造业转型升级水平评价的代表文献。

表 4-6 制造业转型升级水平评价的代表文献

指标来源	指标维度	主要指标	测度方法
鲁晓东（2012）	市场要素 产业要素 环境要素	企业总产出、劳动力投入数量、资本投入数量、营业成本、销售费用、管理费用、财务费用等 11 个主要指标	LP 法
付丽琴（2016）	市场要素 产业要素 环境要素	电子商务、批发零售业发展、装备制造业工商业利税总额、装备制造业职工人数、地区生产力发展水平等 8 个主要指标	成分分析 熵权法
季良玉（2016）	市场要素 产业要素	制造业经费、机构、人员数量等 9 个主要指标	熵权法

指标来源	指标维度	主要指标	测度方法
张志醒 （2018）	市场要素 产业要素 环境要素	产成品、固定资产投入、从业人员数量等 7 个 主要指标	DEA–Malmquist 指数测算法

注：笔者根据相关文献整理。

📖 4.3.4　制造业转型升级水平测度结果及可视化分析

✏ 4.3.4.1　分行业的制造业转型升级水平测评结果分析

人工智能应用对企业生产率有显著的影响，不同行业间人工智能应用对生产率的影响存在差异。本书按行业分类，剔除缺失严重的行业，取 2007~2022 年制造业子行业企业全要素生产率的平均值，得到如图 4-4 所示的分行业制造业转型升级水平。从数值上看，黑色金属冶炼和压延加工业，有色金属冶炼和压延加工业，石油、煤炭及其他燃料加工业位居前三，制造业转型升级水平依次为 9.89、9.26、9.26，全行业中制造业转型升级水平较低的有仪器仪表制造业（7.11），印刷和记录媒介复制业（7.60），木材加工和木、竹、藤、棕、草制品业（7.62）。从整体上看，全要素生产率呈一条水平的波浪线，分行业制造业转型升级水平的差异较缓和，制造业转型升级水平在 8 上下波动，行业最高值与行业最低值的差值为 2.78，行业间差异不明显。

✏ 4.3.4.2　分时间的制造业转型升级水平测评结果分析

不同年份间制造业转型升级水平存在显著差异，分年份观察制造业转型升级水平对把握制造业转型升级的进程有重要作用。2007~2022 年制造业转型升级的水平如图 4-5 所示。

从整体上看，2007~2022 年制造业转型升级水平呈现上升趋势，增长了 0.9705，全要素生产率平均每年增长 0.8%，转型升级进程总体呈现波浪式上升，全年制造业转型升级水平排列前三的依次是 2022 年、2021 年、2020 年；相反，2009 年、2008 年与 2007 年是制造业转型升级水平较低的三年。据此，制造业转型升级水平有显著提升，与人工智能渗透率的特征保持一致，这为下文探讨人工智能促进制造业转型升级形成了基础的证明条件。从变化趋势上来看，2010 年制造业转型升级水平提升幅度最大，

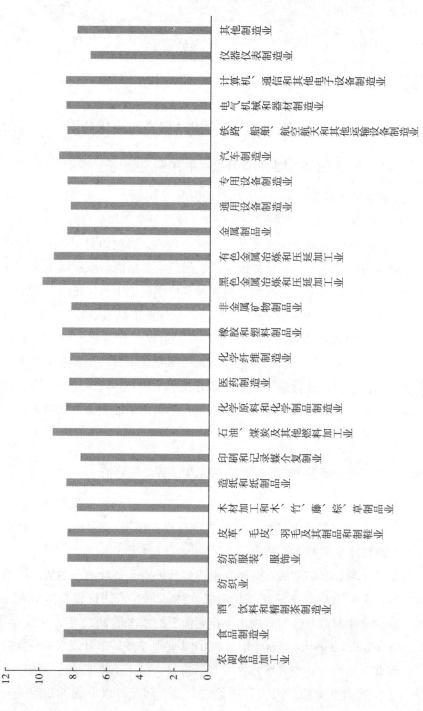

图4-4 分行业制造业转型升级水平变化情况

达到 0.2107，2017 年与 2021 年分别居于第二、三位，其增长幅度依次为 0.1702、0.1570；相反，2015 年、2009 年与 2012 年的制造业转型升级水平有所下降，下降幅度依次是 –0.0249、–0.0136、–0.0054。

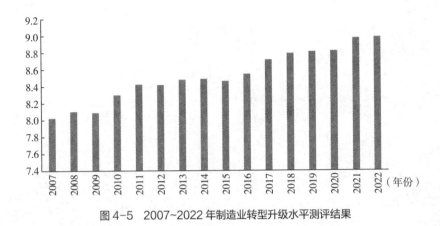

图 4-5　2007~2022 年制造业转型升级水平测评结果

✎ 4.3.4.3　分时间节点、行业的制造业转型升级水平测评结果分析

不同时间节点间的制造业转型升级水平有着显著的差异，由于不同年份的政策、市场、技术等因素不同，其转型升级水平也会产生变化。制造业转型升级水平分为三个阶段，分别是 2007~2010 年、2010~2015 年、2015~2022 年，各取当期制造业全要素生产率的平均值作为标准，如表 4-7 所示。

第一阶段（2007~2010 年），中国加入世贸组织后，众多制造业跨国巨头纷纷进入中国，国内制造业进入了迅猛扩张阶段。2007 年正是制造业的高速发展时期，黑色金属冶炼和压延加工业，有色金属冶炼和压延加工业、石油、煤炭及其他燃料三个行业的转型升级水平较高，分别为 9.6262、8.9289、8.6823；木材加工和木、竹、藤、棕、草制品业（6.8910），仪器仪表制造业（6.9531），印刷和记录媒介复制业（7.3395）为全制造业转型升级水平较低的三个行业。2010 年，黑色金属冶炼和压延加工业，石油、煤炭及其他燃料加工业，有色金属冶炼和压延加工业三个行业的转型升级水平位居全行业前三，分别为 9.8506、9.0960、8.9937；木材加工和木、竹、藤、棕、草制品业（6.9612），仪器仪表制造业（7.1716），印刷和记录媒介复制业（7.5110）仍是转型升级水平较低的三个行业。相较于 2007 年，2010 年制造业全行业的转型升级水平都呈现增加的趋势，其中纺织服

表4-7 2007年、2010年、2015年、2022年制造业转型升级水平变化情况

行业	年份							
	2007	2010	2010-2007	2015	2015-2010	2022	2022-2015
农副食品加工业	7.7852	8.0922	0.3070	8.6745	0.5823	9.1547	0.4802
食品制造业	7.8647	8.2693	0.4046	8.4792	0.2099	9.2020	0.7228
酒、饮料和精制茶制造业	8.0940	8.2849	0.1909	8.3123	0.0274	8.7995	0.4872
纺织业	7.7760	7.9811	0.2051	8.0476	0.0665	8.4075	0.3599
纺织服装、服饰业	7.7367	8.3267	0.5900	8.4599	0.1332	8.4786	0.0187
皮革、毛皮、羽毛及其制品和制鞋业	8.2758	8.3482	0.0724	8.3107	-0.0375	8.1979	-0.1128
木材加工和木、竹、藤、棕、草制品业	6.8910	6.9612	0.0702	7.9970	1.0358	8.2564	0.2594
造纸和纸制品业	7.9818	8.2368	0.2550	8.3134	0.0766	8.9682	0.6548
印刷和记录媒介复制业	7.3395	7.5110	0.1715	7.5246	0.0136	7.4972	-0.0274
石油、煤炭及其他燃料加工业	8.6823	9.0960	0.4137	9.0031	-0.0929	9.7146	0.7115
化学原料和化学制品制造业	7.9478	8.1304	0.1826	8.4027	0.2723	8.9903	0.5876
医药制造业	7.6598	7.9798	0.3200	8.3289	0.3491	8.7249	0.3960
化学纤维制造业	8.0271	8.1944	0.1673	8.1094	-0.0850	8.5161	0.4067

续表

行业	年份						
	2007	2010	2010-2007	2015	2015-2010	2022	2022-2015
橡胶和塑料制品业	8.5187	8.7065	0.1878	8.6531	-0.0534	8.9263	0.2732
非金属矿物制品业	7.4949	7.8301	0.3352	7.9945	0.1644	8.8013	0.8068
黑色金属冶炼和压延加工业	9.6262	9.8506	0.2244	9.5711	-0.2795	10.3993	0.8282
有色金属冶炼和压延加工业	8.9289	8.9937	0.0648	9.1128	0.1191	9.9381	0.8253
金属制品业	8.1747	8.4411	0.2664	8.3530	-0.0881	8.8015	0.4485
通用设备制造业	7.8588	8.1960	0.3372	8.1553	-0.0407	8.7294	0.5741
专用设备制造业	8.0576	8.3377	0.2801	8.3037	-0.0340	8.8307	0.5270
汽车制造业	8.3886	8.8153	0.4267	8.9085	0.0932	9.1718	0.2633
铁路、船舶、航空航天和其他运输设备制造业	7.9122	8.1987	0.2865	8.3451	0.1464	9.0837	0.7386
电气机械和器材制造业	8.0381	8.2921	0.2540	8.4942	0.2021	9.0546	0.5604
计算机、通信和其他电子设备制造业	7.9129	8.2381	0.3252	8.5758	0.3377	9.0613	0.4855
仪器仪表制造业	6.9531	7.1716	0.2185	6.8676	-0.3040	7.5289	0.6613
其他制造业	7.5759	7.7617	0.1858	7.7619	0.0002	8.3501	0.5882

装、服饰业，汽车制造业的增长较明显，增幅分别为 0.5900 和 0.4267，有色金属冶炼和压延加工业及木材加工和木、竹、藤、棕、草制品业的转型升级水平提升不明显。

第二阶段（2010~2015 年），《中国制造 2025》提出，到 2025 年制造业整体素质大幅提升；到 2035 年中国制造业整体达到世界制造强国阵营中等水平；到中华人民共和国成立一百年时，进入世界制造强国行列。2015 年，黑色金属冶炼和压延加工业，有色金属冶炼和压延加工业，石油、煤炭及其他燃料加工业的转型升级水平居于全行业前三位，分别为 9.5711、9.1128、9.0031；仪器仪表制造业（6.8676）、印刷和记录媒介复制业（7.5246）、其他制造业（7.7619）三个行业是 2015 年制造业转型升级水平较低的三个行业。相较于 2010 年，木材加工和木、竹、藤、棕、草制品业，农副食品加工业，医药制造业的转型升级水平提升幅度较大，分别为 1.0358、0.5823、0.3491；仪器仪表制造业、黑色金属冶炼和压延加工业的转型升级水平有所下降，相较于 2010 年降低了 0.3040、0.2795。

第三阶段（2015~2022 年），2022 年制造业处于信息化引领工业化的变革时期，黑色金属冶炼和压延加工业，有色金属冶炼和压延加工业，石油、煤炭及其他燃料加工业的行业转型升级水平居于全行业前三位，其全要素生产率依次是 10.3993、9.9381、9.7146；印刷和记录媒介复制业，仪器仪表制造业，皮革、毛皮、羽毛及其制品和制鞋业的行业转型升级水平较低，全要素生产率依次为 7.4972、7.5289、8.1979。相较于 2015 年，黑色金属冶炼和压延加工业、有色金属冶炼和压延加工业、非金属矿物制造业，三个行业的转型升级水平提升幅度较大，分别为 0.8282、0.8253、0.8068，其中黑色金属冶炼和压延加工业、有色金属冶炼和压延加工业也是 2022 年行业转型升级水平排名前两位的行业。相反，除皮革、毛皮、羽毛及其制品和制鞋业及印刷和记录媒介复制业外，其他行业的转型升级水平都呈现增加的趋势，这两个行业的转型升级水平分别降低了 0.1128 与 0.0274。

第 5 章

人工智能对制造业转型升级影响的实证研究

5.1 机制分析与研究假设

5.1.1 人工智能与制造业全要素生产率提升

5.1.1.1 自动化与机器人技术

自动化与机器人技术的应用可以显著提高制造业的生产效率和全要素生产率。首先，自动化和机器人技术实现了生产流程的高度自动化，减少了人力投入和生产过程中的错误，从而提高了生产效率和质量，降低了生产成本。根据新古典增长理论，技术的引入和创新是提高全要素生产率的关键。因此，自动化和机器人技术的应用被视为技术进步的体现，进而提升制造业的全要素生产率。其次，部分实证研究支持和印证了上述观点。例如，黄晓凤等（2023）指出，人工智能与制造业的深入融合将引发大量互补性技术创新，细致化和专业化分工将提高全要素生产率。然而，孙早和侯玉琳（2021）研究发现，人工智能的发展主要促进了传统制造业全要素生产率的提升，对高端制造业的影响较小，如医药制造、计算机和仪器仪表制造。这可能是因为高端制造业涉及更复杂和非常规性的任务，对当前的人工智能技术存在挑战。另外，杨光和侯钰（2020）的研究表明，工业机器人的应用通过提高全要素生产率间接影响经济增长，这表明机器人的规模效应和定价行为在其中起到重要作用。李廉水等（2020）研究指出，人工智能通过促进技术进步、改善劳动力结果和提升物质资本使用率等方式提高制造业企业的全要素生产率。

总之，人工智能通过将自动控制和机器人技术相结合，极大地提升制造业企业的生产率和全要素生产率。但在高端制造领域，人工智能技术的应用还存在一定的问题。本章将为解决上述问题提供新思路，推动人工智能技术在制造领域的广泛应用，推动全要素生产率的提高。

📝 5.1.1.2　数据分析和预测模型

借助人工智能技术，制造业企业能对海量数据进行处理与分析，从中挖掘出规律与趋势。这有助于企业制定更精确的生产策略，实现资源的最优分配，从而提高企业的生产效率。这一观点在经济学和经验研究中都得到了证实。

从数据要素看，企业要想提高生产率，必须有足够的信息。人工智能技术通过分析数据，建立预测模型，为制造业企业提供更丰富、更精确的信息，以辅助企业制定更优的生产经营决策。及时与准确的信息是制造业企业准确把握市场需求、优化生产工艺、提升产品质量的关键。同时，已有经验研究也证实将数据分析与预测方法引入制造业，可以极大提升生产效率与全要素生产率。例如，采用基于数据的预测方法的制造业企业，其生产效率、全要素生产率一般都比较高。Nordhaus（2015）指出，若人工智能技术的渗透率很高，可完全改变经济运作的模式，并深入经济和社会的每个方面，这意味着，人工智能技术不仅可以提升生产力，还可以推动互补性创新的发展。李丫丫和潘安（2017）表明，利用人工智能技术可以精准控制生产过程，增加成品的附加价值，以此提高全要素生产率。

因此，人工智能技术通过对数据进行分析与预测，可以为制造业企业提供更精准的信息与决策支持，从而提升企业的生产效率与全要素生产率。这对促进中国制造业的可持续发展有十分重要的现实意义。未来的研究与创新，将会引导人工智能更好地应用于制造领域，使全要素生产率得到进一步提高。

📝 5.1.1.3　智能化服务和维护

人工智能能够使制造业企业在生产过程中实现智能服务与设备维修。基于物联网、大数据等技术，利用人工智能技术对装备进行远程监测、预测性维护及故障诊断，对缩短停工时间、提升装备可靠性有重要意义。首先，资本积累的相关理论为其提供了有力的证据。从服务经济学的角度看，服务业在现代经济中有举足轻重的作用，而制造业也日益重视服务业的供给。

基于人工智能技术的智能化服务与维护，就是从制造到服务经济的转变。通过提供远程监控、预测性维护和故障诊断等智能化服务，制造业企业能更好满足客户的需求，提高客户满意度，从而提升市场竞争力和长期利润。

其次，实证研究印证了智能化服务和维护对制造业全要素生产率的提升效果。例如，在进行智能化维护的制造业企业中，设备的可靠性和运行效率明显提高，生产效率和全要素生产率得到提升。刘婷婷等（2020）指出，通过人工智能技术实现的设备故障预测和维护，可显著缩短停机时间、降低维修成本。温湖炜和钟启明（2021）总结出，智能化发展水平与服务创新间存在显著的正向交互效应，企业通过智能制造与服务创新的深度融合而向价值链下游拓展，从而提升全要素生产率。谢雁翔等（2023）的研究表明，智能化服务和维护通过提高设备的可靠性和缩短停机时间，间接提升了制造业企业的全要素生产率。

基于对以上路径和机制的分析，提出以下研究假设。

H5-1：人工智能通过自动化与机器人技术、数据分析和预测模型的应用以及智能化服务和维护等路径提升制造业企业的全要素生产率。这种提升对制造业的效率、质量和竞争力产生了积极的影响，进而推动制造业转型升级。

此外，研究者可以考虑不同制造业子行业的差异，以深入理解人工智能对制造业全要素生产率的影响。李雅宁等（2020）指出，与综合行业的人工智能上市公司相比，制造业、信息传输技术业、传播与文化产业、批发与零售贸易业的人工智能上市公司对就业的影响更显著。人工智能发展对全要素生产率水平的提升程度存在地区异质性，对东部地区的促进效应明显高于中、西部地区（李静雯，2023）。

5.1.2　人工智能、劳动生产率与制造业转型升级的中介效应分析

5.1.2.1　技术改进路径

经济分析显示，人工智能能够通过技术进步提升制造业的劳动生产率，从而推动我国制造业转型升级。

首先，通过运用人工智能技术，企业的生产流程趋于自动化、智能化，从而降低了企业对人才的要求。人工智能利用机器学习、自动控制、机器

人等技术，在一定程度上替代了人力，减少人力投入。该方法不仅能有效地提高生产效率，降低人工失误，而且在某种程度上能改善产品的输出质量。所以，人工智能技术的运用，能够降低劳动力的投入，提高生产效率，从而直接推动劳动生产率的提高。其次，科技进步对经济发展有促进作用。人工智能技术的应用，是科技进步的一种体现。在此基础上，一种基于人工智能的新型制造模式得以形成，即将传统的劳动密集型生产模式转变为科技密集型、知识密集型的生产模式。这一转变，既能提高劳动生产率，又能促进制造业转型升级，从而实现产业结构的优化与升级。

实证研究也支持人工智能技术应用可提高制造业劳动生产率这一观点。已有研究表明，引入机器学习和人工智能技术的制造业企业相比没有应用这些技术的企业，其劳动生产率显著提高。例如，谢伟丽等（2023）认为，人力资本提升在人工智能驱动制造业高质量发展的过程中有显著的中介效应。韩永辉等（2023）探讨了人工智能对中国区域经济增长的异质性影响效果及劳动力市场传导机制，并结合 2012~2019 年国际机器人联合会发布的工业机器人数据进行实证分析，发现人工智能通过提升劳动力生产率、优化劳动力就业结构，促使地区向"创新驱动、内需拉动"转型。某制造业企业引入人工智能技术后，其生产线的生产效率提高了 30%，同时减少了人力投入。这些实证研究结果进一步验证了人工智能应用对劳动生产率的积极影响。

由此可见，人工智能的应用能够通过技术进步这一途径促进制造业劳动生产率的提升。生产流程的自动化与智能化、产业结构的转型升级，能够提升生产效率，降低成本，促进制造业的转型与升级。这一观点得到了经济理论和实证研究的印证，为深入理解人工智能与制造业转型升级间的关系奠定了理论和实证基础。

5.1.2.2　知识和技能升级路径

人工智能的应用可以通过知识和技能升级路径促进制造业的转型升级，这一观点可以通过逻辑推理、经典理论与实证研究证明。

首先，人力资本理论认为，劳动力知识、技能的高低直接关系劳动生产率的高低。人工智能可以承担类似程序化、流程式的工作，使劳动者能更高效地完成工作，提高工作效率；智能技术平台，尤其是新型智能工具，不仅替代了体力劳动，还实现了对部分脑力劳动的替代；数据、算力、算法等作为新型生产要素，通过融合、改造传统生产要素，提升全要素生产率。知识与技能升级路径能促进制造业的转型升级，使其更好地与智能、自动化的生产环境相匹配。

其次，部分学者分析了人工智能技术对制造业产生的具体效果。工业机器人在制造业中的广泛使用，给工作人员带来了全新的机会和挑战，其工作性质发生了变化，现有岗位功能加速调整。这导致高技能劳动力就业规模上升，产生"补偿效应"，低技能劳动力就业规模下降，产生"替代效应"（李舒沁等，2021）。为适应这一改变，需要对具有不同技能水平的劳动力提供合适的知识和技能培训，要求员工不仅熟练掌握传统操作技能，同时增强自己在数据解析、算法运用及机器学习等方面的技能。这种技能的增强可推动制造业创新，其对资本密集型行业和高新技术行业创新影响的边际效应大于劳动密集型行业，对企业实质性创新的影响大于策略性创新（王磊等，2023）。同时，员工必须加深对整个生产流程的了解，从全局角度思考和优化生产过程。正是知识和技能的深层次增强，拓展了产品开发的知识边界，推动了制造业的转型和升级，使其更高效、智能和可持续。

最后，学者从不同角度证实了人工智能对劳动力的影响。例如，余玲铮等（2021）认为，人工智能对不同任务的劳动力有差异性影响，对常规性任务的劳动力存在替代性，而对非常规性任务的劳动力存在互补性。这表明，劳动力需要适应新的任务需求，通过知识和技能升级适应人工智能技术的应用。另外，部分研究发现，机器人和人工智能技术应用的扩大可能导致易被机器人替代的行业的劳动力需求下降（王永钦、董雯，2020；孔高文等，2020），在高技术部门则产生互补效应（王林辉等，2020）。这进一步强调了知识和技能升级在人工智能与制造业转型升级中的重要性。

综上所述，人工智能的应用可以通过知识和技能升级路径促进制造业的转型升级。通过提高知识和技能水平，劳动者能更好地适应和应用人工智能技术，从而提高劳动生产率。这一观点得到了经济理论和实证研究的支持，为深入理解人工智能与制造业转型升级间的关系奠定了理论和实证基础。

🖉 5.1.2.3　资源优化路径

首先，资源配置理论认为，有效的资源配置可提高生产效率和劳动生产率。人工智能的应用可帮助制造业实现资源的优化配置，从而提高劳动生产率。通过数据分析和预测模型，人工智能可使制造业企业科学地进行市场需求预测、生产计划制订和库存管理，以避免资源浪费和降低生产成本。

其次，实证研究也证明人工智能技术应用对制造业劳动生产率有提升作用。人工智能技术通过对人力岗位的替代，节约了企业的劳动力成本，实现企业劳动生产率提升（程文，2021）。王兵和王启超（2019）认为，实施工业智能化战略可改善行业内的资源配置，带动全要素生产率增长，推动制造业的转型升级，使其能更高效地利用有限的资源进行生产。应用数据驱动的生产计划制订和库存管理模型的制造业企业，其劳动生产率显著提高。通过对人工智能的应用，企业能更准确地预测市场需求、精确制订生产计划，并实时调整库存水平，避免过度生产和库存积压的问题，提高资源的利用效率。这种资源优化的路径有助于制造业实现更精细化的生产和供应链管理，进而促进劳动生产率的提高。

除理论与经验的支撑外，亦有大量的实务个案证实以上论点。为了更好地分配资源，很多制造业企业已经将人工智能引入生产计划制订与库存管理中。例如，某家汽车生产企业运用数据分析与预测方法，对市场需求进行了精确预测，有效地解决了产能过剩、存货积压等问题，从而提高了企业的生产效率与劳动生产率。同样，部分电子制造业也利用人工智能对生产工艺及资源配置进行优化，实现了生产效率与精度的提升。

因此，利用人工智能技术，可以让制造业更有效地配置和优化资源，从而提高劳动生产率。在此基础上，通过对数据的分析和预测，可以准确地预测市场需求、制订生产计划，并进行存货管理，避免浪费资源，减少生产成本。在对上述路径与机理进行分析的基础上，提出如下研究假设。

H5-2：人工智能通过技术改进路径、知识和技能升级路径及资源优化路径，提高制造业的劳动生产率，进而促进了制造业的转型升级。劳动生产率在这一过程中充当中介变量，对于推动制造业的转型升级起到重要作用。

5.1.3 人工智能对制造业转型升级影响的异质性机制分析

5.1.3.1 行业特征

行业特征是影响人工智能对制造业转型升级的重要因素。产业组织理论认为，行业特征和市场结构对技术引入和应用的效果有重要影响。不同行业的市场结构和生产特点将使人工智能技术的应用产生异质性效果。据此，可以推断在面对人工智能的应用时，不同行业可能会表现出不同的反应和效果。

部分实证研究支持了这一观点。一方面，高度规模化的行业，如汽车制造业，更容易从人工智能技术中获益，因为这些行业的生产过程更容易实现自动化或由数据驱动。另一方面，创新型行业，如软件开发，更注重数据分析和算法应用，因此在人工智能的应用中更关注创新和数据驱动。此外，Brynjolfsson 等（2019）指出，人工智能对就业的影响会随着其发展而发生变化，初期、中期和后期会呈现出不同效应，短期内不能简单判断人工智能对就业的影响。孙文远和刘于山（2023）指出，人工智能在中国的应用仍处于起步阶段，对于制造业来说，现阶段人工智能主要应用于一线生产制造岗位，通过替代效应减少企业对劳动力的投入，降低企业生产成本。王磊等（2023）指出，工业机器人的应用显著促进中国制造业创新，对资本密集型行业和高新技术行业创新影响的边际效应大于劳动密集型行业，对企业实质性创新的影响大于策略性创新。这意味着在低技术部门，人工智能的引入可能会替代一些劳动力，而在高技术部门，人工智能可能会与劳动力相互补充，提高生产效率。

由此可见，不同行业面对人工智能的应用可能会表现出不同的反应和效果。行业特征和市场结构及任务特点将使人工智能的应用产生异质性效果。高度标准化且规模化的行业更容易从人工智能技术中获益，创新型行业更侧重于数据分析和创新。此外，人工智能对不同任务的劳动力也有差异性影响，替代性和互补性效应在不同部门中存在差异。这些结论为深入研究人工智能对制造业转型升级的影响奠定了理论和实证基础。

5.1.3.2　企业规模

在人工智能快速发展的背景下，制造业的转型升级面临着新的机遇与挑战。企业规模是影响制造行业人工智能应用的主要因素，可能使人工智能在制造业中的应用产生异质性效应。

首先是资源配置差异。资源基础理论认为，企业规模的大小是获得和使用资源的重要影响因素。大企业因其规模庞大，拥有更多的资源获取与使用优势。随着人工智能技术的引进与运用，大公司可以对更适合进行人工智能应用的基础结构进行投资。与此形成鲜明对比的是，中小企业会在不同程度上受到资本和技术实力的限制，在应用人工智能方面的水平各不相同。其次是生产效率差异。大型企业可充分发挥自身的规模优势，利用人工智能提高企业生产效率。通过生产过程的自动化和智能化，大型企业的生产效率得到提高，成本降低。与此形成鲜明对比的是，小企业则面临着较高的转换成本与技术难度，从而制约其对人工智能的应用。

已有实证研究为企业规模使人工智能应用产生异质性效应的观点提供了证明。例如，数字技术应用显著促进了制造业企业生产效率的提升（赵滨元，2023）。在引入人工智能技术的制造业企业中，大型企业更容易通过应用人工智能技术获得生产效率的提升。这是因为大型企业能借助其丰富的资源，更大规模地投资于人工智能技术的研发和应用，从而实现生产效率的提高。不过也有学者认为，企业规模扩大能促进规模效率提升，实现生产效率的提高，但同时边际报酬递减趋势导致纯技术效率降低，最终导致实际生产效率提升幅度有限（刘晨、崔鹏，2022）。

5.1.3.3 市场竞争

人工智能作为一项革命性的技术，使传统的制造行业发生了深刻的变革。深刻理解人工智能对制造业企业组织和市场竞争的异质性影响，有利于深刻理解企业间的差异性，并制定相应的对策。

一是市场占有率的不同。引入人工智能的企业在市场占有率上各不相同。大企业由于在技术投入、市场推广等方面具有优势，能更好地满足市场需求，以更具竞争性的产品或服务抢占市场。而小型企业面临着进入壁垒高、品牌知名度低等问题，导致其市场占有率较低。

二是企业竞争战略的不同。人工智能技术的引入也在一定程度上影响着企业的竞争策略。就大型企业而言，应用人工智能可对供应链管理、市场预测、客户关系等进行优化，为企业提供个性化服务，形成差异化竞争优势。相比之下，较小的企业可能需要通过合作、联盟等来共享资源和技术，以弥补其在规模上的劣势。

经验研究也证实了上述论点。市域竞争力是一种行业内企业间的竞争力水平，其特征是产品同质性和价格比。研究发现，应用人工智能技术后，规模较大的企业生产效率有较高提升。这主要是因为大型企业能在研发领域投入更多的资金，以更好地利用人工智能技术。另一些研究表明，通过应用人工智能，大企业的市场占有率提升。随着人工智能技术的快速发展，企业能从异构资源中获取优势，从而在同质化竞争中取得优势，而由人工智能产生的虚拟劳工作为一种新的生产要素，能大幅度降低生产成本，提高生产效率，在价格竞争中获取更多的市场份额（黄东兵等，2022）。

✎ 5.1.3.4　区域位置

随着人工智能技术的飞速发展，制造业面临着重大的转型升级机遇，但由于各国或地区的制度环境、政策支持等因素存在差异，企业对人工智能技术的应用表现出不同的认识。

一是制度环境的异质性影响。制度环境涉及法律、政府规制、知识产权保护等方面，各国或地区的制度环境会导致企业对人工智能技术的应用存在差异。更开放、更具弹性的制度环境，有利于企业更好地获得技术、资本、市场等资源，促进其转型升级。而在较为封闭或复杂的制度环境中，企业在获得资源、进入市场等方面会受到一定约束，从而影响其转型升级。

二是政策支持的异质性影响。政策支持对于促进制造业的转型升级与人工智能技术的推广有十分重要的意义。各国或地区的政策支持会对企业的人工智能投资与创新产生一定的影响。世界上许多国家和地区都采取了财政补贴、税收优惠等手段，以促进企业在人工智能领域的研究与应用。而在缺少政策扶持或政策不明朗的地区，企业在投资过程中则会遇到不确定因素，制约其在人工智能领域的转型。

三是文化和教育的异质性影响。文化深刻地影响着企业的创新能力、企业对风险的容忍度及企业的合作意愿。在鼓励创新、尊重知识产权、提倡协作的文化氛围中，企业更容易实现人工智能的转型升级。与此同时，劳动力教育程度的提升，也给企业带来了大量具有人工智能技术知识与技能的人才，提升了其转型的能力。

部分研究分析了人工智能对制造业转型升级影响的异质性机制。例如，李新娥等（2020）发现，人工智能政策对制造业就业的影响正在逐步显现，在最早发布区域人工智能政策的省份中，人工智能对制造业的就业产生了更大的影响。在具有较好知识产权保护制度和政策支持的国家或地区，企业更倾向于进行技术创新和人工智能技术应用。有学者基于目前中国制造业数字化转型政策工具的分布情况，结合德国等先进制造业国家的实践，提出中国需要进一步完善制造业数字化转型的政策措施，包括加大对以激励创新为导向的供给型政策工具的推动力度、强化基于完善机制的环保政策工具的影响、增强基于风险共担的需求型政策工具的拉动作用，突出各种政策手段的协调性，加速建立完善的制造业数字化转型的政策框架（那丹丹、李英，2021）。此外，章潇萌和刘相波（2022）研究表明，放宽融资限制，可以推动公司的人工智能技术研发，提升智能生产所占的比例，以此推动智力资本的利用。政府的财政补贴和技术研发资助对企业引入人工智能技术具有积极的促进作用。米晋宏等（2020）运用中国上市公司的金融和专利数据对人工智能技术的运用进行了实证分析，结果表明，人工智能对制造业企业的创新能力有明显的促进作用，优化了公司的资本结构。

基于上述路径和机制的分析，提出如下研究假设。

H5-3：人工智能对制造业转型升级的影响存在异质性效应，其中行业特征、产权性质、资源禀赋与区域位置是影响异质性效应的重要因素。不同规模和资源水平的制造业企业以及不同的制造业子行业对人工智能技术的应用存在异质性。大型企业倾向于更广泛、深入地应用人工智能技术，从而推动制造业的转型升级。

进一步探索人工智能对制造业转型升级的效果，可以从不同行业的市场结构、生产特点和技术适应能力等角度出发，综合考虑地域、企业文化等其他异质性因素，以帮助企业制定差异化的政策和战略，促进人工智能时代不同类型制造业的发展和创新。

综合所述，人工智能与制造业转型升级是密不可分的。人工智能技术为制造业的数字化、智能化转型提供了强大的技术支持，是推动制造业升级的关键因素。人工智能对制造业转型升级的作用机制如图 5-1 所示。

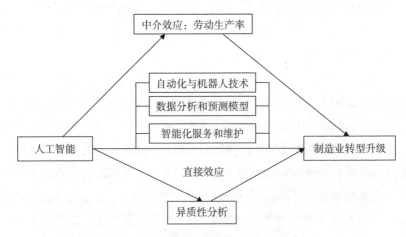

图 5-1　人工智能对制造业转型升级的作用机制

5.2 模型设计

本章选取面板数据进行分析，采用固定效应模型探究人工智能对制造业转型升级的影响。面板数据是一类综合的数据类型，是一种既包含时间序列又包含横截面数据的数据集，通常被用来研究不同地区、不同行业、不同企业的数据变化情况，应用面板数据可以进行多因素分析、回归分析和相关分析等。

5.2.1 模型检验

5.2.1.1 F 检验

利用 F 检验能准确地比较不同样本间的差异，以确定选择建立混合效应模型还是建立固定效应模型。设立检验假设——H0：建立混合效应模型；H1：建立固定效应模型。

5.2.1.2 Hausman 检验

Hausman 检验是基于对同一参数的两个估计量差异的显著性检验，用于解决固定效应模型和随机效应模型选择问题的统计检验方法。通常情况下，固定效应模型比随机效应模型更严格，因为固定效应对个体间的异质性做了固定控制，但也可能因此丧失可变异性的信息；随机效应模型允许个体间异质性的存在，两种模型间的差异在于误差项与自变量间是否存在相关性。通过检验模型的误差项并解释变量间是否存在正交性，确定随机效应模型或固定效应模型的适用性。因此，设立检验假设——H0：随机效应模型是适当的；H1：固定效应模型是适当的。

5.2.2 模型选择

使用 Stata16 进行计算分析，发现 F 检验与 Hausman 检验均强烈拒绝原假设，其中 Hausman 检验的 p 值为 0，因此，选择设立固定效应模型。为检验人工智能的直接影响，构建如式（5-1）所示的基准模型，检验人工智能对 A 股上市制造业企业转型升级效率的影响。由于人工智能渗透率在时间上的变化不明显，因此暂不固定模型的时间效应。

$$TFP\_LP_{it} = \alpha + \beta_1 AI_{it} + \lambda X_{it} + \theta_t + \varepsilon_{it} \quad (5\text{-}1)$$

其中，下标 i 和 t 分别为企业和年份；TFP_LP_{it} 为被解释变量，表示第 i 个企业 t 年的全要素生产率；α 为截距项；AI_{it} 为核心解释变量，表示第 i 个企业 t 年的人工智能水平；X_{it} 为控制变量，分别表示第 i 个企业 t 年的人力资本、企业资产、研发投入强度、营业收入、资产报酬率；θ_t 为个体效应；ϵ_{it} 为随机扰动项。由于数量单位差异，本书将所有变量处理为一致的数量单位。

为检验人工智能影响制造业转型升级的中介机制，本书参考温忠麟等（2004）归纳的方法，构建中介效应模型：

$$TFP\_LP_{it} = \alpha + \beta_1 AI_{it} + \lambda X_{it} + \theta_t + \varepsilon_{it} \quad (5\text{-}2)$$

$$LDS_{it} = \alpha + \beta_2 AI_{it} + \lambda X_{it} + \theta_t + \varepsilon_{it} \quad (5\text{-}3)$$

$$TFP\_LP_{it} = \alpha + \beta_3 AI_{it} + \theta LDS_{it} + \lambda X_{it} + \theta_t + \varepsilon_{it} \quad (5\text{-}4)$$

其中，LDS_{it} 为制造业第 i 个企业 t 年的劳动生产率，检验具体程序如下。首先进行人工智能对制造业转型升级效应的基本回归，在验证主效应成立的前提下，可进行下一步检验。其次进行人工智能对劳动生产率影响效应的回归检验，关注核心解释变量的系数 β_2 是否显著。最后把人工智能和劳动生产率同时看作核心解释变量对制造业企业全要素生产率进行回归，观察系数 β_3 和 θ 是否显著。结合式（5-3），若 β_2 和 θ 均显著且 β_3 显著，则说明劳动生产率在人工智能推进制造业转型升级过程中存在部分中介效应；若 β_3 不显著，则意味着劳动生产率不存在中介效应。

5.3 数据选取与变量说明

5.3.1 数据说明

本章选取企业、行业和城市层面的数据进行实证分析，由于人工智能在制造业中大量应用在 2007 年后，因此，选取 2007~2022 年 A 股制造业上市公司为研究样本，资料来源于 Wind、iFinD 等数据库。按如下程序对样本数据进行筛选：①剔除股票代码前有 ST、*ST 字母符号的样本（财务状况异常或面临退市风险的企业样本）；②剔除样本数据缺失严重的企业样本。最后确定 A 股制造业上市公司样本数量为 17251 个，几乎覆盖所有可能的观察对象，这为研究的准确性和可靠性奠定了坚实的基础，如表 5-1、表 5-2 所示。

表 5-1 分年度样本分布

年度	样本数量（个）	比例（%）	年度	样本数量（个）	比例（%）
2007	144	0.83	2016	1243	7.21
2008	203	1.18	2017	1344	7.79
2009	256	1.48	2018	1607	9.32
2010	384	2.23	2019	1657	9.61
2011	528	3.06	2020	1774	10.28
2012	946	5.48	2021	1997	11.58
2013	1042	6.04	2022	1937	11.23
2014	1054	6.11	合计	17251	100
2015	1135	6.00			

表 5-2 分年度样本分布

行业名称	行业代码	样本数量（个）	比例（%）
农副食品加工业	C13	39	0.23
食品制造业	C14	428	2.48
酒、饮料和精制茶制造业	C15	387	2.24
纺织业	C17	52	0.30
纺织服装、服饰业	C18	28	0.16
皮革、毛皮、羽毛及其制品和制鞋业	C19	3	0.02
木材加工及木、竹、藤、棕、草制品业	C20	13	0.08
家具制造业	C21	142	0.82
造纸及纸制品业	C22	12	0.07
印刷和记录媒介复制业	C23	4	0.02
文教、工美、体育和娱乐用品制造业	C24	136	0.79
石油加工、炼焦及核燃料加工业	C25	23	0.13
化学原料和化学制品制造业	C26	2290	13.27
医药制造业	C27	2114	12.25
化学纤维制造业	C28	246	1.43
橡胶和塑料制品业	C29	96	0.56
非金属矿物制品业	C30	104	0.60
黑色金属冶炼及压延加工业	C31	11	0.06
有色金属冶炼及压延加工业	C32	77	0.45
金属制品业	C33	73	0.42

续表

行业名称	行业代码	样本数量（个）	比例（%）
通用设备制造业	C34	1304	7.56
专用设备制造业	C35	1982	11.49
汽车制造业	C36	1182	6.85
铁路、船舶、航空航天和其他运输设备制造业	C37	484	2.81
电气机械和器材制造业	C38	2161	12.53
计算机、通信和其他电子设备制造业	C39	3248	18.83
仪器仪表制造业	C40	424	2.46
其他制造业	C41	183	1.06
废弃资源综合利用业	C42	4	0.02
金属制品、机械和设备修理业	C43	1	0.01
合计		17251	100

5.3.1.1 样本特征

其中，表5-1呈现了分年度样本分布情况，其反映了随着时间的推移，研究样本在数量和比例上的增长趋势，有以下几点特征。

（1）样本数量逐年增加。从2007年的144个样本增加到2022年的1937个样本，总体上呈现逐年增长的趋势。这说明随着时间的推移，更多的数据被纳入研究范围。

（2）比例分布不均。尽管样本数量在逐年增加，但各年度的样本比例分布并不均匀。例如，2007年的样本比例仅为0.83%，而2015年的样本比例已经达到6%。这种不均表明不同年份的数据在整体研究中的权重有所不同。

（3）2018年后样本数量大幅增加。从2018年开始，样本数量大幅增长。2018年的样本数量为1607个，到2022年，样本数量已增加到1937个。这表明在近几年的时间里，更多的数据被用于研究。

5.3.1.2 样本分布

表5-2显示了不同行业的样本数量和比例。从行业名称、行业代码、样本数量和比例四个方面展示了不同行业的样本分布情况。

（1）行业覆盖面广。数据涵盖了制造业下多个子行业，几乎包括了所有工业行业。

（2）比例差异。各行业的样本数量和比例存在显著差异。例如，化学原料和化学制品制造业（C26）及计算机、通信和其他电子设备制造业（C39）的样本占比分别为 13.27% 和 18.83%，其他一些行业的占比则较小。这种差异可能反映了不同行业在经济中的重要性和发展状况。

（3）分类合理。表格中的行业分类较合理，既包括了传统制造业，也包括了新兴制造业和高科技制造业。这样的分类方式使所选样本有较好的代表性。

通过以上具体的数据统计分析，可更全面地了解样本的行业分布、行业的地位以及行业间的差异。这些分析结果可为人工智能影响制造业转型升级的实证分析提供有价值的信息参考。

📖 5.3.2　变量说明

✏️ 5.3.2.1　被解释变量：制造业转型升级

本章采用 LP 法测算 2007~2022 年 A 股制造业上市公司的全要素生产率（TFP_LP），以企业全要素生产率衡量制造业转型升级效率。全要素生产率的测算有 OP、LP、FE、ACF、DEA 五种方法，通过对比在不同测算方法下得到的全要素生产率，可了解不同时期、行业、个体间的差异。Olley 和 Pakes、Levinsohn 和 Petrin 提出的半参数法被众多学者选用，即 OP 法和 LP 法。相比 OP 法，LP 法可以减少测算 TFP 时的偏误，LP 法选取代理变量作为中间投入，最大限度地减少了样本的损失，同时中间投入能更完全地响应生产率变化。基于以上考虑，本章采用以 LP 法测算的全要素生产率作为实证检验的主要被解释变量。此外，采用以 FE（固定效应）法测算的全要素生产率作为稳健性检验的替换变量，FE 法在现有测算全要素生产率的研究中应用频率较高，测得数值的准确性、合理性亦较高。

✏️ 5.3.2.2　核心解释变量：人工智能水平

参照李怀政等（2023）、王磊等（2023）、Acemoglu 和 Restrepo（2018）的方法，本章选取人工智能渗透率作为制造业人工智能发展水平的衡量指标，以工业机器人密度即每千名就业人员操作的工业机器人数量表征人工智能渗透率。换句话说，每千名就业人员操作的工业机器人越多，工业机器人密度越大，人工智能渗透率水平就越高。

📝 5.3.2.3 控制变量

已有文献研究结果显示，人力资本（吴淼，2022）、企业资产和研发投入强度（郑琼洁、王高凤，2021）、营业收入（孙雯，2022）、资产报酬率（赵海峰等，2022）等因素对制造业转型升级会产生重要影响。借鉴已有研究，考虑到变量间的多重共线性问题，本章选取企业规模、研发投入强度、职工薪酬及资产报酬率作为控制变量。具体而言：企业资产为当年企业的资产总计，来自企业年报，研发投入强度由研发投入总额占营业收入比例表示，如表5-3所示。

表5-3　变量定义

变量类型	变量名称	变量符号	变量定义
被解释变量	制造业转型升级	TFP_LP TFP_FE	以 LP 法测算的 TFP 以 FE 法测算的 TFP
核心解释变量	人工智能水平	AI	人工智能渗透率作为制造业 人工智能发展水平的衡量指标
中介变量	劳动生产率	LDS	单位人员创造的收入，取对数值
控制变量	企业规模	$size$	企业资产对数值
	研发投入强度	YTQ	研发投入总额占营业收入比例 ×100%
	职工薪酬	pm	应付职工薪酬对数值
	资产报酬率	zbl	资产报酬率 = 息税前利润 ×2/ （期初总资产 + 期末总资产）×100%

📝 5.3.2.4 中介变量：劳动生产率

劳动生产率是影响企业经营活动的重要经济指标，它不仅反映企业的经济实力和发展水平，也反映出整个制造业经济发展水平，劳动生产率作为重要的生产效率衡量指标，在一定程度上会影响人工智能推进制造业转型升级的效率，因此，本章将劳动生产率作为中介变量，由单位人员创造的收入表示。

5.4 基准回归结果分析

📖 5.4.1 描述性统计

在进行基准回归前，需要先对所有变量进行描述性统计。由于数量单位差异，可能使解释变量的回归系数不准确，故对所有变量的数量单位进行标准化处理。本章变量的描述性统计如表 5-4 所示，从表中可以看出，2007~2022 年用 LP 法估算出的制造业企业全要素生产率（ TFP_LP ）的均值为 8.209；人工智能渗透率（ AI ）的均值为 6.784，但不同制造业企业间差距较大，最小值为 0.143，最大值为 15.09；控制变量差距较大，这表明不同制造业企业在经营能力、技术水平、盈利能力上均存在明显的差异。

表 5-4　变量描述性统计

变量	观测值	均值	标准差	最小值	最大值
AI	17261	6.784	4.037	0.143	15.09
TFP_LP	17261	8.209	0.925	6.276	10.88
LDS	17261	13.43	0.653	12.06	15.33
$size$	17261	21.74	1.115	19.71	25.19
YTQ	17261	5.169	4.351	0.0730	26.35
pm	17261	16.90	1.470	12.58	21.02
zbl	17261	5.366	6.979	−24.46	25.09

主要变量的相关性分析结果如表 5-5 所示。人工智能渗透率与企业全要素生产率、劳动生产率，劳动生产率与企业全要素生产率均在 1% 水平上显著正相关，初步符合预期；其他解释变量以及控制变量两两间的相关系数在统计上均较显著。其中，人工智能渗透率与研发投入强度呈正相关，说明研发投入强度越大越有利于人工智能水平提升。

表 5-5　相关系数矩阵

变量	AI	TFP_LP	LDS	$size$	YTQ	pm	zbl
AI	1						
TFP_LP	0.03***	1					
LDS	0.03***	0.62***	1				
$size$	0.03***	0.84***	0.42***	1			
YTQ	0.07***	−0.25***	−0.21***	−0.13***	1		
pm	0.06***	0.71***	0.23***	0.73***	−0.03***	1	
zbl	−0.03***	0.22***	0.19***	0.08***	−0.13***	0.14***	1

注：*** 表示 $p<0.01$。

5.4.2　基准回归结果分析

本章利用普通最小二乘法（OLS）估计人工智能对 A 股上市制造业企业转型升级的影响，表 5-6 报告了人工智能对制造业转型升级的影响的线性估计结果。

表 5-6　基准回归结果

变量	(1)	(2)	(3)	(4)	(5)
AI	0.015***	0.002***	0.003***	0.004***	0.003***
	(0.001)	(0.001)	(0.001)	(0.001)	(0.001)
size		0.658***	0.679***	0.682***	0.564***
		(0.005)	(0.005)	(0.004)	(0.006)
YTQ			−0.040***	−0.031***	−0.032***
			(0.001)	(0.001)	(0.001)
zbl				0.014***	0.014***
				(0.000)	(0.000)
pm					0.113***
					(0.004)
_cons	8.106***	−6.110***	−6.357***	−6.558***	−5.891***
	(0.007)	(0.103)	(0.099)	(0.095)	(0.095)
样本量	17251	17251	17251	17251	17251
拟合优度	0.019	0.568	0.607	0.636	0.655
个体固定	Yes	Yes	Yes	Yes	Yes
时间固定	No	No	No	No	No

注：*** 表示 $p<0.01$；括号内表示稳健标准误。

模型（1）～模型（5）均使用个体固定效应模型，选用个体固定效应模型控制个体间的差异，能更准确地评估个体内部的变化、克服异方差及个体差异等问题，为个体内部效应提供有力解释，避免遗漏变量问题，降低估计结果偏误及误差项对统计结果的影响，从而增加实证结果的可靠性。模型（2）～模型（5）依次加入企业规模、研发投入强度、资产报酬率及职工薪酬。实证结果显示，人工智能水平的系数均在 1% 的统计水平上显著为正，且系数在加入控制变量后基本不变，表明模型的稳健性较好。就 A 股上市制造业企业的研究样本而言，人工智能显著提升了企业的全要素生产率，人工智能对制造业转型升级有显著正向促进作用。在加入控制变量后人工智能水平的系数为 0.003，结果表明随着人工智能水平的提升，制造业企业转型升级水平不断提升，且平均而言，人工智能每增加 1%，制造业企业全要素生产率提升 0.3%。据此，关于人工智能推动制造业转型升级的假设 5-1 得到证实。

从控制变量看，企业规模与制造业转型升级方向相同，且始终通过 1% 水平的显著性检验，从经济意义上来讲，企业规模越大，制造业转型升级水平越高，企业规模反映了制造业企业的实力，据此，企业实力越大，越有压力和动力进行转型升级，进而推进制造业转型升级效率的提高；资产报酬率系数显著为正，说明资产报酬对制造业转型升级存在正向影响，资产报酬率越高，制造业转型升级效率越高；职工薪酬为企业全要素生产率的提升提供了重要支撑条件，在 1% 的水平上显著正相关。

值得注意的是，企业研发投入强度系数为负，说明其对制造业转型升级存在负向影响，且通过了 1% 水平上的显著性检验。虽然投资强度和专利数量通常被认为是促进企业创新和生产力提升的因素，但在某些情况下，企业可能通过投资和创新来减缓其生产率下降的趋势。例如，企业在面临竞争压力、市场饱和或技术变革时，可能会加大投资和创新力度，但这些努力可能需要一段时间才能对生产率产生正向影响。因此，实证结果可能反映了投资和创新在短期内对生产率的负面影响，并非长期的正面效应。其他的解释还包括：企业管理能力、市场结构、劳动力素质等相关因素对生产率的影响可能大于创新投资本身；研发投入过多，可能导致知识碎片化、专利竞争，形成创新阻碍，对生产率产生不利影响；或者是过度投资导致资源浪费或配置不当，企业未能成功将研发投入转化为有利的成果。李沁峄（2022）认为，研发费用投入对企业经营绩效产生负向影响，有可能是因为科研费用投入过多。

📖 5.4.3　中介效应分析

基于劳动生产率视角分析人工智能对制造业转型升级的影响，结果如表 5-7 所示。模型（1）是未加入中介变量的估计结果。在模型（2）中将劳动生产率作为被解释变量时，核心解释变量 AI 的系数在 1% 的水平上显著为正，表明人工智能对提升企业劳动生产率有积极影响。模型（3）研究了加入中介变量劳动生产率后，人工智能对制造业转型升级的影响，即将劳动生产率和人工智能水平同时作为解释变量对制造业企业全要素生产率进行回归，人工智能水平的系数 β_3 和劳动生产率的系数 θ 在 1% 的水平上显著，表明通过劳动生产率的中介效应，人工智能对制造业转型升级的影响为正，符合理论预期，即人工智能显著促进制造业转型升级。具体来看，在其他因素保持不变的情况下，人工智能水平提升一个单位，会推动制造业转型升级水平、劳动生产率分别均提升 0.003 和 0.004 个单位。中介效应的大小一般是通过比较总效应和直接效应衡量，总效应是人工智能对制造业转型升级的影响，直接效应是排除中介变量劳动生产率后，人工智能对制造业转型升级的直接影响，中介效应等于总效应减直接效应，反映在结果中，直接效应即 0.001 个单位，中介效应 0.002 个单位，两者之和即为总效应 0.003。中介效应占总效应的 66.7%。由此说明，人工智能通过劳动生产率对制造业全要素生产率提升的贡献占总贡献的比重约为三分之二。总体上看，人工智能对制造业转型升级的直接效应小于间接效应，同时，间接效应的发现印证了假设 5-2 中人工智能通过劳动生产率赋能制造业转型升级的论断。

表 5-7　基于劳动生产率视角的人工智能对制造业转型升级的影响

变量	（1）	（2）	（3）
	TFP_LP	*LDS*	*TFP_LP*
AI	0.003*** （0.001）	0.004*** （0.001）	0.001*** （0.000）
LDS			0.557*** （0.005）
_cons	−5.891*** （0.095）	7.197*** （0.111）	−9.898*** （0.082）
X_{it}	Yes	Yes	Yes
样本量	17251	17251	17251
拟合优度	0.655	0.261	0.800
个体固定	Yes	Yes	Yes
时间固定	No	No	No

注：*** 表示 $p<0.01$，括号内表示稳健标准误。

5.4.4　稳健性检验

在回归估计中，如果存在内生性问题，那么回归估计量可能不会随着样本量的增加而收敛到真实的总体参数。加入个体固定效应可以解决部分不随时间变化和不可观测的变量引致的内生性问题，为进一步解决其他方面的内生性，保证基准回归结果的可靠性，本书使用三种方法进行稳健性检验。

一是更换被解释变量的测度方法，由于前文进行基准回归估计时，被解释变量是以 LP 法测算的，为检验模型设置的稳健性，选择使用以 FE 法测算的全要素生产率做稳健性检验，稳健性检验结果如表 5-8 所示。结果发现，核心解释变量和控制变量均与前文的分析结果一致，且人工智能对制造业转型升级的影响在 1% 水平上显著为正。

表 5-8　更换被解释变量后的回归结果

变量	将以 LP 法测算的全要素生产率更换为以 FE 法测算的全要素生产率				
	(1)	(2)	(3)	(4)	(5)
AI	0.021***	0.003***	0.004***	0.004***	0.003***
	(0.001)	(0.001)	(0.001)	(0.001)	(0.001)
$size$		0.919***	0.938***	0.941***	0.799***
		(0.005)	(0.004)	(0.004)	(0.006)
YTQ			−0.038***	−0.030***	−0.032***
			(0.001)	(0.001)	(0.001)
zbl				0.012***	0.012***
				(0.000)	(0.000)
pm					0.136***
					(0.004)
$\_cons$	11.088***	−8.764***	−8.994***	−9.157***	−8.357***
	(0.009)	(0.099)	(0.095)	(0.093)	(0.092)
样本量	17251	17251	17251	17251	17251
拟合优度	0.022	0.735	0.758	0.771	0.789
个体固定	Yes	Yes	Yes	Yes	Yes
时间固定	No	No	No	No	No

注：*** 表示 $p<0.01$，括号内表示稳健标准误。

二是缩短时间窗口，李廉水（2018）将 2011 年至今划为创新驱动制造业转型高质量发展的提升阶段，据此，本章缩短样本周期，选用 2010

作为时间节点,以 2010~2020 年为样本周期进行稳健性检验,结果如表 5-9 所示。除人工智能水平回归系数的大小稍有变化外,系数符号与显著性均与基准回归结果保持一致,同样显示基准回归结果有稳健性。

表 5-9　缩短时间窗口后的回归结果

变量	更换样本周期				
	(1)	(2)	(3)	(4)	(5)
AI	0.010***	0.002**	0.003***	0.003***	0.003***
	(0.001)	(0.001)	(0.001)	(0.001)	(0.001)
$size$		0.619***	0.636***	0.640***	0.537***
		(0.006)	(0.006)	(0.005)	(0.007)
YTQ			−0.041***	−0.033***	−0.033***
			(0.001)	(0.001)	(0.001)
zbl				0.013***	0.013***
				(0.000)	(0.000)
pm					0.098***
					(0.005)
$\_cons$	8.097***	−5.292***	−5.465***	−5.657***	−5.070***
	(0.007)	(0.127)	(0.121)	(0.117)	(0.118)
样本量	12714	12714	12714	12714	12714
拟合优度	0.010	0.513	0.559	0.589	0.605
个体固定	Yes	Yes	Yes	Yes	Yes
时间固定	No	No	No	No	No

注:*** 表示 $p<0.01$,括号内表示稳健标准误。

三是考虑混合面板数据与平衡面板数据的差异。由于人工智能在制造业中大量应用是在 2007 年后,因此,这里选取 2007~2022 年 525 家 A 股上市制造业企业的平衡面板数据,同时变换个别控制变量,增加人力资本水平(RLZ)、企业资产(QZ)、营业收入(YI)。具体而言:人力资本水平由企业技术人员人数与本年在职员工数的比值表示;企业资产为当年企业的资产总计,来自企业年报;研发投入强度由研发投入总额占营业收入比例表示;营业收入为当期企业年报中的营业收入。实证结果如表 5-10 所示,人工智能对制造业转型升级的影响与非平衡面板数据的结果一致,都具有积极的正向作用,所不同的是利用平衡面板数据得到的系数大于由非平衡面板数据得到的系数,即人工智能对制造业转型升级的影响更强。

表 5-10　基于平衡面板数据的基准回归结果

变量	（1）	（2）	（3）	（4）	（5）	（6）
AI	0.026*** （0.0017）	0.014*** （0.0015）	0.014*** （0.0015）	0.011*** （0.0014）	0.011*** （0.0014）	0.011*** （0.0013）
RLZ		0.027*** （0.0018）	0.023*** （0.0018）	0.023*** （0.0018）	0.024*** （0.0018）	0.0024*** （0.0017）
zbl			0.32* （0.190）	0.32* （0.192）	0.32* （0.193）	0.30* （0.030）
QZ				0.082*** （0.016）	0.102*** （0.0156）	0.033 （0.030）
YTQ					−0.075*** （0.020）	−0.12*** （0.025）
YI						0.140* （0.060）
_cons	0.838*** （0.0010）	0.829*** （0.0013）	0.83*** （0.0017）	0.82*** （0.0024）	0.819*** （0.002）	0.816*** （0.002）
个体 FE	Yes	Yes	Yes	Yes	Yes	Yes
时间 FE	No	No	No	No	No	No
拟合优度	0.0370	0.2045	0.2216	0.2679	0.2722	0.3090
样本量	8400	8400	8400	8400	8400	8400

注：*** 表示 $p<0.01$，* 表示 $p<0.1$；括号内表示稳健标准误。

综上，通过改变被解释变量测度方法、缩短时间窗口以及采用平衡面板数据并调整控制变量三种方式对模型的稳健性进行检验，结果均表明：人工智能对全要素生产率提升的促进作用十分显著，即人工智能显著正向促进制造业转型升级，人工智能发展水平越高，制造业转型升级效果越好，所不同的是非平衡面板数据样本远大于平衡面板数据样本，前者选取的企业超过 2000 家，样本观测量为 17261 个；后者选取的企业为 525 家，样本观测量为 8400 个，但平衡面板数据的结果显示，人工智能对制造业转型升级的影响大于非平衡面板数据得到的结果。

5.5 异质性分析

尽管基准回归证实了人工智能对制造业转型升级具有促进作用，但由于不同行业、地区、产权、企业经济状况等方面因素带来的冲击可能存在差异，对这些方面的异质性研究有助于进一步了解人工智能作用的边界条件，因此本章将从行业差异、产权、空间分布方面分别考察人工智能对制造业转型升级影响的异质性。

📖 5.5.1 要素禀赋异质性分析

考虑到行业发展对生产要素的需求程度不同，本章参照阳立高等（2014）的方法把企业样本按行业划分为资本密集型、技术密集型及劳动密集型进行分类检验，分类标准如表5-11所示。

表5-11 要素密集型分类明细

类型	行业
资本密集型	酒，饮料和精制茶制造业，烟草制品业，造纸和纸制品业，石油、煤炭及其他燃料加工业，黑色金属冶炼和压延加工业，有色金属冶炼和压延加工业，通用设备制造业，金属制品业
技术密集型	医药制造业，专用设备制造业，电气机械和器材制造业，计算机、通信和其他电子设备制造业，仪器仪表制造业，铁路、船舶、航空航天和其他运输设备制造业，化学原料和化学制品制造业，化学纤维制造业，汽车制造业，金属制品、机械和设备修理业，专用设备制造业
劳动密集型	农副食品加工业，食品制造业，纺织业，纺织服装、服饰业，皮革、毛皮、羽毛及其制品和制鞋业，木材加工和木、竹、藤、棕、草制品业，家具制造业，印刷和记录媒介复制业，文教、工美、体育和娱乐用品制造业，橡胶和塑料制品业，非金属矿物制品业，废弃资源综合利用业，其他制造业

要素禀赋异质性分析结果如表5-12所示。结果显示，人工智能对资本密集型和技术密集型制造业企业存在显著影响，这可能是由于资本、技术密集型行业对高新技术较敏感，人工智能技术的应用带来技术生产率的提高，能显著促进资本、技术密集型行业全要素生产率的提高；劳动密集型行业本身对技术的要求不高，对人工智能的需求较资本和技术密集型行业低，人工智能对其影响不显著。

表5-12 基于行业差异的异质性分析结果

变量	资本密集型 TFP_LP_1	技术密集型 TFP_LP_1	劳动密集型 TFP_LP_1
AI	0.003* (0.002)	0.004*** (0.001)	0.002 (0.002)
$size$	0.496*** (0.019)	0.555*** (0.007)	0.576*** (0.021)
YTQ	−0.044*** (0.004)	−0.031*** (0.001)	−0.046*** (0.005)

变量	资本密集型 TFP_LP_1	技术密集型 TFP_LP_1	劳动密集型 TFP_LP_1
zbl	0.017*** (0.001)	0.014*** (0.000)	0.010*** (0.001)
pm	0.122*** (0.014)	0.118*** (0.004)	0.117*** (0.013)
_cons	−4.685*** (0.340)	−5.771*** (0.106)	−6.157*** (0.370)
样本量	1815	14204	1232
拟合优度	0.542	0.660	0.646
个体固定	Yes	Yes	Yes
时间固定	No	No	No

注：*** 表示 $p<0.01$，* 表示 $p<0.1$；括号内表示稳健标准误。

5.5.2　产权异质性分析

考虑到中国 A 股上市制造业企业产权类型的差异，本章把企业样本划分为国有与非国有型进行分类检验。其中，国有制造业企业的比例约为 28.82%，非国有制造业企业的占比约为 71.18%。回归结果如表 5-13 所示。结果显示，人工智能对制造业转型升级的促进效应在国有与非国有企业中均显著。人工智能对国有企业与非国有企业的影响系数相近，说明在人工智能的作用下，无论是国有企业还是非国有企业均有动力进行自主转型，证实了人工智能对制造业转型升级的正向促进效应。

表 5-13　基于企业产权异质性的回归结果分析

变量	国有企业 TFP_LP_1	非国有企业 TFP_LP_1
AI	0.004*** (0.001)	0.003*** (0.001)
size	0.601*** (0.011)	0.534*** (0.007)
YTQ	−0.031*** (0.002)	−0.035*** (0.001)
zbl	0.019*** (0.001)	0.012*** (0.000)

变量	国有企业 TFP_LP_1	非国有企业 TFP_LP_1
pm	0.074*** (0.007)	0.137*** (0.005)
$\_cons$	−6.038*** (0.191)	−5.634*** (0.111)
样本量	4971	12280
拟合优度	0.623	0.665
个体固定	Yes	Yes
时间固定	No	No

注：*** 表示 $p<0.01$，括号内表示稳健标准误。

5.5.3 空间异质性分析

不同区位受经济发展水平的影响存在差异，这里基于中国东、中、西部经济发展水平差异对样本进行分类，参照国家统计局关于东、中、西部地区的划分标准。对东、中、西部地区进行分区检验，回归结果如表 5-14 所示。结果显示，东部与西部地区系数在 1% 的水平上显著为正，中部地区系数在 5% 的水平上显著为正，说明人工智能对东、西部地区制造业的影响程度大于中部地区。此外，从表中可见，东、中、西部地区的样本数量分别占 70.67%、16.65%、12.68%，从加权平均角度来看，人工智能对制造业转型升级的影响出现东、中、西部地区依次递减的顺序，也就是对东部地区影响最大，对西部地区影响最小。

表 5-14 区域异质性分析结果

变量	东部 TFP_LP_1	中部 TFP_LP_1	西部 TFP_LP_1
AI	0.003*** (0.001)	0.003** (0.001)	0.006*** (0.002)
$size$	0.555*** (0.007)	0.584*** (0.015)	0.538*** (0.017)
YTQ	−0.035*** (0.001)	−0.029*** (0.003)	−0.027*** (0.003)
zbl	0.012*** (0.000)	0.017*** (0.001)	0.020*** (0.001)

续表

变量	东部 TFP_LP_1	中部 TFP_LP_1	西部 TFP_LP_1
pm	0.128*** (0.005)	0.094*** (0.009)	0.088*** (0.012)
$\_cons$	−5.903*** (0.110)	−6.065*** (0.246)	−5.131*** (0.291)
样本量	12192	2872	2187
拟合优度	0.671	0.650	0.597
个体固定	Yes	Yes	Yes
时间固定	No	No	No

注：*** 表示 $p<0.01$，** 表示 $p<0.05$；括号内表示稳健标准误。

5.6 结论

本章选取 2007~2022 年在 A 股市场的制造业上市公司 17251 个样本量，以人工智能渗透率（AI）衡量制造业的人工智能发展水平，以全要素生产率（TFP_LP）测度制造业转型升级水平，通过构建面板数据模型，并以劳动生产率为中介变量，分析人工智能对制造业转型升级的影响，结论如下：

第一，从样本分布看，样本数量逐年增加，且比例有差异。从 2007 年的 144 个样本到 2022 年的 1937 个样本，总体上呈现逐年增长的趋势，但各年度的样本比例分布不均匀。从 2018 年开始，样本数量出现了大幅增长。2018 年的样本数量为 1607 个，2022 年样本数量增加到 1937 个。这表明国家充分运用上市公司投融资平台积极推进制造业转型升级和高质量发展。从行业上看，化学原料和化学制品制造业（C26）及计算机、通信和其他电子设备制造业（C39）的样本数量占比较高，分别为 13.27% 和 18.83%，说明这些行业的主导作用较强，其他行业的占比较小。

第二，人工智能对制造业转型升级有显著正向影响。通过使用普通最小二乘法（OLS）估计面板数据模型，结果发现人工智能在不同的控制变量下对制造业的全要素生产率均产生积极影响。人工智能系数均在 1% 的显著水平上为正，表明人工智能水平的提升与制造业转型升级效率提高呈正相关关系。具体而言，人工智能水平提升 1%，样本期间制造业全要素生产率均值提高约 0.3%。

　　第三，人工智能通过提高劳动生产率促进制造业转型升级。基于劳动生产率视角分析人工智能对制造业转型升级的影响，结果显示，在加入劳动生产率作为中介变量的回归模型中，人工智能对制造业转型升级仍然呈显著正向影响。其中，中介效应占总效应的66.7%，说明劳动生产率在人工智能对制造业转型升级影响中起到约三分之二的中介作用，对制造业全要素生产率的提升有重要贡献。

　　第四，稳健性检验支持了人工智能正向影响制造业转型升级的结论。通过改变被解释变量的测度方法、缩短时间窗口、采用平衡面板数据并调整控制变量三种方式对模型的稳健性检验时，其结论仍然成立，原有的研究假设得到验证。

　　第五，人工智能对制造业转型升级的影响有异质性。其一，从行业异质性看，将制造业按要素禀赋的不同进行分类检验，结果发现，人工智能对技术密集型行业影响最大，对劳动密集型和资本密集型行业影响不显著，表明在中国老龄化程度加深、人力资源成本上升、人口红利逐步减小的情况下，技术密集型制造业对人工智能的偏好超过劳动密集型和资本密集型。其二，将制造业企业分为国有与非国有型企业，考察产权的异质性。结果显示，人工智能对国有企业和非国有企业的影响基本相同，说明在人工智能的作用机制下，无论是国有还是非国有企业均受到人工智能的正向影响，证实了人工智能对制造业转型升级的正向促进效应。其三，将制造业企业根据东、中、西部地区进行分区检验，考察其空间异质性。结果显示，从加权角度看人工智能对制造业转型升级的影响程度较大的是东部地区，较小的是西部地区。

　　第六，结果与预期的不同之处，即制造业企业高强度投入研发人工智能技术应用可能对其转型升级产生负面影响。这可能是因为投资和创新在短期内对生产率产生了负面影响。这与企业管理能力、市场结构等因素对生产率的影响大于创新投资有关，因此企业需要提高投资效率、做好投资的短期与长期规划。

　　综上所述，实证研究表明人工智能对制造业转型升级有显著正向影响。通过提高劳动生产率这一中介变量，人工智能能显著促进制造业的全要素生产率提升。此外，人力资本和资产报酬率会对制造业转型升级产生积极影响。然而，需要进一步研究以深入了解这些因素间的关系，并考虑其他可能的因素，如企业管理能力、市场竞争和劳动力素质等。这些结果为理解人工智能在制造业转型升级中的作用及其影响因素提供了经验证据。

Chapter

第 6 章

人工智能在制造业转型升级过程中对其重点行业的影响分析

6.1 食品制造业

6.1.1 行业概况和现状

食品制造业是我国制造业的重要组成部分，主要包括粮食及饲料加工业、植物油加工业、制糖业、屠宰及肉类蛋类加工业、水产品加工业等。2007~2022 年食品制造业（C14）上市公司资产总额从 410 亿元增长到 5288 亿元，15 年时间增长了近 12 倍，如图 6-1 所示①。食品制造业持续推进产业链的升级和优化。一方面，加速向高端、绿色、智能化发展，如冷链物流、休闲食品、功能性食品等领域得到快速拓展；另一方面，食品制造业与农业、林业、医药等产业融合发展，实现了产业链的延长和升级。

从市场规模看，随着经济全球化、技术革新以及消费者需求的变化，食品制造业市场规模不断扩大。2007~2022 年食品制造业上市公司销售收入从 143 亿元增长到 4618 亿元，其资本回报率均保持在 8% 左右，如图 6-1 所示。在市场竞争中，既有伊利股份、光明乳业等大型企业参与，也能发现阳光乳业、三元生物等中小型企业的身影。然而，目前食品制造业市场集中度较低，呈现出分散竞争的特点。例如，伊利股份在 2022 年的市场份额为 30%，未达到高度集中的程度。这主要是由于食品制造业涉及多个子行业，包括饮料、糕点、肉类、乳品等，各个子行业的市场结构和竞争

---

① 中国制造业 2007~2022 年上市公司和第 6 章其余重点行业的数据来源同第 5 章，均为 Wind、iFinD 等数据库。

格局不同。此外，食品制造业为社会提供了大量就业机会，上市公司就业人数从 2007 年的 5.6 万人增长到 2022 年的 28 万人。

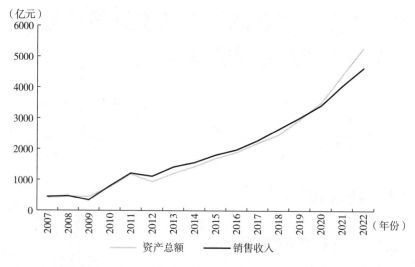

图 6-1　2007~2022 年食品制造业上市公司资产总额与销售收入

　　从技术创新看，食品制造业通过引进先进的生产工艺和设备，实现了生产线的智能化升级。同时，原材料和生产工艺不断创新，包括开发新的食品原料、生产工艺和包装技术，提高生产效益。在经济全球化的背景下，食品制造业将继续加大创新和研发投入，人工智能在食品制造业中的应用不断加深，如智能生产线和高精度检测仪器等的广泛应用提高了行业的整体竞争力，以实现其高质量发展目标。

6.1.2　人工智能对食品制造业转型升级的影响

　　人工智能作为一种新兴技术，正在逐渐改变食品制造业的生产方式（李兆丰等，2022）。其与食品制造业深度融合为产业发展带来了新的机遇，人工智能对劳动生产率与制造业转型升级的影响，如图 6-2 所示。

　　第一，人工智能助力食品制造业提高生产效率、控制运营成本、提升产品质量并确保产品安全。通过引入智能生产线、自动化设备和机器人技术，食品制造业实现了食品生产的自动化和智能化，从而提升了生产速度、产品质量和能源利用率。此外，人工智能通过深度挖掘和分析大量食品数据，准确地分析消费者需求和市场趋势，为企业提供精准的市场定位和产品规划，从而提高产品的市场竞争力。

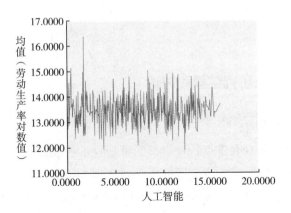

（a）人工智能与劳动生产率

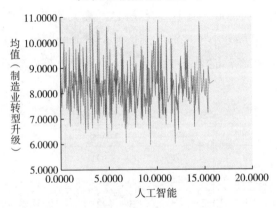

（b）人工智能与制造业转型升级

图6-2　2007~2022年食品制造业：人工智能、劳动生产率与制造业转型升级

　　第二，人工智能推动食品制造业向高端、低碳、健康发展（杨阳等，2024）。通过改进落后工艺，提高加工、储存和包装的技术水平，人工智能促进食品制造业向精深加工发展，实现高端化发展。通过对生产过程中的能耗、碳排放和安全指标等进行实时监测和分析，人工智能可帮助企业制定精准的环保和安全管理方案，有效减少污染。根据《"健康中国2030"规划纲要》，智能化将成为转变中国食品制造业发展方式和保障人民健康的重要途径。借助人工智能技术，食品制造业可对原料、生产过程和成品进行全面监测和控制，以确保产品的安全、营养和健康。

　　由此可见，人工智能在食品制造业中有广阔的应用前景和巨大的潜力。它不仅可提高食品制造业的生产效率、产品质量和安全性，还可推动食品制造业向更高端、更低碳、更健康发展。随着技术的不断进步和创新，人工智能将继续在食品制造业中发挥重要作用，为行业带来更多新的机遇和突破。

6.1.3 实证研究结果和讨论

6.1.3.1 描述性统计

本章对制造业八大重点行业进行实证研究的模型设计、变量选择、数据来源与分析方法同第5章实证分析一致。表6-1为食品制造业上市公司相关变量的描述性统计，从表中可以看出：2007~2022年用LP法估算出的食品制造业企业全要素生产率（TFP_LP）的均值为8.266；人工智能渗透率（AI）的均值为7.200，最小值为0.143，最大值为15.09；各变量最大值和最小值的差值部分小于或等于制造业全行业的差值，这表明在同一细分行业内各企业在经营能力、技术水平、盈利能力等方面的差距部分小于全行业的差距。

表6-1 C14变量描述性统计

变量	观测值	均值	标准差	最小值	最大值
AI	428	7.200	4.031	0.143	15.09
TFP_LP	428	8.266	0.880	6.276	10.88
LDS	428	13.45	0.551	12.06	15.33
$size$	428	21.70	0.933	19.81	25.19
YTQ	428	2.268	1.856	0.0730	9.892
pm	428	17.06	1.446	13.39	21.02
zbl	428	7.296	7.044	−24.46	25.09

6.1.3.2 基准回归结果分析

表6-2为人工智能对食品制造业转型升级影响的回归结果，模型（2）~模型（5）为依次加入控制变量研发投入强度（YTQ）、资产报酬率（zbl）、企业规模（$size$）和职工薪酬（pm）的个体固定效应模型回归结果。结果显示，在加入研发投入强度（YTQ）、资产报酬率（zbl）两个控制变量时，人工智能渗透率的系数均显著为正，但加入企业规模（$size$）和职工薪酬（pm）后核心解释变量不显著，可能因加入新的控制变量后，样本量减少，

导致统计推断能力下降，模型无法准确估计核心解释变量的系数，导致结果不显著。

表6-2 C14固定效应逐步回归结果

变量	(1)	(2)	(3)	(4)	(5)
AI	0.012*** (0.005)	0.013*** (0.004)	0.014*** (0.004)	0.002 (0.003)	0.001 (0.002)
YTQ		−0.153*** (0.022)	−0.127*** (0.021)	−0.070*** (0.013)	−0.075*** (0.012)
zbl			0.020*** (0.003)	0.019*** (0.002)	0.015*** (0.002)
size				0.663*** (0.027)	0.503*** (0.035)
pm					0.147*** (0.023)
_cons	8.178*** (0.038)	8.519*** (0.060)	8.305*** (0.067)	−6.119*** (0.592)	−5.114*** (0.581)
样本量	428	428	428	428	428
拟合优度	0.019	0.139	0.223	0.710	0.741
个体固定	Yes	Yes	Yes	Yes	Yes
时间固定	No	No	No	No	No

注：*** 表示 $p<0.01$，括号内表示稳健标准误。

🖊 6.1.3.3 中介效应分析

表6-3为人工智能对食品制造业转型升级影响的劳动生产率中介效应分析结果。列（1）为核心解释变量人工智能水平对被解释变量食品制造业转型升级影响的估计结果；列（2）为中介变量劳动生产率受核心解释变量人工智能水平影响的估计结果；列（3）为加入中介变量劳动生产率后，人工智能水平对食品制造业转型升级影响的估计结果。两次检验不同的是列（2）中分析人工智能对劳动生产率的影响一个没有加入控制变量，另一个加入了控制变量，本章后续其他七大行业的中介效应检验也与此一样。从实证结果可见，人工智能对劳动生产率存在显著影响，但在加入劳动生产率后，人工智能对食品制造业转型升级的影响不显著，但其系数为负，其原因可能与基本回归分析中的一致。

表 6-3　人工智能对 C14 转型升级影响的中介效应检验

变量	（1）	（2）	（2）	（3）
	TFP_LP	*LDS*	*LDS*	*TFP_LP*
AI	0.001 （0.002）	0.009** （0.004）	0.004 （0.003）	−0.001 （0.002）
LDS				0.378*** （0.033）
_cons	−5.114*** （0.581）	13.388*** （0.032）	7.454*** （0.805）	−7.928*** （0.552）
X_{it}	Yes	No	Yes	Yes
样本量	428	428	428	428
拟合优度	0.741	0.014	0.287	0.812
个体固定	Yes	Yes	Yes	Yes
时间固定	No	No	No	No

注：*** 表示 $p<0.01$，** 表示 $p<0.05$；括号内表示稳健标准误。

6.2 医药制造业

6.2.1 行业概况和现状

2023 年，医药制造业（C27）已形成以化学原料药、生物制药、中药制剂和医疗器械为主导的产业体系。其中，化学原料药和生物制药在全球市场具有较强竞争力，中药制剂在国内外市场的规模逐步扩大，医疗器械领域的创新能力不断提升。早在 2015 年，国家颁布的《中国制造 2025》就将生物医药及高性能医疗器械发展列为建设制造强国的十大重点领域之一。经过多年发展，医药制造业取得了显著的成效。

从市场规模看，医药制造业市场需求不断扩大。2022 年医药制造业上市公司的市场规模约为 1.5 万亿元人民币。从产业链角度来看，医药制造业已经形成相对完整的产业链体系，包括原料药、医药中间体、制剂和生物制药等多个环节。从价值链角度看，医药制造业整体呈现"微笑曲线"的形态，即研发和销售环节利润较高，生产制造环节利润较低。同时，市场上制药企业存在规模小、数量多、分散经营的问题。具有国际竞争力和较强创新能力的大型企业较少，行业集中度低，即使市场份额最高的"白云山"

制药企业也只占6%。这一现象主要是由于中国医药制造业的研发能力较弱，创新药物和高端医疗器械产品较少，导致企业核心竞争力不强。从技术创新看，医药制造业的研发投入持续增长。2022年上市公司研发投入首次突破千亿元大关，研发经费投入强度达到3.6%。在医疗诊断方面，已有超过500家医院引入了人工智能辅助诊断系统。这些系统可帮助医生提高诊断准确性和效率。此外，医药制造业在生产制造过程中广泛应用了自动化技术和智能制造技术，提高了生产效率和产品质量。从经济效益看，2007~2022年医药制造业上市公司的营业总收入从1481亿元增长到42000亿元，如图6-3所示。该图反映了资产总额与营业收入间的正向关系。从就业规模看，医药制造业上市公司的总就业人数从2007年的23万人增加到2022年的84万人。在资本回报方面，医药制造业的资本回报率保持在5%左右。

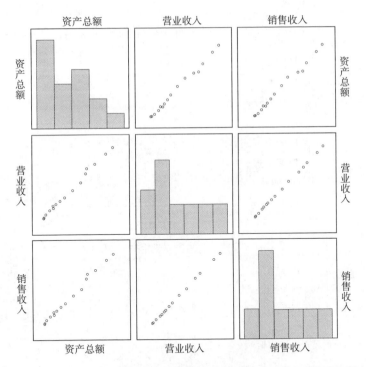

图6-3　2007~2022年医药制造业上市公司资产总额、销售收入与营业收入散点图

　　然而，中国医药制造业仍面临一些挑战。首先，医药制造业的技术水平相对滞后，创新能力不足。尽管近年来研发投入增加，但与国际先进水平仍有差距。其次，医药制造业产业链中仍存在一些薄弱环节，如医药中间体和高端制剂生产等。此外，医药行业的监管环境相对复杂，药品审批

周期较长，制约了创新药物的研发和上市速度。

为了进一步推动医药制造业的发展，中国政府制定了一系列支持政策和举措。其中包括加强知识产权保护，提高企业创新能力，优化创新药物研发环境；优化药品审批流程，加快创新药物上市；加大对高端医疗器械研发的支持力度等。此外，政府鼓励医药企业加强国际合作，吸引外资、引进技术，提高行业的国际竞争力。

6.2.2 人工智能对医药制造业转型升级的影响

医药制造业是国民经济和社会发展不可或缺的重要产业。如今，全球各国都将医药制造业视为重点产业并大力发展。与此同时，人工智能技术正加速推动医药制造业的智能化转型和升级。人工智能的应用对医药制造业劳动生产率与全要素生产率的提升有积极而深远的影响，如图6-4所示。

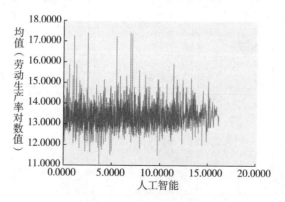

（a）人工智能与劳动生产率

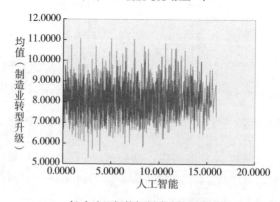

（b）人工智能与制造业转型升级

图6-4　2007~2022年医药制造业：人工智能、劳动生产率与制造业转型升级

人工智能与医药制造业的融合发展大幅提升了医药制造业在研发、生产、营销和用户服务等环节的智能化水平。这将推动医药制造业各环节的系统集成和数据共享流通，实现医药制造业的产业结构升级和优化（周倩，2021）。通过人工智能技术的应用，医药制造业将迎来全方位的智能化转型。

在药物研发方面，人工智能技术的应用将对药物的研发产生革命性的影响。利用人工智能的算法和模型进行药物研发，成本将大幅降低，速度大幅提升。此外，人工智能能提高药物研发的质量，通过分析大量的数据和模拟实验，可有效地筛选出有潜力的候选药物。在生产流程方面，医药制造企业可以借助人工智能技术实现生产过程的自动化和智能化，通过自动化操作和智能控制，药物生产的效率将得到极大提升。此外，人工智能能对生产数据进行实时分析和处理，实现对产品质量的精准控制，进一步提高药物生产的质量和稳定性。在供应链管理方面，人工智能技术的应用可提高供应链的运作效率和灵活性。总之，人工智能技术有助于企业进行实时的数据分析和供需匹配，更好地预测和分析市场需求，优化库存管理，减少库存成本，为消费者提供更好的产品和服务。

应用人工智能技术不仅能促进医药制造业创新发展，还能提高其在国际市场上的竞争力。通过整合人工智能技术，医药制造业可更好地满足全球市场的需求，拓展海外市场份额，这为医药制造业带来了巨大的商机和发展空间。

6.2.3　实证研究结果和讨论

6.2.3.1　描述性统计

表 6-4 为医药制造业上市公司相关变量的描述性统计，从表中可以看出：2007~2022 年用 LP 法估算出的医药制造业企业全要素生产率（TFP_LP）的均值为 8.097；人工智能渗透率（AI）的均值为 6.790，最小值为 0.143，最大值为 15.09；各变量最大值和最小值的差值均小于或等于制造业全行业的差值，这表明在医药制造业内各企业在经营能力、技术水平、盈利能力、企业管理等方面的差距小于或等于全行业的差距。

表6-4　C27变量描述性统计

变量	观测值	均值	标准差	最小值	最大值
AI	2114	6.790	4.058	0.143	15.09
TFP_LP	2114	8.097	0.814	6.276	10.88
LDS	2114	13.36	0.545	12.06	15.33
size	2114	21.73	0.951	19.71	25.04
YTQ	2114	5.755	5.035	0.0730	26.35
pm	2114	16.78	1.442	12.58	20.86
zbl	2114	7.902	7.255	−24.46	25.09

6.2.3.2　基准回归结果分析

表6-5为人工智能对医药制造业转型升级影响的实证回归结果，模型（2）～模型（5）为依次加入控制变量研发投入强度（YTQ）、资产报酬率（zbl）、企业规模（size）和职工薪酬（pm）的个体固定效应模型回归结果。结果显示，在加入研发投入强度（YTQ）、资产报酬率（zbl）、企业规模（size）、应付职工薪酬（pm）四个控制变量时，人工智能渗透率的系数均显著为正。

表6-5　C27固定效应逐步回归结果

变量	(1)	(2)	(3)	(4)	(5)
AI	0.015***	0.015***	0.016***	0.004***	0.003**
	(0.002)	(0.002)	(0.002)	(0.001)	(0.001)
YTQ		−0.002	0.007*	−0.019***	−0.021***
		(0.004)	(0.004)	(0.002)	(0.002)
zbl			0.013***	0.015***	0.014***
			(0.002)	(0.001)	(0.001)
size				0.694***	0.564***
				(0.012)	(0.017)
pm					0.114***
					(0.010)
_cons	7.997***	8.010***	7.850***	−7.011***	−6.093***
	(0.018)	(0.026)	(0.035)	(0.260)	(0.266)
样本量	2114	2114	2114	2114	2114
拟合优度	0.021	0.021	0.046	0.658	0.679
个体固定	Yes	Yes	Yes	Yes	Yes
时间固定	No	No	No	No	No

注：*** 表示 $p<0.01$，** 表示 $p<0.05$，* 表示 $p<0.1$；括号内表示稳健标准误。

6.2.3.3 中介效应分析

表 6-6 为人工智能对医药制造业转型升级影响的劳动生产率中介效应分析结果。列（1）为核心解释变量人工智能水平对被解释变量医药制造业转型升级影响的估计结果；列（2）为中介变量劳动生产率受核心解释变量人工智能水平影响的估计结果；列（3）为加入中介变量劳动生产率后，人工智能水平对医药制造业转型升级影响的估计结果。从结果可以看出，人工智能对医药制造业转型升级与劳动生产率都存在显著影响，但在加入劳动生产率后，人工智能对医药制造业转型升级的影响不显著，系数符号与预期的一致，说明中介效应不显著。

表 6-6 人工智能对 C27 转型升级影响的中介效应检验

变量	（1）	（2）	（2）	（3）
	TFP_LP	*LDS*	*LDS*	*TFP_LP*
AI	0.003** （0.001）	0.007*** （0.002）	0.004** （0.002）	0.002 （0.001）
LDS				0.509*** （0.014）
_cons	−6.093*** （0.266）	13.312*** （0.015）	7.144*** （0.337）	−9.726*** （0.227）
X_{it}	Yes	No	Yes	Yes
样本量	2114	2114	2114	2114
拟合优度	0.679	0.007	0.260	0.813
个体固定	Yes	Yes	Yes	Yes
时间固定	No	No	No	No

注：*** 表示 $p<0.01$，** 表示 $p<0.05$；括号内表示稳健标准误。

6.3 计算机、通信和其他电子设备制造业

6.3.1 行业概况和现状

计算机、通信和其他电子设备制造业（C39）是我国高新技术产业中非常重要的一个领域，也是当今社会最具活力和潜力的产业之一。2023 年，该产业已经形成了较为完备的产业链体系。在上游环节，计算机、通信和

其他电子设备制造业依赖于大量的原材料供应，包括半导体材料、塑料、金属、玻璃等。中游环节主要包括电子元器件制造、整机组装和软件开发等。而在下游销售、品牌运营和售后服务等方面，全球各大电子产品生产商如苹果、三星、华为等占据着主导地位。此外，随着技术的进步，特别是人工智能技术的广泛应用，计算机、通信和其他电子设备制造业正朝着智能化转型升级的方向发展。

经过多年发展，该行业取得了较重大的成就。2007~2022 年计算机、通信和其他电子设备制造业上市公司资产规模从 2512 亿元增长到 56913 亿元，资产总额呈现持续增长的趋势，如图 6-5 所示。从市场结构看，该行业的企业数量不断增加。据国家统计局发布数据，2022 年全国计算机、通信和其他电子设备制造业共有企业 25071 家。在计算机领域，市场竞争主要集中在操作系统、芯片和硬件设备等方面。例如，微软的 Windows 操作系统长期占据着全球市场份额的大部分，谷歌的 Android 和苹果的 iOS 则主导了智能手机操作系统市场。在通信领域，市场竞争主要集中在网络设备、智能手机和通信服务等方面。智能手机市场则由苹果、三星、华为等企业主导，它们通过不断创新和提高产品性能来赢得市场份额。

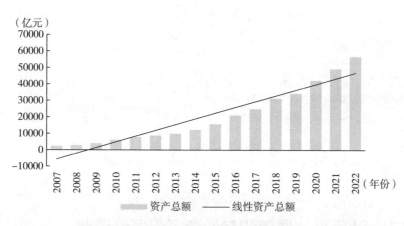

图 6-5　2007~2022 年计算机、通信和其他电子设备制造业上市公司资产规模

随着信息技术发展，计算机、通信和其他电子设备制造业的技术更新换代周期越来越短，新技术的应用已成为行业发展的关键。人工智能在该行业中的应用越来越广泛，如计算机视觉、自然语言处理、机器学习等领域，为计算机行业带来创新动力。在通信领域，人工智能技术在 5G 网络建设中发挥着越来越重要的作用，帮助运营商实现更精准的资源调度、网络优

化和故障预测。在其他电子设备制造业中，人工智能技术同样有广泛的应用前景，如智能手机已经具备了人脸识别、语音助手、智能拍照等功能。

从经济效益看，2007~2022 年计算机、通信和其他电子设备制造业上市公司的营业总收入从 2315 亿元增长到 37834 亿元；就业人数从 224.2 万人增加到 357.6 万人。这显示了该行业的快速发展和对就业的积极贡献。

然而，计算机、通信和其他电子设备制造业也面临一些挑战。首先，随着全球竞争的加剧，市场竞争压力不断增加。国内外企业在技术创新、产品质量、价格等方面展开激烈竞争，对企业的发展提出了更高要求。其次，技术更新换代的速度加快，企业需要不断研发和创新，以跟上行业的发展潮流。最后，供应链管理、环境保护和知识产权保护等问题也是该行业面临的挑战。

为了应对这些挑战，我国政府采取了一系列措施来支持计算机、通信和其他电子设备制造业的发展。其中包括加大对研发和创新的支持力度，培育和引进高层次人才，提升企业的技术水平和竞争力。此外，政府加强了知识产权保护，促进供应链的优化和协同发展。这些措施有助于提升我国计算机、通信和其他电子设备制造业的整体实力和国际竞争力。

6.3.2　人工智能对计算机、通信和其他电子设备制造业转型升级的影响

人工智能技术的应用不仅提高了计算机、通信和其他电子设备制造业的生产效率，还促进了新的商业模式的产生和行业技术创新，主要体现在以下四个方面。

第一，人工智能推动行业生产方式的变革。例如，以华为智能手机制造为例，借助人工智能技术，厂商得以实现生产过程的自动化和智能化，从而大大提高生产效率和产品质量。智能化的生产流程，有助于企业更高效地管理和控制生产过程，并及时发现和纠正潜在的问题。这种生产方式的变革不仅提高了企业的竞争力，也使消费者拥有了更好的产品体验。

第二，人工智能改变行业的产品形态。随着人工智能技术的发展，越来越多的智能设备被推向市场，如智能家居、智能穿戴设备、无人驾驶汽车等。这些产品不仅有更高的附加值，而且为消费者提供了更便捷和个性化的服务。例如，智能家居系统可通过感知环境和消费者行为，自动调节温度、亮度，提升家居的舒适度和能源利用效率。华为、小米等厂商生产

的智能穿戴设备可实时监测用户健康状况、运动数据等，为用户提供个性化的健康管理和运动指导。这些智能设备的出现不仅满足了用户的个性化需求，还为企业带来了新的商机和利润增长点。

第三，人工智能促进行业商业模式创新。借助于云计算和大数据技术进行人工智能服务，电子设备制造商能够实现从传统的硬件销售转向提供综合业务服务。通过收集和分析大量的用户数据，企业可更深入地了解用户需求和行为模式，提供个性化的产品和服务。例如，华为、苹果、荣耀、三星等手机制造商已开始提供与智能手机配套的云服务，通过整合用户的照片、音乐和文件等数据，实现数据的备份、同步和共享。此外，人工智能技术为企业提供了更好的营销和客户服务工具，如通过智能语音助手提供在线咨询和购物指导，通过机器学习算法实现个性化推荐和精准营销。

第四，人工智能推动行业技术创新。在计算机领域，人工智能技术的发展带动了芯片、算法、操作系统等方面的突破。通过与人工智能的结合，这些技术得到了进一步的发展，使计算机可以更智能地处理和分析数据，实现更高效的计算和决策。在通信方面，人工智能技术有利于网络优化、信号增强，提高通信系统的性能和可靠性。在其他电子设备制造业中，人工智能技术也推动了相关技术的创新和发展，为新产品的研发和推广提供了强有力的支持。

由此可见，人工智能技术对计算机、通信和其他电子设备制造业的转型升级产生了深远的影响（见图 6-6），推动了生产方式的变革、产品形态的改变、商业模式的创新及技术的进步和发展。人工智能不仅使当前行业的发展产生了显著的变化，而且为经济发展和社会进步带来了新的动力。

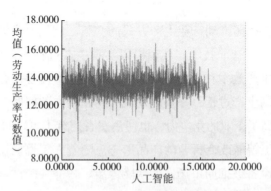

（a）人工智能与劳动生产率

图 6-6　2007~2022 年计算机、通信和其他电子设备制造业：
人工智能、劳动生产率与制造业转型升级

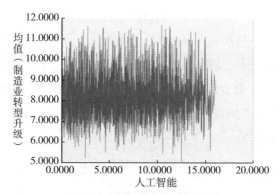

（b）人工智能与制造业转型升级

图6-6　2007~2022年计算机、通信和其他电子设备制造业：
人工智能、劳动生产率与制造业转型升级（续）

6.3.3　实证研究结果和讨论

6.3.3.1　描述性统计

表6-7为计算机、通信和其他电子设备制造业上市公司相关变量的描述性统计，由表可知：2007~2022年用LP法估算出的计算机、通信和其他电子设备制造业企业全要素生产率（TFP_LP）的均值为8.190；人工智能渗透率（AI）的均值为6.846，最小值为0.143，最大值为15.09；各变量最大值和最小值的差值均等于制造业全行业的差值，这表明在同一细分行业内各企业在战略方向、经营能力、技术水平等方面的差距与全行业的差距一样。

表6-7　C39变量描述性统计

变量	观测值	均值	标准差	最小值	最大值
AI	3258	6.846	4	0.143	15.09
TFP_LP	3258	8.190	0.984	6.276	10.88
LDS	3258	13.30	0.658	12.06	15.33
$size$	3258	21.68	1.144	19.71	25.19
YTQ	3258	7.598	5.546	0.0730	26.35
pm	3258	17.04	1.506	12.58	21.02
zbl	3258	4.510	7.102	−24.46	25.09

6.3.3.2　基准回归结果分析

表6-8为人工智能对计算机、通信和其他电子设备制造业转型升级影

响的实证回归结果，模型（2）~模型（5）为依次加入控制变量研发投入强度（YTQ）、资产报酬率（zbl）、企业规模（$size$）和职工薪酬（pm）的个体固定效应模型回归结果。结果显示，在加入研发投入强度（YTQ）、资产报酬率（zbl）、企业规模（$size$）和职工薪酬（pm）四个控制变量时，人工智能渗透率的系数均显著为正，说明模型较稳健，人工智能对行业转型升级的解释力度较强。

表6-8　C39固定效应逐步回归结果

变量	(1)	(2)	(3)	(4)	(5)
AI	0.020***	0.021***	0.021***	0.006***	0.006***
	(0.002)	(0.002)	(0.002)	(0.001)	(0.001)
YTQ		−0.033***	−0.027***	−0.034***	−0.036***
		(0.003)	(0.003)	(0.002)	(0.002)
zbl			0.009***	0.010***	0.010***
			(0.002)	(0.001)	(0.001)
$size$				0.744***	0.601***
				(0.011)	(0.015)
pm					0.135***
					(0.010)
_cons	8.055***	8.298***	8.210***	−7.769***	−6.950***
	(0.018)	(0.029)	(0.033)	(0.232)	(0.233)
样本量	3248	3248	3248	3248	3248
拟合优度	0.026	0.063	0.074	0.662	0.682
个体固定	Yes	Yes	Yes	Yes	Yes
时间固定	No	No	No	No	No

注：*** 表示 $p<0.01$；括号内表示稳健标准误。

6.3.3.3　中介效应分析

图6-7为人工智能对计算机、通信和其他电子设备制造业劳动生产率基本回归散点图，从图中可见人工智能对劳动生产率有积极影响。表6-9为人工智能对计算机、通信和其他电子设备制造业转型升级影响的劳动生产率中介效应分析结果。列（1）为核心解释变量人工智能水平对被解释变量计算机、通信和其他电子设备制造业转型升级影响的估计结果；列（2）为中介变量劳动生产率受核心解释变量人工智能水平影响的估计结果；列（3）为加入中介变量劳动生产率后，人工智能水平对计算机、通信和

其他电子设备制造业转型升级影响的估计结果。从结果中可见，人工智能对劳动生产率存在显著影响，且在加入劳动生产率后，人工智能对计算机、通信和其他电子设备制造业转型升级的影响下降，说明存在中介效应。其中，直接效应为 0.002 个单位，中介效应为 0.004 个单位，两者之和即为总效应 0.006，中介效应占总效应的 66.7%。综合来看，人工智能对计算机、通信和其他电子设备制造业转型升级的间接效应大于直接效应。

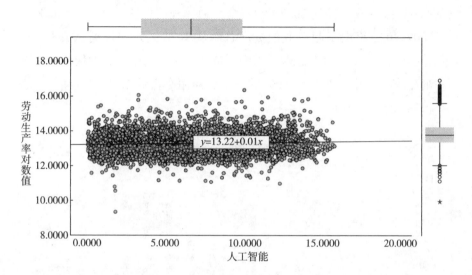

图 6-7　人工智能对计算机、通信和其他电子设备制造业劳动生产率基本回归散点图

表 6-9　人工智能对 C39 转型升级影响的中介效应检验

变量	（1）	（2）	（2）	（3）
	TFP_LP	*LDS*	*LDS*	*TFP_LP*
AI	0.006*** （0.001）	0.013*** （0.002）	0.008*** （0.001）	0.002* （0.001）
LDS				0.547*** （0.013）
_cons	−6.952*** （0.232）	13.215*** （0.013）	7.192*** （0.260）	−10.883*** （0.208）
X_{it}	Yes	No	Yes	Yes
样本量	3248	3248	3248	3248
拟合优度	0.683	0.019	0.296	0.802
个体固定	Yes	Yes	Yes	Yes
时间固定	No	No	No	No

注：*** 表示 $p<0.01$，* 表示 $p<0.1$；括号内表示稳健标准误。

6.4 汽车制造业

6.4.1 行业概况和现状

作为国民经济发展的支柱产业，汽车制造业（C36）产业链长、关联度高、带动性强，在2007~2022年保持了稳定增长。该行业上市公司的数量从2007年33家增长到2022年144家，总体规模大幅上升，如图6-8所示。2007~2022年汽车制造业的资产总额从2472亿元增长到30758亿元（见图6-9），增长了1144.26%。汽车制造业主要进行轿车、商用车和新能源车的生产，其中轿车占约50%的份额，商用车占约30%的份额，新能源车占约20%的份额。

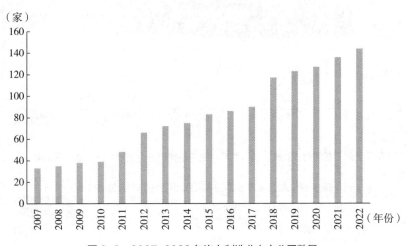

图6-8　2007~2022年汽车制造业上市公司数量

在技术应用和创新方面，汽车制造业广泛应用自动化生产线和机器人技术来提高生产效率和质量。同时，人工智能在汽车制造业中的应用领域逐渐增加，如智能驾驶辅助系统、车联网技术等。从创新投入看，该行业的研发投入金额在逐年增加。从2007年的43亿元增长到2022年的1240.7亿元，增长了2785.35%，如图6-9所示。这一趋势推动了新能源汽车和智能汽车技术的发展。从经济效益看，2007~2018年汽车制造业上市公司的营业收入稳定增长，从2967亿元增长到22732亿元，增长666.16%，2021年达到25790亿元，2022年相比2007年增长656.35%。同时，该行业上市公司的销售收入从2007年的2729亿元增长到2022年19818亿元，增长 626.20%。从就业规模看，汽车制造业为社会提供了大量就业机会，上市公司就业人数从 2007 年的 160411 人增长到 2022 年的 1535890 人。

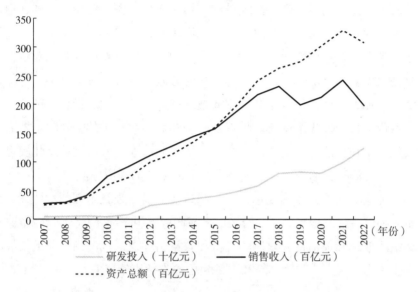

图 6-9 2007~2022 年汽车制造业上市公司的研发投入、资产总额、销售收入

　　从汽车制造业上市公司的区域分布看，上市公司主要分布在沿海地区，其中浙江省的汽车制造业上市公司数量最多，其次是江苏省、上海市和山东省，如表 6-10 所示。产生这一现象可能因为以上地区本身是全国制造业领先地区及汽车产业集群分布的地区。此外，部分地区的汽车制造业发展历史也与此有关。例如，20 世纪 50 年代我国陆续在南京、上海、济南和北京建立了"南京汽车制造厂""上海汽车制造厂""济南汽车制造厂""北京汽车制造厂"，推动了本地及周边地区汽车制造产业链的发展。

表 6-10 2007~2022 年汽车制造业上市公司主要区域分布

单位：家

区域	数量	区域	数量
浙江省	311	安徽省	71
江苏省	207	吉林省	61
上海市	136	河南省	60
山东省	116	重庆市	58
广东省	97	湖北省	42

　　然而，近年来汽车制造业面临着一些挑战和变化。首先，全球汽车市场竞争激烈，国际品牌和新兴市场的竞争对手不断涌现，给传统汽车制造商带来了压力。同时，新兴技术对汽车行业产生了深远影响。例如，电动汽车和自动驾驶技术的兴起改变了传统汽车制造的格局，汽车制造商需要不断适应和引领这些变化。其次，环境保护和可持续发展的要求对汽车制造业提出了新的挑战。全球对碳排放和能源效率的关注日益增加，汽车制造商需要加大对新能源汽车和低排放技术的生产和研发。最后，消费者的需求和购买行为发生了变化。随着互联网和数字化技术的普及，消费者对个性化定制和智能化功能的需求增加。汽车制造商需要通过数字化转型和创新来满足消费者的需求，提供更具竞争力的产品和服务。

　　为了应对这些挑战和变化，汽车制造业需要加强技术创新和研发，向智能化和可持续发展转型。同时，加强与产业链上下游主体的合作和协同，提高生产效率和灵活性。政府的支持和政策引导也对汽车制造业的发展起着重要作用，政府应鼓励创新和提供相应的支持措施。

📖 6.4.2　人工智能对汽车制造业转型升级的影响

　　随着人工智能技术的发展和其与汽车制造业融合的深入，汽车制造业面临着变革和转型升级的机遇。通过对人工智能渗透率的分析，可以初步判定人工智能技术在汽车制造业中的应用是，促进制造业企业转型升级的正向因素，且与制造业转型升级均值线段走势拟合情况较好，如图6-10所示。人工智能技术的广泛应用将推动汽车制造技术体系、生产模式、管理方式和产业链协同等方面发生变革，促使汽车生产过程朝着数据驱动、柔性生产、网络协同及虚拟工厂模式发展。通过大规模数据采集和分析，人工智能可提供更准确的生产预测和计划，实现生产过程的智能化和优化。此外，柔性生产模式可根据市场需求的变化，实现生产线的快速调整和灵活生产。网络协同和虚拟工厂模式的应用可实现全球范围内的协同设计和生产，提高供应链的运作效率和响应能力。

　　在实际应用中，汽车制造企业应积极推进人工智能技术的应用，全面提高生产过程的数据采集能力，并建立有效的数据管理方法。数据的准确采集和管理是实现人工智能应用的基础，可为企业提供准确的信息支持和决策依据。

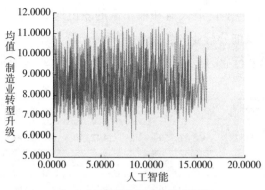

（a）人工智能与制造业转型升级

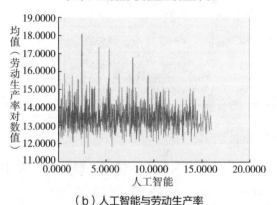

（b）人工智能与劳动生产率

图6-10　2007~2022年汽车制造业：人工智能、劳动生产率与制造业转型升级

此外，汽车制造业企业应加强人工智能、大数据、工业互联网和云边协同计算等关键技术的研发和应用落地，以应对生产流程监控、产品质量控制、设备预测维护等重要场景的需求。例如，通过应用人工智能和大数据分析技术，可实现汽车制造业生产流程的实时监控和优化，提高生产效率和产品质量。另外，通过应用预测性维护技术，可准确预测设备的故障和维护需求，减少停机时间和维修成本。

6.4.3　实证研究结果和讨论

6.4.3.1　描述性统计

表6-11为汽车制造业上市公司相关变量的描述性统计，由表可知：2007~2022年用LP法估算出的汽车制造业企业全要素生产率（*TFP_LP*）的均值为8.596；人工智能渗透率（*AI*）的均值为6.750，最小值为0.143，

最大值为 15.09；各变量最大值和最小值的差值均等于制造业全行业的差值，这表明在同一细分行业内各企业在资源配置、经营能力、技术水平等方面的差距等于全行业的差距。

表 6-11　C36 变量描述性统计

变量	观测值	均值	标准差	最小值	最大值
AI	1182	6.750	4.123	0.143	15.09
TFP_LP	1182	8.596	1.053	6.276	10.88
LDS	1182	13.46	0.647	12.06	15.33
size	1182	22.19	1.268	19.71	25.19
YTQ	1182	4.463	3.035	0.0730	26.35
pm	1182	17.51	1.603	12.58	21.02
zbl	1182	4.483	5.822	−24.46	25.09

6.4.3.2　基准回归结果分析

表 6-12 为人工智能对汽车制造业转型升级影响的实证回归结果，模型（2）～模型（5）为依次加入控制变量研发投入强度（YTQ）、资产报酬率（zbl）、企业规模（size）和职工薪酬（pm）的个体固定效应模型回归结果。结果显示，在加入研发投入强度（YTQ）、资产报酬率（zbl）后，人工智能的系数均为显著为正；但在加入企业规模（size）和职工薪酬（pm）两控制变量时人工智能系数不显著，但方向上与预期一致。

表 6-12　C36 固定效应逐步回归结果

变量	(1)	(2)	(3)	(4)	(5)
AI	0.010*** (0.003)	0.011*** (0.003)	0.011*** (0.003)	0.002 (0.002)	0.002 (0.002)
YTQ		−0.038*** (0.006)	−0.029*** (0.006)	−0.045*** (0.004)	−0.045*** (0.004)
zbl			0.009*** (0.003)	0.015*** (0.002)	0.015*** (0.002)
size				0.678*** (0.016)	0.640*** (0.022)
pm					0.040** (0.016)

续表

变量	(1)	(2)	(3)	(4)	(5)
_cons	8.531*** (0.022)	8.693*** (0.034)	8.608*** (0.041)	−6.330*** (0.361)	−6.190*** (0.364)
样本量	1182	1182	1182	1182	1182
拟合优度	0.011	0.048	0.059	0.651	0.653
个体固定	Yes	Yes	Yes	Yes	Yes
时间固定	No	No	No	No	No

注：*** 表示 $p<0.01$，** 表示 $p<0.05$；括号内表示稳健标准误。

6.4.3.3 中介效应分析

表 6-13 为人工智能对汽车制造业转型升级影响的劳动生产率中介效应分析结果。列（1）为核心解释变量人工智能水平对被解释变量汽车制造业转型升级影响的估计结果；列（2）为中介变量劳动生产率受核心解释变量人工智能水平影响的估计结果；列（3）为加入中介变量劳动生产率后，人工智能水平对汽车制造业转型升级影响的估计结果。从结果可以看出，人工智能对劳动生产率不存在显著影响，两者相关系数符号与预期的一致。

表6-13 人工智能对 C36 转型升级影响的中介效应检验

变量	（1）	（2）	（2）	（3）
	TFP_LP	LDS	LDS	TFP_LP
AI	0.002 （0.002）	0.002 （0.002）	−0.000 （0.002）	0.002* （0.001）
LDS				0.569*** （0.017）
_cons	−6.190*** （0.364）	13.449*** （0.019）	6.538*** （0.461）	−9.908*** （0.277）
X_{it}	Yes	No	Yes	Yes
样本量	1182	1182	1182	1182
拟合优度	0.653	0.001	0.239	0.832
个体固定	Yes	Yes	Yes	Yes
时间固定	No	No	No	No

注：*** 表示 $p<0.01$，* 表示 $p<0.1$；括号内表示稳健标准误。

6.5 化学原料和化学制品制造业

6.5.1 行业概况和现状

2007~2022 年化学原料和化学制品制造业（C26）上市公司数量从 88 家增长到 270 家，总体呈现大幅上升趋势；资产总额从 2532 亿元增长到 28425 亿元，增长 1022.63%（见图 6-11）；营业收入从 1847 亿元增长到 20508 亿元，总体增长 1010.34%；销售收入从 1875 亿元增长到 18846 亿元增长 905.12%；就业规模从 2007 年的 238812 人增长到了 2022 年的 804987 人。

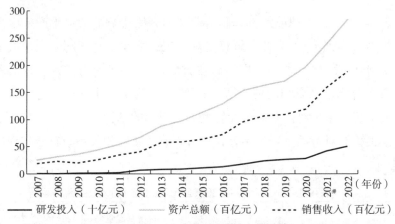

图 6-11　2007~2022 年化学原料和化学制品制造业上市公司的
研发投入、资产总额、销售收入

在技术应用和创新方面，化学原料和化学制品制造业采用自动化技术来提升工作效率和减少人工操作。计算机辅助工程技术（CAE）的应用帮助企业更科学地设计新产品和维护生产工艺，提高生产效率和产品质量。企业应用信息化技术可在管理中整合网络交互、挖掘数据和管理业务流程等，有助于提高管理水平和降低成本。此外，该行业上市公司加大了研发投入力度，研发投入金额逐年增高，从 2007 年的 5.9 亿元增长到了 2022 年的 503.9 亿元，增长 8440.68%。

从区域分布来看，2007~2022 年化学原料和化学制品制造业的上市公司主要集中在沿长江地区，如表 6-14 所示。其中，江苏省的化学原料和化学制品制造业上市公司数量最多，其次为山东省、浙江省和广东省，分别为 434 家、333 家、319 家和 271 家。综合来看，我国化学原料和化学制品制造业 A 股上市公司地域集中度较高，行业集中度超过了 55%。

表 6-14　2007~2022 年化学原料和化学制品制造业上市公司主要区域分布

单位：家

区域	数量	区域	数量
江苏省	434	上海市	193
山东省	333	安徽省	152
浙江省	319	湖北省	143
广东省	271	河北省	107
四川省	208	湖南省	82

由此可见，化学原料和化学制品制造业作为制造业中的重要行业，在过去几年中保持稳步发展，资产规模不断扩大，市场份额稳定增长。该行业在技术应用和创新方面持续推进，同时取得了可观的经济效益。未来，该行业需要降低碳排放强度，推动产业升级，加快进行绿色低碳转型。短期内高能耗化工产品产能扩大的可能性不大，但半导体新材料、新能源新材料等精细化工领域的需求和产能仍将持续扩张。总体而言，短期内化工行业成本承压，但需求有望逐步恢复；高能耗化工产品产能新增弹性较小。

📖 6.5.2　人工智能对化学原料和化学制品制造业转型升级的影响

人工智能技术的快速发展和广泛应用对各行业产生了深远的影响，化学原料和化学制品制造业也不例外。人工智能技术的渗透率在很大程度上描绘了人工智能对该行业转型升级的影响。基于图 6-12 显示的人工智能、劳动生产效率与制造业转型升级关系的可视化分析可初步判定，对于化学原料和化学制品制造业，人工智能技术的应用是促进其转型升级的重要因素，并且与面板数据走势的拟合情况较好。

化学原料和化学制品制造业应用人工智能技术，有多重益处。

第一，有助于企业提高生产效率和产品质量。智能化的生产设备和系统，可提高企业生产流程的自动化程度，并对其进行精准控制，减少人为错误和生产延误问题，提升制造效率。同时，人工智能技术还能实时监测和分析生产数据，优化生产过程，进一步提高产品的质量。

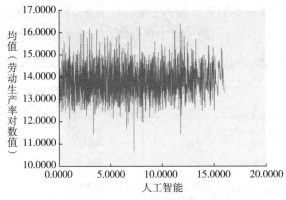

（a）人工智能与劳动生产率

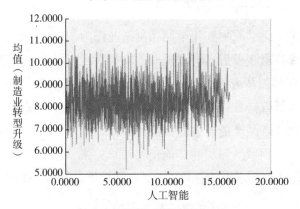

（b）人工智能与制造业转型升级

图6-12　2007~2022年化学原料和化学制品制造业：
人工智能、劳动生产率与制造业转型升级

　　第二，人工智能技术在工艺控制方面发挥积极作用。传统的化学制造行业通常需要依靠经验或试错确定最佳的生产参数，而人工智能可通过学习和分析大量数据，建立模型和算法来优化工艺控制流程，从而实现更高效、更稳定的生产，不仅可降低生产成本、降低废品率，还可提高资源利用率。此外，人工智能技术还能降低化学原料和化学制品制造业的安全风险和环境污染。通过智能监测系统和预警机制，人工智能可及时发现和处理潜在的安全隐患，降低事故发生的可能性。同时，通过优化生产过程和资源配置，人工智能也能降低行业发展对环境的负面影响，实现可持续发展。

　　第三，人工智能技术的应用可促进化学原料和化学制品制造业的产业升级和转型发展。通过引入智能制造和数字化技术，企业可实现生产过程的可视化和智能化管理，提高生产的灵活性。同时，人工智能技术为企业提供了更多的创新机会，如新产品开发、智能化包装等方面，进一步推动了行业的发展。

6.5.3　实证研究结果和讨论

6.5.3.1　描述性统计

在进行基准回归前需要对所有变量进行描述性统计。由于数量单位差异有可能使解释变量的回归系数不准确，故对所有变量的数量单位进行标准化处理。化学原料和化学制品制造业上市公司相关变量的描述性统计如表6-15所示，由表可知：2007~2022年用LP法估算出的化学原料和化学制品制造业企业全要素生产率（TFP_LP）的均值为8.267；人工智能渗透率（AI）的均值为6.686，但不同化学原料和化学制品制造业企业间差距较大，最小值为0.143，最大值为15.09；控制变量最大值与最小值的差距较大，这表明不同化学原料和化学制品制造业企业在组织结构、公司资产、经营能力上均存在明显的差异。

表6-15　C26变量描述性统计

变量	观测值	均值	标准差	最小值	最大值
AI	2290	6.686	4.012	0.143	15.09
TFP_LP	2290	8.267	0.791	6.276	10.88
LDS	2290	13.79	0.646	12.06	15.33
$size$	2290	21.71	1.088	19.71	25.19
YTQ	2290	3.293	2.505	0.0730	26.35
pm	2290	16.71	1.334	12.58	21.02
zbl	2290	6.233	6.746	−24.46	25.09

6.5.3.2　基准回归结果分析

通过观察Hausman检验的结果，发现p值远小于0.01，所以拒绝原假设，不选用随机效应模型，而采用固定效应面板模型。利用固定效应面板模型估计人工智能对化学原料和化学制品制造业转型升级的影响，如表6-16所示。该表报告了人工智能对化学原料和化学制品制造业转型升级的线性估计结果。模型（1）~模型（5）均使用个体固定效应模型，模型（2）~模型（5）依次加入控制变量研发投入强度（YTQ）、资产报酬率（*zbl*）、企业规模（*size*）、职工薪酬（*pm*）。实证结果显示，模型（1）~模型（3）人工智能渗透率的系数均在 1% 的水平上显著为正，且系数大多在 0.01 上下浮动，表明模型的稳健性较好。就化学原料和化学制品制造业 A 股上市公司的研究样本而言，人工智能对化学原料和化学制品制造业转型升级有显著正向促进作用。

表 6-16　C26 固定效应逐步回归结果

变量	(1)	(2)	(3)	(4)	(5)
AI	0.017***	0.018***	0.018***	0.004**	0.003**
	(0.002)	(0.002)	(0.002)	(0.002)	(0.002)
YTQ		−0.016**	−0.008	−0.027***	−0.029***
		(0.006)	(0.006)	(0.004)	(0.004)
zbl			0.019***	0.019***	0.019***
			(0.002)	(0.001)	(0.001)
size				0.586***	0.462***
				(0.012)	(0.016)
pm					0.116***
					(0.010)
_cons	8.150***	8.200***	8.056***	−4.515***	−3.753***
	(0.018)	(0.027)	(0.028)	(0.268)	(0.269)
样本量	2290	2290	2290	2290	2290
拟合优度	0.028	0.031	0.098	0.575	0.600
个体固定	Yes	Yes	Yes	Yes	Yes
时间固定	No	No	No	No	No

注：*** 表示 $p<0.01$，** 表示 $p<0.05$；括号内表示稳健标准误。

从控制变量看，资产报酬率与化学原料和化学制品制造业转型升级水平方向相同，且始终通过 1% 水平的显著性检验，说明资产报酬率对化学原料和化学制品制造业转型升级存在正向影响，企业资产报酬率越高，该行业转型升级效率越高；加入资产规模和职工薪酬后显著，说明资产规模和职工薪酬对化学原料和化学制品制造业转型升级的影响明显。

6.5.3.3　中介效应分析

表 6-17 为人工智能对化学原料和化学制品制造业转型升级影响的劳动生产率中介效应分析结果。列（1）为核心解释变量人工智能水平对被解释变量化学原料和化学制品制造业转型升级影响的估计结果；列（2）

为中介变量劳动生产率受核心解释变量人工智能水平影响的估计结果；列（3）为加入中介变量劳动生产率后，人工智能水平对化学原料和化学制品制造业转型升级影响的估计结果。从结果可以看出，人工智能对化学原料和化学制品制造业转型升级及劳动生产率存在显著影响，但在加入劳动生产率后，人工智能对化学原料和化学制品制造业转型升级的影响不显著，这可能是因为其影响被其他控制变量遮盖。

表6-17　人工智能对C26转型升级影响的中介效应检验

变量	（1）	（2）	（2）	（3）
	TFP_LP	LDS	LDS	TFP_LP
AI	0.003** （0.002）	0.010*** （0.002）	0.005*** （0.002）	−0.000 （0.001）
LDS				0.587*** （0.014）
_cons	−3.753*** （0.269）	13.723*** （0.015）	9.480*** （0.314）	−9.319*** （0.237）
X_{it}	Yes	No	Yes	Yes
样本量	2290	2290	2290	2290
拟合优度	0.600	0.012	0.240	0.788
个体固定	Yes	Yes	Yes	Yes
时间固定	No	No	No	No

注：*** 表示 $p<0.01$，** 表示 $p<0.05$；括号内表示稳健标准误。

6.6 通用设备制造业

6.6.1 行业概况和现状

通用设备制造业（C34）主要包括锅炉及原动设备制造；金属加工机械制造；起重运输设备制造；泵、阀门、压缩机及类似机械的制造；轴承、齿轮、传动部件制造；烘炉、熔炉及电炉制造；通用零部件制造等。2007~2022 年该行业上市公司从 39 家增长到 168 家，企业数量增长较快；资产总额从 698 亿元增长到 14574 亿元，增长 1987.97%（见图6-13）；营业收入从 490 亿元增长到 7061 亿元，总体增长了 1341.02%。在就业规模方面，通用设备制造业为社会提供了大量就业机会，上市公司就业人数从 2007 年的 92368 人增长到 2022 年的 442437 人。

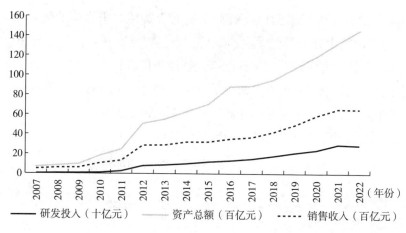

图6-13 2007~2022年通用设备制造业的研发投入、资产总额、销售收入

在技术应用和创新方面，通用设备制造业应用智能制造技术实现了生产过程的数字化、智能化和柔性化，提高了生产效率和产品质量。同时，通过图像识别和机器学习等技术对产品进行质量检测和缺陷识别，提高了产品质量和一致性。人工智能技术可实现人机协作，提高生产效率和安全性。借助人工智能技术，人工与机器人可协同工作，完成危险、繁重或重复的工作，降低人力成本和事故风险发生的概率。在创新投入方面，该行业加大了研发投入力度，研发投入金额从2007年的2.2亿元增长到2022年的287.2亿元，增长了12954.55%。

从区域分布看，2007~2022年通用设备制造业上市公司主要集中在沿长江地区，如表6-18所示。其中，浙江省的通用设备制造业上市公司最多，其次为江苏省、山东省和广东省，分别为405家、321家、135家和117家。综合来看，我国通用设备制造业A股上市公司地域集中度较高，行业集中度超过了70%。

表6-18 2007~2022年通用设备制造业上市公司主要区域分布

单位：家

区域	数量	区域	数量
浙江省	405	四川省	91
江苏省	321	辽宁省	87
山东省	135	安徽省	75
广东省	117	湖南省	46
上海市	102	湖北省	40

由此可见，通用设备制造业作为制造业的重要子行业，近年来在技术创新、产业结构调整和经济效益方面取得了显著进展。科技创新推动了生产过程的数字化、智能化和柔性化，提高了生产效率和产品质量。智能制造技术、人工智能和机器人技术的应用，使人与机器协同工作成为可能，进一步提升了生产效率和安全性。通用设备制造业的研发投入也在不断增加，为技术创新提供了坚实支撑。

未来，通用设备制造业仍面临一些挑战和机遇。随着科技的不断进步和市场需求的变化，该行业需要不断创新和转型升级，加强技术研发，提高产品质量和竞争力。同时，注重人才培养和引进，加强与高等院校和科研机构的合作，推动产学研结合，形成技术创新和人才培养的良性循环。

6.6.2　人工智能对通用设备制造业转型升级的影响

人工智能技术对通用设备制造行业转型升级的影响已初步显现，并呈现增强的趋势。通过运用人工智能技术，通用设备制造行业能实现生产效率的提升、成本的降低、产品质量的提高，从而更好地满足消费者的个性化需求。此外，人工智能有助于企业优化供应链管理，提供数字化和智能化服务，进一步推动通用设备制造行业的可持续发展和转型升级。这一系列的变革将为该行业带来前所未有的发展机遇。图6-14显示了人工智能对通用设备制造行业转型升级的影响，初步判断在通用设备制造行业，人工智能技术的应用促进了制造业企业转型升级。

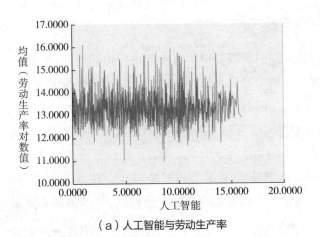

（a）人工智能与劳动生产率

图6-14　2007~2022年通用设备制造业：人工智能、劳动生产率与制造业转型升级

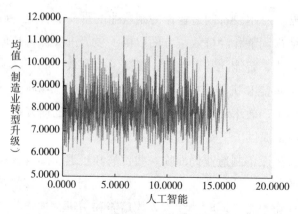

（b）人工智能与制造业转型升级

图6-14　2007~2022年通用设备制造业：人工智能、劳动生产率与制造业转型升级（续）

在未来，随着人工智能技术的不断发展和进步，其在通用设备制造行业的影响和转型升级效果将进一步增强。可以预见，人工智能将在产品设计、生产过程、供应链管理、售后服务等方面发挥更重要的作用。同时，人工智能技术将与其他新兴技术，如物联网、大数据分析和云计算等相结合，共同推动通用设备制造行业向智能化、数字化和绿色可持续发展迈进。然而，该行业仍面临一些挑战和障碍，需加强企业的合作与创新，以实现人工智能技术在通用设备制造行业的更广泛应用和更深层次的转型升级。

6.6.3　实证研究结果和讨论

6.6.3.1　描述性统计

在进行基准回归前需要对所有变量进行描述性统计。由于数量单位差异可能使解释变量的回归系数不准确，故对所有变量的数量单位进行标准化处理。通用设备制造业上市公司相关变量的描述性统计如表6-19所示，由表可知：2007~2022年用LP法估算出的通用设备制造业企业全要素生产率（TFP_LP）的均值为8.016；人工智能渗透率（AI）的均值为6.703，但不同通用设备制造业企业之间差距较大，最小值为0.143，最大值为15.09；控制变量最大值与最小值的差距较大，这表明不同通用设备制造业企业在经营能力、技术创新、市场竞争上均存在明显的差异。

表 6-19　C34 变量描述性统计

变量	观测值	均值	标准差	最小值	最大值
AI	1304	6.703	3.970	0.143	15.09
TFP_LP	1304	8.016	0.858	6.276	10.88
LDS	1304	13.30	0.639	12.06	15.33
size	1304	21.64	0.998	19.71	25.19
YTQ	1304	4.732	3.142	0.0730	26.35
pm	1304	16.85	1.269	12.58	21.02
zbl	1304	3.790	6.098	−24.46	25.09

✎ 6.6.3.2　基准回归结果分析

利用固定效应面板模型估计人工智能对汽车通用设备制造业 A 股上市公司转型升级的影响，表 6-20 为人工智能对通用设备制造业转型升级的线性估计结果。

表 6-20　C34 固定效应逐步回归结果

变量	(1)	(2)	(3)	(4)	(5)
AI	0.006** (0.003)	0.007** (0.003)	0.008*** (0.003)	0.004** (0.002)	0.003 (0.002)
YTQ		−0.028*** (0.006)	−0.024*** (0.006)	−0.038*** (0.004)	−0.039*** (0.004)
zbl			0.008*** (0.002)	0.013*** (0.001)	0.014*** (0.001)
size				0.639*** (0.019)	0.516*** (0.023)
pm					0.142*** (0.016)
_cons	7.976*** (0.021)	8.102*** (0.032)	8.047*** (0.036)	−5.713*** (0.402)	−5.422*** (0.390)
样本量	1304	1304	1304	1304	1304
拟合优度	0.004	0.027	0.038	0.532	0.563
个体固定	Yes	Yes	Yes	Yes	Yes
时间固定	No	No	No	No	No

注：*** 表示 $p<0.01$，** 表示 $p<0.05$；括号内表示稳健标准误。

模型（2）~模型（5）为依次加入研发投入强度（*YTQ*）、资产报酬率（*zbl*）、企业规模（*size*）、职工薪酬（*pm*）的结果。实证结果显示，模型（1）~模型（4）人工智能渗透率的系数分别在5%、5%、1%、5%的水平上显著为正，且系数在0.005上下浮动，表明模型的稳健性较好。就通用设备制造业A股上市公司的研究样本而言，人工智能对通用设备制造业转型升级有显著正向促进作用。

从控制变量看，资产报酬率系数为正，且通过1%水平的显著性检验，说明资产报酬对通用设备制造业转型升级存在正向影响，企业资产报酬率越高，通用设备制造业转型升级效率越高；加入了职工薪酬后便不再显著，未通过显著性检验，这可能是加入新的控制变量后，样本量减少，导致模型统计推断能力下降，无法准确估计核心解释变量的系数，导致不显著的结果。

6.6.3.3 中介效应分析

表6-21为人工智能对通用设备制造业转型升级影响的劳动生产率中介效应分析结果。

表6-21 人工智能对C34转型升级影响的中介效应检验

变量	（1）	（2）	（2）	（3）
	TFP_LP	*LDS*	*LDS*	*TFP_LP*
AI	0.003 （0.002）	0.003 （0.002）	0.003 （0.002）	0.001 （0.001）
LDS				0.594*** （0.021）
_cons	−5.422*** （0.390）	13.281*** （0.017）	6.536*** （0.425）	−9.304*** （0.328）
X_{it}	Yes	No	Yes	Yes
样本量	1304	1304	1304	1304
拟合优度	0.563	0.002	0.250	0.746
个体固定	Yes	Yes	Yes	Yes
时间固定	No	No	No	No

注：*** 表示 $p<0.01$，括号内表示稳健标准误。

列（1）为核心解释变量人工智能水平对被解释变量通用设备制造业转型升级影响的估计结果；列（2）为中介变量劳动生产率受核心解释变

量人工智能水平影响的估计结果；列（3）为加入中介变量劳动生产率后，人工智能水平对通用设备制造业转型升级影响的估计结果。从结果可以看出，人工智能对劳动生产率不存在显著影响，但两者相关系数符号与预期的一致。

6.7 专用设备制造业

6.7.1　行业概况和现状

专用设备制造业（C35）是专注于制造各种具有特定用途和功能的设备的行业。这些设备主要用于特定领域的生产和加工过程。在现代工业化进程中，专用设备制造业扮演着至关重要的角色，为各行业提供了高效、精确和可靠的设备，推动了工业生产的发展和进步。专用设备制造业的产品种类繁多，涵盖了各个行业领域，例如为汽车制造业提供了机器人和自动化装配设备等用于汽车生产的设备，为电子信息制造业提供了用于半导体生产和封装的设备，为食品加工业提供了各类用于食品加工和包装的设备，为医疗器械制造业提供了用于医疗器械生产和检测的设备。

图 6-15 为 2007~2022 年中国专用设备制造业上市公司的数量情况。

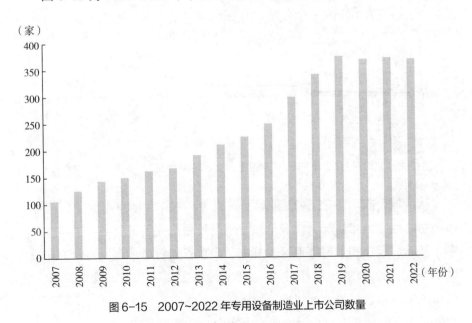

图 6-15　2007~2022 年专用设备制造业上市公司数量

图 6-15 显示了专用设备制造业企业数量呈现不断上升的趋势，每年新增 20 家到 50 家上市公司，这反映了专用设备制造业市场的蓬勃发展和强劲势头。特别是自 2012 年开始，每年上市公司数量的增速不断提升，在 2017 年达到最高峰。然而，2019 年后，专用设备制造业上市公司数量略有减少，可能是受到新冠疫情对经济的负面影响。尽管如此，专用设备制造业上市公司数量在减少的趋势中相对平稳。

在创新方面，该行业加大了研发投入力度，研发金额逐年增加，从 2007 年的 17 亿元增长到 2022 年的 731 亿元，增长了 4200%，如图 6-16 所示，这一趋势推动了专用设备制造业的发展。从经济效益看，2007~2022 年专用设备制造业的销售收入稳定增长，从 1280 亿元增长到 11394 亿元。从就业看，专用设备制造业为社会提供了大量就业机会，上市公司就业人数从 2007 年的 137299 人增加到 2022 年的 801645 人。从产业规模看，我国专用设备制造业上市公司的资产总额 2022 年为 24429 亿元。

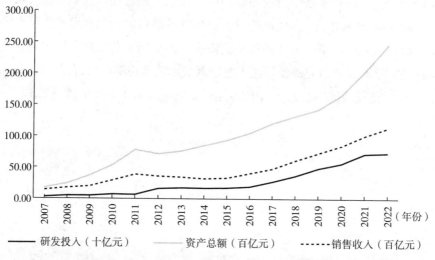

图 6-16　2007~2022 年专用设备制造业上市公司的研发投入、资产总额、销售收入

从区域分布看，表 6-22 显示了我国 2007~2022 年专用设备制造业上市公司的地区分布情况。由表可知专用设备制造业上市公司主要集中在广东、江苏、浙江和上海等地区。其中，广东省的数量最多，达到了 63 家，其次是江苏省 59 家、浙江省 48 家和上海市 34 家。专用设备制造业上市公司主要分布在沿海地区，内陆地区较少。综合来看，专用设备制造业上市公司在空间分布上呈现沿海多、内陆少的趋势。

表6-22　2007~2022年专用设备制造业上市公司的地区分布

单位：家

区域	公司数量	区域	公司数量
广东省	63	陕西省	7
江苏省	59	江西省	6
浙江省	48	河南省	6
上海市	34	河北省	4
山东省	28	黑龙江省	2
北京市	23	内蒙古自治区	2
安徽省	14	吉林省	2
湖南省	10	山西省	2
湖北省	10	新疆维吾尔自治区	2
天津市	10	甘肃省	2
辽宁省	9	广西壮族自治区	1
四川省	7	重庆市	1
福建省	7	云南省	1

6.7.2　人工智能对专用设备制造业转型升级的影响

随着科技的不断进步，专用设备制造业受人工智能的影响越来越深。人工智能的新兴技术为专用设备制造业带来了全新的发展机遇和前景，不仅提高了生产线的自动化水平，还提升了制造业的生产效率和产品质量。例如，人工智能机器人技术的进步不断提升生产线的自动化程度，加快生产过程中的各项操作速度，从而提高了生产效率和产品的一致性。通过使用智能机器人，专用设备制造企业能够实现生产过程的高度自动化，并且减少人力成本和可能的错误。另一个重要的技术是人工智能物联网技术，它通过将设备连接到互联网并实现互联互通，提升了生产过程的可控性和可视化程度。通过物联网，各设备间可实现信息共享，提高生产过程的协调性。

人工智能技术的渗透对专用设备制造业企业的全要素生产率有积极影响，全要素生产率是衡量企业生产效率的综合指标，包括资本、劳动力、技术等资源的综合效益。研究表明，人工智能技术可提升专用设备制造业企业的全要素生产率，促进其转型升级（见图6-17）。通过智能化的生产和管理，企业能更好应对市场需求的变化，并提供高质量和高效率的产品和服务。

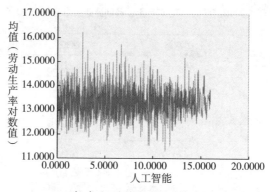

（a）人工智能与劳动生产率

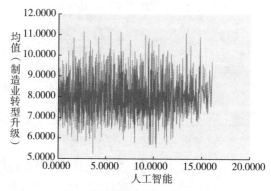

（b）人工智能与制造业转型升级

图6-17 2007~2022年专用设备制造业：人工智能、劳动生产率与制造业转型升级

人工智能技术的应用不仅为专用设备制造业带来了效率和质量的提升，同时为行业的转型升级提供了新的动力。通过引入人工智能技术，企业可实现生产过程的智能化和优化，提高资源利用效率，降低能耗和环境污染。此外，人工智能技术有助于产品创新和升级，提高产品附加值和市场竞争力。通过转型升级，专用设备制造业可从传统的低附加值生产模式转变为高附加值的智能制造模式，实现可持续发展，形成长期竞争优势。

6.7.3 实证研究结果和讨论

6.7.3.1 描述性统计

在进行基准回归前对所有变量进行描述性统计，如表6-23所示。由表可知：2007~2022年用LP法估算出的专用设备制造业企业全要素生产率（TFP_LP）均值为7.995；人工智能渗透率（AI）的均值为6.928，但不同专用设备制造业企业间差距较大，最小值为 0.143，最大值为 15.09；控制变量最小值与最大值的差距较大，表明不同专用设备制造业企业在经营能力、技术水平、盈利能力上均存在明显差异。

表 6-23　C35 变量描述性统计

变量	观测值	均值	标准差	最小值	最大值
AI	1982	6.928	4.063	0.143	15.09
TFP_LP	1982	7.995	0.863	6.276	10.88
LDS	1982	13.33	0.546	12.06	15.33
$size$	1982	21.58	1.093	19.71	25.19
YTQ	1982	6.185	4.468	0.0730	26.35
pm	1982	16.70	1.419	12.58	21.02
zbl	1982	4.657	6.909	−24.46	25.09

✎ 6.7.3.2　基准回归结果分析

Hausman 检验结果得出的 p 值远小于 0.01，所以拒绝原假设，不选用随机效应模型，采用固定效应面板模型估计人工智能对专用设备制造业转型升级的影响，表 6-24 报告了人工智能对专用设备制造业转型升级影响的线性估计结果。模型（1）~模型（5）均使用个体固定效应模型，模型（2）~模型（5）依次加入研发投入强度（YTQ）、资产报酬率（zbl）、企业规模（$size$）、职工薪酬（pm）。实证结果显示，模型（1）~模型（5）人工智能渗透率的系数在 1%、5% 和 10% 的水平上显著为正。就专用设备制造业 A 股上市公司的研究样本而言，人工智能对专用设备制造业转型升级有显著正向促进作用。

表 6-24　C35 固定效应逐步回归结果

变量	(1)	(2)	(3)	(4)	(5)
AI	0.009***	0.010***	0.011***	0.004**	0.003*
	(0.003)	(0.003)	(0.003)	(0.002)	(0.002)
YTQ		−0.048***	−0.033***	−0.033***	−0.031***
		(0.005)	(0.005)	(0.003)	(0.003)
zbl			0.016***	0.017***	0.019***
			(0.002)	(0.001)	(0.001)

续表

变量	(1)	(2)	(3)	(4)	(5)
size				0.754***	0.619***
				(0.015)	(0.020)
pm					0.110***
					(0.011)
_cons	7.934***	8.223***	8.048***	−8.171***	−7.124***
	(0.022)	(0.036)	(0.043)	(0.320)	(0.328)
样本量	1982	1982	1982	1982	1982
拟合优度	0.006	0.060	0.089	0.644	0.663
个体固定	Yes	Yes	Yes	Yes	Yes
时间固定	No	No	No	No	No

注：*** 表示 $p<0.01$，** 表示 $p<0.05$，* 表示 $p<0.1$；括号内表示稳健标准误。

从控制变量看，研发投入对专用设备制造业转型升级的影响为负，且始终通过 1% 水平的显著性检验，说明研发投入对制造业转型升级的短期效应存在挤出影响，长期效应尚未显现；资产报酬率系数显著为正，说明资产报酬率对专用设备制造业转型升级存在正向影响，企业资产报酬率越高，专用设备制造业转型升级效率越高；企业规模显著为正，说明企业规模对专用设备制造业转型升级存在正向影响，企业规模越大、实际资产越多，专用设备制造业转型升级效率越高；加入职工薪酬后显著，通过显著性检验，说明职工薪酬在专用设备制造业转型升级过程中发生作用。

✎ 6.7.3.3 中介效应分析

采取逐步回归法对劳动生产率的中介效应进行验证，结果如表 6-25 所示。列（1）为核心解释变量人工智能水平对被解释变量专用设备制造业转型升级影响的估计结果；列（2）为中介变量劳动生产率受核心解释变量人工智能水平影响的估计结果；列（3）为加入中介变量劳动生产率后，人工智能水平对专用设备制造业转型升级影响的估计结果。由表可知，人工智能对劳动生产率不存在显著影响，两者相关系数符号与预期的一致。

表6-25 人工智能对C35转型升级影响的中介效应检验

变量	（1）	（2）	（2）	（3）
	TFP_LP	*LDS*	*LDS*	*TFP_LP*
AI	0.003* （0.002）	0.003 （0.002）	0.002 （0.002）	0.001 （0.001）
LDS				0.626*** （0.016）
_cons	−7.124*** （0.328）	13.308*** （0.017）	5.992*** （0.363）	−10.874*** （0.256）
X_{it}	Yes	No	Yes	Yes
样本量	1982	1982	1982	1982
拟合优度	0.663	0.001	0.342	0.824
个体固定	Yes	Yes	Yes	Yes
时间固定	No	No	No	No

注：*** 表示 $p<0.01$，* 表示 $p<0.1$；括号内表示稳健标准误。

6.8 电气机械和器材制造业

6.8.1 行业概况和现状

电气机械和器材制造业（C38）是指生产电机、发电机、电线电缆、变压器、开关设备、电池和电子元器件等电气设备产品的行业。该行业与电力的产生、输送、使用等方面密切相关，是国民经济的重要支柱产业之一。在电气机械和器材制造业中，一些新兴产业和领域逐渐崭露头角，如新能源汽车及充电设施制造、智能电网设备制造、分布式能源装备制造等。这些新兴领域为电气机械和器材制造业带来了新的发展机遇和挑战。

2007~2022 年中国电气机械和器材制造业上市公司数量整体呈现增长趋势，如图 6-18 所示。2007 年以后，电气机械和器材制造业企业数量呈现大幅提升的趋势。该行业经过多年发展与壮大，到 2022 年已经有超过 300 家上市公司。这种发展态势和市场活力令人欣喜，反映了电气机械和器材制造业的勃勃生机和充足的动力。2019 年以后，电气机械和器材制造业上市公司数量相对稳定，反映了该行业更注重产业发展质量，根据市场规模与容量保持合理健康发展的趋势。

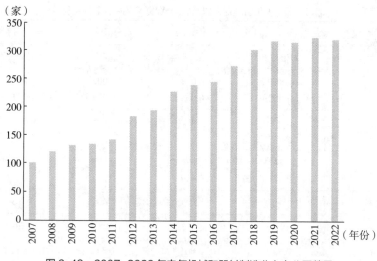

（家）

图6-18　2007~2022年电气机械和器材制造业上市公司数量

在创新方面，该行业加大了研发投入力度，研发投入金额逐年增加。从2007年的20亿元增长到2022年的1379亿元，增长了6795%，如图6-19所示。这一趋势推动了电气机械和器材制造业的发展。从经济效益看，2007~2011年电气机械和器材制造业销售收入稳定增长，从2068亿元增长到5208亿元，增长了151.84%，2022年到达31602亿元。从就业规模看，电气机械和器材制造业提供了大量就业机会，上市公司就业人数从2007年的268711人增加到2022年的1682488人。从产业规模看，我国电气机械和器材制造业的资产总额2022年为48924亿元。

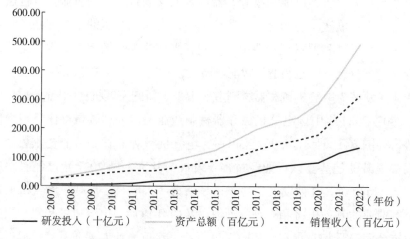

图6-19　2007~2022年电气机械和器材制造业上市公司的研发投入、资产总额、销售收入

表 6-26 显示了 2007~2022 年我国电气机械和器材制造业上市公司的空间分布情况。由表可知，电气机械和器材制造业上市公司主要分布在广东、浙江和江苏三个省份。其中，广东省最多，达 67 家，其次是浙江省 63 家和江苏省 58 家。其他地区的电气机械和器材制造业上市公司较少。综合来看，电气机械和器材制造业呈现沿海分布多且聚集紧密，内陆地区分布较少且分散的趋势。

表 6-26 2007~2022 年电气机械和器材制造业上市公司地区分布

单位：家

区域	公司数量	区域	公司数量
广东省	67	辽宁省	4
浙江省	63	贵州省	4
江苏省	58	四川省	4
上海市	20	黑龙江省	3
山东省	16	湖北省	3
北京市	12	重庆市	3
福建省	10	吉林省	2
安徽省	9	甘肃省	2
湖南省	9	新疆维吾尔自治区	2
河南省	6	广西壮族自治区	1
河北省	6	山西省	1
陕西省	6	青海省	1
天津市	4	海南省	1
江西省	4		

6.8.2 人工智能对电气机械和器材制造业转型升级的影响

电气机械和器材制造业是一个蓬勃发展的行业，人工智能技术在其中发挥着重要作用。随着人工智能技术的应用，电气机械和器材制造业的生产效率和产品质量提升。智能制造和自动化生产线的实现使生产设备自主调整和优化，提高生产效率和产品质量。数据分析和预测技术的应用使企业更好地利用生产数据，优化生产计划和预测设备故障，实现智能化的生产管理。人工智能技术还可应用于质量控制和缺陷检测，利用图像识别和深度学习等方法，实现对产品质量的自动监测。图 6-20 显示了人工智能对电气机械和器材制造业企业劳动生产率与全要素生产率的影响，从中可见随着人工智能水平的不断提升，该企业全要素生产率总体上呈现不断增长的趋势，实现生产效率的提升，进而完成转型升级。

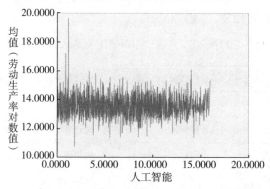

（a）人工智能与劳动生产率

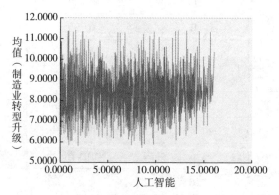

（b）人工智能与制造业转型升级

图 6-20　2007~2022 年电气机械和器材制造业：
人工智能、劳动生产率与制造业转型升级

　　此外，智能供应链管理是电气机械和器材制造业的重要应用领域。人工智能技术可提高供应链的运作效率和可靠性，降低成本并提供更好的客户服务，有助于企业优化物流和库存管理。同时，利用人工智能技术可进行设备维护和预测性维修，通过远程监测和数据分析，降低设备故障的风险，减少停机时间，提高设备的可靠性。

　　未来，人工智能技术在电气机械和器材制造业中的作用将进一步增强。然而，企业在应用人工智能技术时也面临一些挑战，涉及数据隐私和安全性、技术研发、人才培养、市场拓展等方面，企业需要积极与政府和相关机构合作，共同推动电气机械和器材制造业的可持续发展。

📖 6.8.3 实证研究结果和讨论

✏ 6.8.3.1 描述性统计

在进行基准回归前对所有变量进行描述性统计，如表 6-27 所示。由表可知 2007~2022 年用 LP 法估算出的电气机械和器材制造业企业全要素生产率（TFP_LP）的均值为 8.354；人工智能渗透率（AI）的均值为 6.892，但不同电气机械和器材制造业企业间差距较大，最小值为 0.143，最大值为 15.09；控制变量最大值与最小值的差距较大，这表明不同电力机械和器材制造业企业在经营能力、技术水平、盈利能力上均存在明显差异。

表 6-27 C38 变量描述性统计

变量	观测值	均值	标准差	最小值	最大值
AI	2161	6.892	4.054	0.143	15.09
TFP_LP	2161	8.354	0.945	6.276	10.88
LDS	2161	13.54	0.656	12.06	15.33
$size$	2161	21.78	1.108	19.71	25.19
YTQ	2161	4.724	2.920	0.0730	26.22
pm	2161	16.85	1.505	12.58	21.02
zbl	2161	4.747	6.664	−24.46	25.09

✏ 6.8.3.2 基准回归结果分析

Hausman 检验结果得出的 p 值远小于 0.01，所以拒绝原假设，不选用随机效应模型，采用固定效应面板模型估计人工智能对电气机械和器材制造业转型升级的影响，表 6-28 报告了人工智能对电气机械和器材制造业转型升级影响的线性估计结果。模型（1）~模型（5）均使用个体固定效应模型，模型（2）~模型（5）依次加入研发投入强度（YTQ）、资产报酬率（zbl）、企业规模（$size$）、职工薪酬（pm）。实证结果显示，模型（1）~模型（5）人工智能渗透率的系数在 1% 和 5% 的水平上显著为正，且系数大多在 0.01 上下浮动，表明模型的稳健性较好。就电气机械和器材制造业 A 股上市公司的研究样本而言，人工智能对电气机械和器材制造业转型升级有显著的正向促进作用。

表6-28　C38固定效应逐步回归结果

变量	(1)	(2)	(3)	(4)	(5)
AI	0.012*** (0.002)	0.012*** (0.002)	0.013*** (0.002)	0.003** (0.001)	0.002 (0.001)
YTQ		−0.017*** (0.006)	−0.013** (0.006)	−0.034*** (0.004)	−0.041*** (0.004)
zbl			0.006*** (0.002)	0.010*** (0.001)	0.010*** (0.001)
size				0.628*** (0.013)	0.466*** (0.017)
pm					0.149*** (0.011)
_cons	8.270*** (0.018)	8.352*** (0.033)	8.299*** (0.036)	−5.220*** (0.274)	−4.179*** (0.274)
样本量	2161	2161	2161	2161	2161
拟合优度	0.015	0.020	0.026	0.581	0.616
个体固定	Yes	Yes	Yes	Yes	Yes
时间固定	No	No	No	No	No

注：*** 表示 $p<0.01$，** 表示 $p<0.05$；括号内表示稳健标准误。

从控制变量看，同其他行业的估计结果一样，研发投入强度（YTQ）对电气机械和器材制造业转型升级的影响为负，且始终通过1%或5%水平的显著性检验，说明创新投入对企业的长期效果尚未体现出来；资产报酬率系数显著为正，说明资产报酬率对电气机械和器材制造业转型升级存在正向影响，企业资产报酬率越高，电气机械和器材制造业转型升级效率越高；企业规模系数显著为正，说明企业规模对电气机械和器材制造业转型升级存在正向影响，企业规模越大，电气机械和器材制造业转型升级效率越高；加入职工薪酬后便不再显著，未通过显著性检验，说明职工薪酬在该行业转型升级过程中的影响不明显。

6.8.3.3 中介效应分析

采取逐步回归法对劳动生产率的中介效应进行验证，结果如表6-29所示。列（1）为核心解释变量人工智能水平对被解释变量电气机械和器材制造业转型升级影响的估计结果；列（2）为中介变量劳动生产率受核心解释变量人工智能水平影响的估计结果；列（3）为加入中介变量劳动生产率后，人工智能水平对电气机械和器材制造业转型升级影响的估计结果。从结果可知，人工智能对劳动生产率存在显著影响，且在加入劳动生产率后，人工智能对电气机械和器材制造业转型升级的影响系数下降，应当认为人工智能可提高劳动生产率，进一步促进电气机械和器材制造业转型升级。

表6-29 人工智能对C38转型升级影响的中介效应检验

变量	（1）	（2）	（2）	（3）
	TFP_LP	*LDS*	*LDS*	*TFP_LP*
AI	0.002 （0.001）	0.006*** （0.002）	0.002 （0.002）	0.001 （0.001）
LDS				0.526*** （0.016）
_cons	−4.179*** （0.274）	13.496*** （0.015）	6.961*** （0.320）	−7.838*** （0.242）
X_{it}	Yes	No	Yes	Yes
样本量	2161	2161	2161	2161
拟合优度	0.616	0.005	0.261	0.761
个体固定	Yes	Yes	Yes	Yes
时间固定	No	No	No	No

注：*** 表示 $p<0.01$，括号内表示稳健标准误。

第 7 章
人工智能赋能制造业转型升级的路径创新选择

7.1 制造业转型升级的路径创新选择

7.1.1 路径创新选择的概念及重要性解释

7.1.1.1 路径创新选择概念

路径创新选择是个体或组织主动寻求并选择不同于常规的解决方法和路径，以实现目标或解决问题的过程。它强调在解决问题时，不拘泥于传统的思维方式和做法，勇于探索新的可能性。从宏观层面看，路径创新可指导国家或区域创新政策和战略选择，以实现经济转型和增长；从中观层面看，不同的产业可选择不同的发展路径，根据市场需求、技术发展趋势等进行创新；从微观层面看，路径创新可表现为企业在战略和业务模式方面的创新选择。企业可能选择不同于竞争对手的发展路径，通过采取不同的商业模式、技术手段和市场定位来获取竞争优势。

路径创新选择具有以下特征：一是创新性。突破传统框架和规则，不限于现有的思维方式和做法。二是多元化。多元思考，善于从多个角度审视问题，寻找不同的解决方案。三是主动性。个体或组织具备创新思维和冒险精神，能够主动寻求新的道路和可能性，愿意承担风险。四是可持续性。路径创新选择注重可持续性，不仅要考虑短期的商业利益，还要考虑对环境、社会和商业发展长期的影响，以实现可持续的发展。

7.1.1.2 路径创新选择在制造业转型升级中的重要性

近年来，"选择比努力重要"的观点在现代选择学和经济学中越发得到重视。现代选择学的创始人迈克尔·雷在其著作《成功是道选择题》中强调了选择的重要性，同时指出努力是做出选择的基础。从经济学角度看，"沉没成本"的概念支持了选择比努力重要的观点。在人工智能时代，如果没有人工智能的技术赋能，制造业革命就会落后于时代发展。制造业需要积极探索新的发展路径，通过引入人工智能技术的路径实现转型升级，以适应市场需求和提升竞争力。

（1）人工智能引领制造业技术创新方向。从互联网工业、工业4.0到智能制造，人工智能技术正深刻影响制造业，成为引领技术创新的重要力量。人工智能技术应用包括自动化控制、预测维护、供应链智能管理等方面，对制造业发展有重大影响，有利于企业科学把握技术发展趋势、提前布局，并在关键领域取得竞争优势。

（2）人工智能以数据为力量驱动制造业提高生产效率。人工智能技术能使企业实现智能化生产，通过自动化控制和数据分析，优化生产流程、减少浪费、降低成本。制造业企业需要紧跟技术发展趋势，选择合适的人工智能技术应用场景，实现生产过程的智能化升级，提高生产效率和产品质量。同时，人工智能技术可实现个性化定制和柔性生产。随着消费者需求的多样化，人工智能技术能够帮助企业实现基于数据进行决策，通过数据分析挖掘消费者需求，快速调整产品生产和研发计划，满足市场的个性化需求。

（3）人工智能促进制造业绿色可持续发展。路径创新有助于企业对有限的资源进行合理配置，避免不必要的资源浪费与重复投资。在环境保护意识日益增强的今天，制造业企业应更重视节能减排，实现可持续发展。人工智能可辅助企业对能源进行智能化管理，并对其进行监控与分析，以达到最优的节能效果，减少生产过程中的能量消耗与排放。

（4）人工智能提升制造业的全球竞争力。经济全球化背景下，制造业企业应主动参与国际市场的竞争与合作。通过"创新选择"，企业能及时了解世界科技动态，加强与世界先进企业的沟通和合作，不断进步发展。通过选择不同的、高附加值的创新途径，在技术、市场上建立起自己特有的竞争优势，提升市场地位和利润，同时找到并构建核心能力，达到不断创新与成长的目的。

（5）重塑人才培养方向、推进企业组织变革。人工智能技术的运用，客观要求相应的人才和组织架构。如何培育并吸纳相应的高素质人才，并优化企业组织架构与生产过程，是当前企业面临的新课题。合理的人力资源配置与组织结构调整，能有效促进制造领域人工智能技术的应用与创新。

（6）提升发展成功率。在复杂的市场环境下，路径创新可以提升企业发展的成功率。利用人工智能技术，对市场需求、竞争态势、技术成熟度等方面进行全面分析，企业才能根据自己的实际情况，规划出最符合自身发展规律的道路，这样既能避免盲从，又能减少资源浪费、提升发展的成功率。

7.1.2　制造业转型升级的不同路径及其特点

为了适应市场和技术变革需要，制造业转型升级是一个实现提升效率、降低成本、提高质量等目标的过程。这一过程存在多种不同的路径选择，每种路径都有独特的特点和优势。

7.1.2.1　技术升级路径

技术升级路径通过引入人工智能生产技术和工艺来实现制造业的转型升级。主要特征如下：一是提升生产效率。新技术的应用可以增加生产效能，合理配置资源，提高产品质量和一致性。二是降低生产成本。应用人工智能技术可优化生产流程，减少人力、物质资源浪费，达到节约成本的目的。三是增强创新能力。人工智能技术可激发创造性思维，从而提升企业在市场上的竞争优势。以德国奥迪为例，其产业结构的转型与升级就是很好的证明。该企业通过引进自动生产线和智能化的机器人，大大提高了生产效率和产品品质，在市场上赢得了竞争优势。

7.1.2.2　产品升级路径

产品升级途径从产品的设计、功能、性能三个方面来实现产品的转型升级。主要特征如下：一是更加符合市场需要。通过产品的更新，苹果公司率先将高清摄像头、指纹识别等技术运用到智能手机上，新技术和工艺的应用成功带动了上游 CNC 机床、平面显示模组、SMT 生产线等机械设备的迅速普及。二是提升产品附加价值。产品附加价值的提升有利于增强企业在市场上的竞争力。三是扩大市场占有率。产品的升级有利于企业开拓新的市场。比如苹果公司通过对 AirPods 内置 W1 芯片，让无线耳机的连接不再烦琐，解决了行业通病，从而助推公司实现了新一轮的用户增长。

🖊 7.1.2.3　服务升级路径

制造业的转型与升级主要通过提供增值服务与解决方案实现，这是服务升级路径的核心特征，具体方式如下。一是提供个性化定制服务。根据客户的特定需求量身打造产品与服务，从而提高客户的满意度和忠诚度。二是提供全方位的服务。通过提供全面的维修、咨询等服务，增加企业的附加价值，并赢得客户的信任。三是与客户建立长期合作关系。通过提供全方位的解决方案和服务，实现持续的发展和共赢。以德国西门子为例，该公司在制造业转型升级中采用了服务升级路径，提供全面的工业自动化解决方案，帮助客户提高生产效率和品质，最终赢得了客户的青睐。

🖊 7.1.2.4　资源整合路径

资源整合是制造业企业转型升级的重要途径，它的最大特征是通过与其他企业或机构的协作，实现资源的高效集成与优化。比如，企业间通过科研项目合作实现科研成果的共享，在此基础上进行供应链合作。以一汽大众为例，该公司通过与其他零部件供应商密切合作优化了供应链，提高了企业利润。

🖊 7.1.2.5　市场拓展路径

市场拓展是制造业转型升级的另一条重要路径，主要特征如下。一是市场拓展强调创新和差异化，以满足不断变化的市场需求。二是市场拓展注重品牌建设和营销策略优化，以提升产品知名度和竞争力。三是市场拓展要求企业具备快速响应市场变化的能力，灵活调整生产和经营策略。四是市场拓展需要强大的供应链管理和资源整合能力，以实现高效的产品供应和物流配送。

📖 7.1.3　路径创新的制约因素与驱动力量

制造业利用人工智能技术进行转型升级的路径创新受到诸多因素的影响。制造业企业应综合考虑这些因素，制定适合自身发展的人工智能应用策略，以实现转型升级。

✐ 7.1.3.1　制约因素

（1）技术创新、平台建议、技术集成与风险管理。在科学技术飞速发展的今天，各种新技术、新成果层出不穷。制造业企业需要高度关注技术的发展动向，及时把握新技术的使用场合与优势，主动进行新技术的应用与研究。在此过程中，企业需注意技术的成熟度，避免"盲从"与"技术陷阱"，并根据企业自身的特点，实现恰当的技术应用与转型升级。

第一，技术创新。人工智能作为一种全新的生产技术，为传统制造业带来了前所未有的变革空间。将人工智能技术应用于制造业，可实现制造过程的自动化、智能化，提升生产效率和产品质量。同时，智能制造和工业机器人，使生产线的自动化水平显著提升，可大幅降低生产成本。

第二，创新平台的建设。与高等院校和科研院所合作可让企业及时掌握国内外的科研动态，促进产学研的有效结合。这对加快我国科技成果的转移与产业化、缩短产品开发时间、提升企业在国际市场中的竞争能力有十分重要的作用。通过构建科技创新平台，有效地吸引和培养高层次的科学技术人才，可为企业的发展打下扎实的人才根基。

第三，技术集成。人工智能技术可与其他技术如物联网、云计算、大数据等集成应用，形成更高效的生产管理系统。通过技术集成，企业可实现生产过程的信息化、智能化管理，从而提高生产效率和管理水平。例如，利用物联网技术能够实现设备间的实时通信和数据共享，利用云计算和大数据技术进行数据分析、提供决策支持，能有效提升企业的运营效率和决策水平。

第四，技术风险管理。在技术进步的同时，数据的安全性、隐私保护、技术依赖性等问题越发突出。制造业企业必须建立健全科技风险管理体系，强化科技安全保护，以保证科技的可持续发展。例如，建立健全资料保密制度有利于确保资料的机密性与完整性；加强对 R&D 的风险评价与管理有利于防止陷入"技术陷阱"。

（2）数据质量、可用性、数据安全与数据驱动决策。采集到的数据的质量与有效性会严重影响人工智能算法的精度与效果。人工智能以"数据"为中心，这客观要求生产企业掌握高品质的数据，并保证其易于访问和使用。

第一，数据质量。高品质的数据可以提供更精确、可靠的信息，从而提升人工智能建模的精度与可靠性。在制造业转型升级过程中，需要对海量的生产工艺、产品质量、销售情况等方面的数据进行采集和处理。这类数据的准确度和可靠度将直接关系到人工智能建模与决策支持的科学性和有效性。因此，企业必须对数据进行清洗、验证等，以保证数据的准确可靠，从而提升人工智能技术在实际应用中的有效性。

第二，数据的可用性。数据的可用性包含可存取性、可处理性及可理解性三个方面。企业必须对多源、多格式的数据进行有效的集成与分析。当数据可用性不佳时，企业对数据进行预处理与集成往往要耗费大量的人力、物力，降低了其应用的效率与效果。因此，企业必须重视数据的可用性，通过制定数据标准、构建数据交换平台等手段来提升数据的可获取性、可处理性和可理解性，更好运用人工智能进行数据分析、预测与决策。

第三，数据安全和隐私保护。企业在运用人工智能技术对海量数据进行处理时，必须重视数据的安全性与隐私保护问题。数据泄漏与个人隐私被侵害，将给企业带来重大经济损失与法律风险，这要求企业采用加密、访问控制等手段来保证数据的机密性和完整性。对此，企业应建立合理的隐私保护机制，规范数据的采集、使用、共享等行为，以保护用户的隐私。

第四，数据驱动多元决策。企业急需构建以数据为导向的决策环境，激励员工运用大数据进行决策与分析。在此基础上，通过引导员工加深对数据的认识与分析，提升数据的使用效率与价值。同时，企业应制定一套行之有效的数据管理制度，对数据的所有权和使用权限进行界定，保证数据的一致性和可信性。

（3）企业文化和人才素质。人工智能技术的引进，要求制造业企业有与之匹配的企业文化与人才素质，包括培训人员使其有运用人工智能技术所需的技能。

第一，企业文化。开放、创新、包容的企业文化有利于企业接纳和应用新技术应用，促进企业的转型与可持续发展。在运用人工智能技术的同时，企业应突破传统的思维方式与组织架构，激励员工主动对新技术进行开发与运用，形成智能化的生产与管理模式。构建鼓励创新、宽容失败、团队合作的企业文化是非常重要的，在这样的文化氛围中，员工可更好地发挥创造性，主动投入人工智能技术的研究与开发活动中，促进企业的转型升级。

第二，人才的驱动力。企业必须有具备相应专业知识的人才，才能有效地推进人工智能技术的应用。其中包含高素质的人员，如技术研发人员，数据分析员，机器学习工程师等。构建一套科学的人力资源管理制度有利于为员工提供更好的职业发展渠道与提升机制，充分提升员工的工作热情与创造性。同时，建立一套薪酬、福利、奖金等激励配套制度，有利于调动员工的积极性和归属感。因此，健全的人力资源管理与激励机制可有效吸引、留住优秀人才，为制造业转型升级奠定坚实的基础。

第三，人才的培养和引进。一方面，企业可通过内部培训、外部进修等手段，不断提升员工的业务素质。另一方面，企业应通过各种方式引进高层次人才，包括校园、社会和专业人才。这些高层次的人才可给企业提供新的思想，促进科技的革新与应用，加快企业转型升级的步伐。

（4）技术投资和资源配置。要实现人工智能在制造业中的广泛应用，企业需要进行持续的技术投资与合理的资源分配。

第一，技术投资。生产企业对人工智能技术、设备和软件的采购与开发，需要大量资金。但是，科技投资存在风险，制造业企业必须对其投入产出收益率进行评估，认真分析其可行性与适用性，保证投入的效益与合理性。

第二，资源配置。人工智能技术在制造领域中的有效应用体现在以下几点。一是优化生产流程。通过机器学习技术，企业可对生产过程中的各种数据进行分析，达到预测设备维护需求降低生产中断风险的目的。二是优化人力资源管理。实现智能制造需优化人力管理，借助大数据、AI 等技术可提升招聘、培训等各环节的效率，实现人力资源价值最大化。三是优化供应链管理。利用人工智能技术企业可实时监控供应链状况，精准预测市场需求，提高库存周转率，降低库存成本。

第三，技术投资和资源配置的合理性和有效性。若科技投入不足，或资源分配不当，则会制约人工智能技术的推广与应用，进而影响企业的转型升级。反之，只有进行充分的技术投入、优化资源配置才能更好地利用人工智能技术，实现制造业的转型升级与创新发展。

第四，技术投资和资源配置的可持续性和长期效益。随着人工智能技术的发展，企业必须进行持续的技术更新与合理的资源配置，以满足市场需求。这客观要求制造业企业有长远的科技投入与资源分配规划，以保证科技的持续发展与资源的长期效益。

（5）法律和监管环境。企业的运行必须遵循相关的法律、法规，从而减少违法行为带来的风险与损失。同时，企业需要密切关注不断变化的监管环境，适时调整自己的发展策略与技术走向，以满足市场的要求。企业只有在符合相关法规、制度规范的条件下，才能更好地进行产业转型和创新发展。

第一，数据隐私保护。在制造领域应用人工智能技术，涉及海量数据的采集、存储和利用。其中包括一些敏感信息，如私人信息、商业秘密、知识产权等，这要求企业必须严格遵循相关法律、法规，保证数据的合法采集与利用，防止侵害用户的隐私及企业的利益。因此，企业应建立健全数据管理体系与安全机制，保证数据的安全与完整，避免数据的泄露与滥用。

第二，知识产权保护。人工智能技术包含大量的算法、模型及相关的知识产权，制造业企业必须掌握并遵循国家有关法律、法规，保证其应用技术行为的合法性，防范知识产权侵权。

（6）市场需求和竞争态势。企业基于市场需求与竞争态势应用人工智能技术，能更好满足市场需求，应对竞争的挑战，达到制造业转型升级的目的。

第一，市场需求。在顾客个性化需求和智能化、自动化服务需求日益增加的当下，制造业企业必须进行持续的技术改造与创新，以满足市场需求。在生产过程中引入人工智能技术，可提高生产效率，优化产品设计，提高服务水平，满足市场的需求。这要求制造业企业时刻注意市场动向，把握顾客需求，有目的地将人工智能技术运用到生产过程中，以符合市场的预期。

第二，竞争态势。面对日益激烈的市场竞争，制造业企业必须持续提高自己的核心竞争力，才能更好地应对竞争的挑战。企业应用人工智能技术可提高生产效率，降低成本，优化产品设计，提高服务质量，从而提高竞争力。所以，制造业必须了解竞争者的科技水平与市场战略，剖析自己的竞争优劣，主动地运用人工智能技术提高自己的竞争能力。

（7）政府支持和政策环境。制造业企业需要关注国家出台的有关政策与扶持措施，以获得资本、技术、政策等方面的支持。在国家扶持的政策环境下，企业才能更好地运用人工智能技术，实现转型升级与创新发展。政府需不断地优化政策环境，加强与企业的交流与合作，促进制造业的转型升级。

第一，资本支持。世界主要国家已认识到人工智能发展的重要性，并采取多种方式为该领域提供资金支持。例如，美国政府将通过国家科学基金会（NSF）和国家人工智能研究资源（NAIRR）等机构向各类研究所提供资金支持，提议在未来 10 年投入数十亿美元用于人工智能研发；欧盟委员会 2018 年提出《欧洲人工智能协调计划》，计划在 2020 年至 2027 年投入超过 200 亿欧元用于人工智能研究和创新。2017 年，中国发布《新一代人工智能发展规划》明确投入资金支持人工智能的发展。世界各国除了设立专项资金，还通过减税、免征等政策措施，减轻制造业企业税收负担，支持人工智能企业创业，推动研究机构项目建设，鼓励政府、企业、研究机构之间的合作与创新。

第二，提供技术支持。一是政府应制定明确的发展战略，包括设定发展目标、发布政策指南和制订行动计划等，以提供政策和战略层面的支持。二是政府可通过投资补贴的方式，支持研发项目、人才培养、技术转移和产业应用等关键领域。三是政府需提供必要的数据资源和基础设施，包括开放数据政策、高性能计算机、云计算平台及数据存储等，以促进人工智能研究和应用的发展。四是政府应合理、负责任地利用人工智能技术，通过法律保护和监管指导，确保技术的安全和伦理应用。五是建立完善的政策、法律和监管体系，以推动人工智能技术的健康发展。此外，政府的措施支持往往与产业界、学术界和民间组织的合作，形成多方面的合力，共同推动人工智能技术的进步。

✎ 7.1.3.2 驱动力量

（1）政府驱动。在人工智能推进制造业转型升级的初始阶段，政府扮演着重要的角色，涉及产业扶持政策的出台、基础设施的完善、财政金融的支撑、发展环境的优化及相关法律法规的制定。这些措施有助于加强制造业在产品生产过程中的技术创新，增强制造业企业进行转型升级的信心。具体而言，可采取以下措施。

第一，引导制造业企业应用人工智能技术。如果市场上只有少量企业应用人工智能技术，每家企业需要承担的固定成本就会很高，因此需要引领企业普遍应用人工智能技术。政府要为制造业企业转型升级提供政策指导，为优秀企业配置优质资源，使其加快成长为智能化发展的领跑企业，进而充分发挥龙头企业的引领带动作用，促进人工智能技术的广泛应用。

第二，加大在智能化设备研发、生产上的投入。研究表明智能化设备的应用程度对制造业企业转型升级有积极的影响，只有降低智能设备的应用成本，制造业企业才会更多地选择智能化设备进行生产。政府应通过加大对智能化设备研发、生产的投入力度，降低智能设备的生产成本，鼓励制造业企业积极采用智能化设备，进而提高生产的自动化水平。

第三，为制造业企业转型发展创造良好的融资环境。智能化发展的投入和产出并非一蹴而就，企业会面临巨大的资金压力，融资约束会抑制制造业企业转型升级的生产率和收益率，因此政府可设立专门的金融机构为制造业企业智能化发展提供资金，平衡融资成本和融资风险，为制造业企业畅通借贷流程，拓宽制造业企业转型发展的投融资渠道。

第四，高度重视民营企业在制造业智能化转型升级中的作用。民营企业是中国发展不可或缺的重要力量，提供了大量的就业岗位，已成为创业就业的主要领域。研究显示相比国有企业，智能化发展显著促进民营企业转型升级，政府应按市场竞争要求合理为民营企业配置发展资源，通过给予资源支持，加强非国企在制造业转型升级中的地位。

第五，高度重视劳动者的教育和人力资本的投入。人工智能应用虽然会对低技能就业产生挤出效应，但也会催生新的低技能岗位，从而带来技能岗位的结构性变化。智能化发展对劳动者的综合能力提出了更高的要求，政府应为低技能劳动者提供更多的学习机会，提升其人力资本价值，以应对劳动力市场变化所带来的冲击。

（2）市场驱动。在当今的全球经济环境下，制造业的转型升级已成为经济发展的重要动力。而人工智能技术的快速发展和应用，为制造业的转型升级提供了新的路径选择。市场作为驱动制造业发展的重要手段，在人工智能赋能制造业转型升级的路径中扮演关键角色。

第一，价格机制。价格机制通过市场信号引导资源向高效率领域流动，促进技术进步和产业升级。当某一领域的技术创新降低了生产成本，价格机制会促使其他企业跟进投资和技术创新，形成良性竞争的局面。这不仅会推动产业技术的进步，也提高整个行业的生产效率。

第二，市场竞争。企业转型升级的最终目标是获得市场竞争优势实现可持续发展，而人工智能技术的应用可增加企业经济效益、降低生产管理成本和提高生产效率，实现企业的转型升级。企业要想在竞争中获得优势地位，应进行管理创新、服务升级、人才培养，提升智能化水平，实现智能化转型升级，这就必须加大对技术创新和产品研发的投入力度，提高产品质量和服务水平。同时，市场竞争促使企业更关注客户需求的变化，及时调整产品设计和生产策略，以保持市场竞争力。

第三，供需平衡。"生产＋经营"两手抓。企业在转型升级的过程中既要重视产品生产效率的提高，也要重视企业经营绩效的提升，形成合理的产业结构，实现产品价值增值和经济效益提高的双赢，防止一味加大人工智能技术应用力度而给企业经营效益带来负面影响。随着消费结构的升级和市场需求的变化，制造业企业需要及时调整生产结构，以满足市场需求。这要求企业加强市场调研和趋势分析，准确把握市场需求的变化趋势，提前布局和调整生产计划。同时，企业需要加强供应链管理，优化采购和物流环节，降低成本、提高效率。

7.2 人工智能与制造业转型升级的关联性分析

7.2.1 人工智能促进制造业转型升级的机制与原理

7.2.1.1 数据驱动决策机制

数据驱动决策机制在制造业转型升级中有至关重要的作用。其强调利用人工智能技术和大数据分析，以第一手数据为基础进行生产服务决策。通过收集、整合和分析制造业上中下游、生产过程中的实时数据，制造业企业优化生产、供应链管理和市场预测等方面的决策过程。其逻辑原理是通过数据驱动，提高决策的准确性、效率和风险控制能力。数据驱动决策机制的实施逻辑，如图7-1所示。

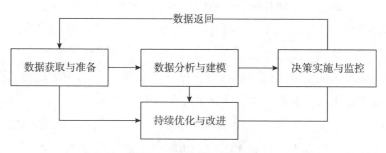

图7-1　数据驱动决策机制

第一，数据收集。收集采购数据、生产数据、销售数据、供应链物流等多维数据；通过数据整合和清洗，以确保数据准确性、一致性和可用性；构建数据存储和管理系统，以便对大规模数据进行存储和访问。第二，强化数据的可视化分析。运用统计分析、数据挖掘和机器学习等技术手段，对大规模数据进行探索和分析，揭示数据中隐含的模式、规律、趋势和关联性，为决策提供有力支持。第三，基于数据分析构建决策模型并将其应用于生产和供应链管理。通过实时监控系统，对决策结果进行跟踪和评估。

第四，通过反馈优化模型，及时获得关键指标和数据的反馈，生成新的一手数据，对原有模型进行优化，提高决策的准确性，以适应市场和业务环境的变化，实现螺旋式上升。

✎ 7.2.1.2　自动化和智能化生产机制

该路径侧重于利用人工智能来实现生产流程的自动化、智能化。在此基础上，将机器学习、深度学习、机器视觉等理论与方法相结合，研制具有自主知识产权的自动生产线及智能机器人。其理论逻辑机理为提高生产流程的自动化程度，降低人力成本，改善生产效率与品质，达到柔性与定制化。自动化与智能化生产机制的实施逻辑，如图 7-2 所示。

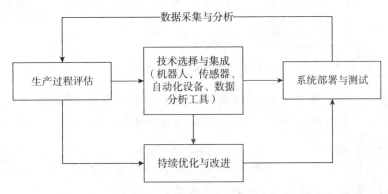

图 7-2　自动化和智能化生产机制

第一，对生产过程进行评估。制造业企业必须对已有的制造工艺进行评价，找出能够实现自动化、智能化的生产和管理环节，以及所需的技术和设备。第二，进行技术选择与集成。根据评价结果，选用合适的自动化工艺及智能方案。其中，自动控制系统是指为使制造过程实现自动作业、降低人为干涉、提高生产力的一系列先进机械、电子及控制系统；机器人与自动化装备是实现自动化生产的关键。机器人可替代人工作业，完成多种复杂任务，如组装、搬运、检测等，并与其他装置及系统协同工作，其选用的技术与装置要能与已有的系统配合。第三，系统部署与测试。对所选技术及设备进行实际应用，对系统进行调试及测试，以保证系统的正常运作及与其他系统的协调配合。第四，数据采集与分析。整合生产装备、传感器等产生的数据，对生产过程中的数据进行处理、分析，从而为生产过程与决策的优化提供支撑。第五，持续优化与改进。对自动化及智能制造体系的效果持续进行监控与评价，并基于市场需求及科技发展趋势，持续改进。

7.2.1.3 协同创新和开放合作机制

协同创新和开放合作机制强调不同组织间的合作与协同，通过共享资源、知识和技术，实现创新能力的提升和业务的增长。其实施逻辑如图7-3所示。

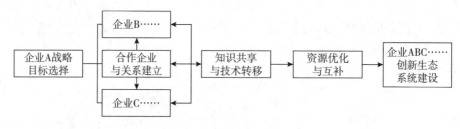

图 7-3 协同创新和开放合作机制

第一，制定转型升级的战略目标。制造业企业需要明确转型升级的战略目标，确定合作的伙伴，以及合作的重点领域和方向。

第二，建立紧密的合作关系。根据战略目标，建立和维护与供应商、客户、科研机构、行业协会等个体和组织的紧密合作关系，签订合作合同和协议，明确各方的权益和责任。

第三，通过知识和技术共享增强创新能力。通过合作伙伴间的知识共享与技术转移，实现创新能力的增强，加速技术的应用和商业化。例如，通过联合研发项目、共享研究设施、交流人员等方式实现创新能力的增强。

第四，实现资源优化与互补。鼓励不同组织间共享资源，包括设备、设施、人力、资金等，以实现资源的优化配置和互补性。这有助于提高效率、降低成本并加速创新。

第五，建立开放的创新生态系统。不同组织通过行业协会、技术平台等渠道加强交流和合作，使产业链上下游紧密连接。

7.2.1.4 个性化定制和柔性生产机制

个性化定制和柔性生产机制强调根据客户需求进行个性化生产，实现生产过程的灵活性和定制化。它包括个性化定制、柔性生产、数据驱动决策、协同合作等关键要素。其实施逻辑如图7-4所示。

图 7-4　个性化定制和柔性生产机制

第一，通过市场调研、客户反馈和数据分析等方式，深入了解客户需求，包括他们的个性化要求和偏好，定制化生产产品或提供个性化服务，这要求制造业企业灵活调整生产过程和供应链，以满足不同的客户要求。

第二，通过灵活配置设备、工人和资源，实现生产过程的灵活调整，根据市场需求的变化进行定制化生产。

第三，通过收集、分析生产过程中的数据，对生产过程进行实时监测，发现其中的问题，并基于市场变化优化生产计划和资源配置，满足个性化需求。

第四，鼓励企业与供应商、合作伙伴和客户间紧密合作，通过共享信息、资源和技术，实现供应链的整合和协同，以支持个性化定制和柔性生产。

7.2.2　场景应用与案例分析

7.2.2.1　场景应用

（1）数据驱动决策场景。在制造业转型升级中，数据驱动决策的应用场景较为丰富，主要体现在以下方面。一是生产计划优化。基于数据驱动的决策模型，优化生产计划，确保生产资源的合理配置和生产效率的最大化。二是质量控制。通过监测和分析生产过程中的数据，实时掌握产品质量状况，有助于提高产品质量稳定性。三是供应链管理优化。通过分析供应链数据和市场需求，实现供应链的可视化和优化。四是市场预测与产品定位。通过分析市场和消费者数据，预测市场趋势和消费者需求，从而优化产品定位和产品开发策略。五是故障诊断与预防维护。分析设备传感器数据和维护记录，实现故障诊断和预防性维护以降低设备故障风险、提高生产效率和降低维修成本。

（2）自动化和智能化生产场景。一是柔性制造与生产线优化。通过引入自动化和智能化技术，实现生产线的柔性配置和优化，以适应多品种、小批量生产需求。二是故障诊断与预测维护。自动化和智能化设备能实时监测和分析设备运行状态，通过数据分析实现故障诊断和预测维护，提前发现潜在故障并采取维修措施，从而减少停机时间和维修成本。三是质量控制与缺陷检测。自动化和智能化生产路径可应用于质量控制和缺陷检测，通过传感器和视觉系统实时监测产品质量、检测缺陷并及时采取纠正措施，提高产品质量和一致性。四是供应链协同与物流优化。自动化和智能化生产系统可与供应链系统和物流系统协同工作，实现生产计划的自动调整、物料的自动配送和库存的实时监控，提高供应链的响应能力和效率。五是个性化定制与快速响应。通过自动化和智能化生产路径，实现个性化定制生产，根据客户需求快速调整生产线，并灵活应对市场变化，提高客户满意度和市场竞争力。

例如，东风汽车集团采用自动化和智能化生产路径，在整车的焊接、涂装、总装过程中引进了机器人、自动控制装置，实现了整车的自动装配。该系统与传感器、图像处理技术配合，可实时监控焊接及涂装质量。在此基础上，利用人工智能技术对制造过程中的数据进行处理与分析，可实现故障自动诊断及维修预测，从而提升装备的可靠性与生产效率。以上应用可提高制造业的生产效率、质量和灵活性，推动企业转型升级。

（3）协同创新和开放合作场景。一是交叉学科的协作和科技的结合。产业间的协同可促进科技的交叉和融合。比如，制造业企业通过与科研院所联合进行技术研究开发，可把先进的科技成果运用到产品的研究开发、生产中去。二是供应链协同与智能物流。制造业企业通过与供应商、物流服务商等密切协作，使供应链协作与智能管理成为可能。在此基础上，通过信息与数据的共享，来优化物流与供应链管理，可提高企业的生产效率。三是开放创新平台与共享经济。开放的创新平台能让所有人积极地投入创新活动中，实现资源、知识的共享。在此基础上，以开放式协作的方式，推动科技创新成果的共享与产业化，推动分享经济的发展。四是智能制造与工业互联网。制造业企业通过与信息技术公司、互联网平台等协作，推动智慧制造、工业互联网在制造业中的应用。通过信息共享、智能控制等手段，不仅能优化生产工艺，还能对其进行智能控制，从而提高生产的效率与质量。五是创新生态系统建设与产业集群发展。建设面向制造业企业的开放式创新生态体系，即通过建立开放的创新生态系统和产业集群，推动制造业企业间的合作与协同。通过资源与经验的共享和交流，实现优势互补，促进全行业的创新。

例如，汽车生产商可和电动车技术供应商、电池制造商、汽车玻璃生产商等进行开放式的协作。通过技术、知识和资源的共享，实现电动汽车技术与智能驾驶系统的联合研发，以及供应链的协调，从而达到高效的电动汽车制造。在此基础上，通过与政府协作，建设充电网络，支持电动汽车相关政策的出台与执行，共同推动电动汽车行业的发展。

（4）个性化定制和柔性生产场景。一是定制化产品生产。为用户量身定做产品，满足用户的个性化需求。二是柔性供应链管理。根据市场需求，灵活地进行生产规划与资源分配。比如，快速消费品制造商能够根据市场需求的变化，对生产线、存货进行灵活的调节，从而避免出现产品过量或缺货的情况。三是个性化定制服务。在满足客户需求的同时为客户提供个性化的服务。通过对用户反馈信息的收集，运用大数据分析等手段，向用户提供个性化的售后服务。四是快速响应市场需求。灵活的生产路线使制造业企业能对不断变化的市场需求迅速做出反应。比如，当消费者对某种产品的要求提高时，企业能做出相应的调整，从而适应市场的需要。五是智能制造和物联网应用。产品个性化定制与灵活的生产路线是智能制造、物联网等领域的重要研究方向。基于物联网、大数据分析等技术手段，实现对制造工艺的实时监控、预测与优化，从而提升企业的生产效率与品质。

📖 案例分析

通用电气（GE）的数据驱动工厂转型。GE 将大数据和人工智能技术应用于工厂运营，实现了生产计划优化、设备故障预测和维护、供应链实时可视化等方面的改进。

一、案例背景

随着工业 4.0 的兴起，数据在制造业中的价值逐渐凸显。作为全球领先的工业巨头，通用电气积极拥抱数据驱动的转型，致力于打造更智能、更高效的工厂。下面对 GE 的数据驱动工厂转型进行分析，探讨其转型的动因、策略与实践。

2011 年，通用电气公司在美国加州的圣拉蒙建立了自己的软件中心。该行动的目的之一是建立一套行业专业级别的操作系统，为工厂和工业装置提供"微软 –Windows"或者"Google–Android"的服务。2012 年，通用电气公司提出了"工业互联网"这一概念。2013 年，一款名为"Predix"的基于云计算的软件平台诞生了。一开始，Predix 只是辅助通用航空发动机的一款软件，其主要功能之一是对发动机进行预知维修，以防止机器出现故障。之后，Predix 的应用扩大到 GE 旗下的其他工业业务。最终，通用电气出于战略需求，将 Predix 重新定位为一套面向行业的云计算操作系统。通用电气希望 Predix 在行业中抢占先机，其核心软件平台承载着通用电气产业帝国的梦想。

2014 年，GE 公司完成了对各类工业装备的管理，形成了超过 40 种不同的数据和分析方案（通用电气将其称为"Predictivity"）。2015 年，通用电气成立"GE Digital"，并宣布 Predix 正式向公众开放（包括非通用电气公司的设备）。2016 年初，Predix 平台正式投入运营，致力于为全世界工业物联网提供服务。Predix 允许行业公司根据自己的标准，研发自己的工业物联网应用程序，并将其部署到 Predix 平台上。

值得一提的是，2015 年 10 月 12 日，通用电气公司的软件部门和信息技术部门顺利合并，建立的新部门是"通用电气数字部门"（GE Digital）。通用电气第一次真正意义上明确了数字化业务的职能并视其为独立的业务运营。在杰夫·伊梅尔特的领导下，通用电气的数字化时代正式开启。杰夫·伊梅尔特认为通用电气不仅拥有智能设备、高级数据分析能力和系统解决方案，而且可把它们结合起来做工业数字化业务。此后，Predix 的核心作用即连接工业资产设备、统筹各种工业系统、承载工业互联网应用。GE 转型升级案例如图 7-5 所示。

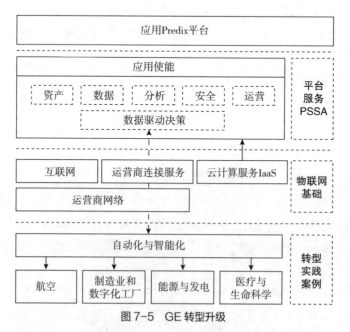

图 7-5　GE 转型升级

资料来源：根据 GE 公司官网信息整理。http://www.ge.com/about-us.

二、转型动因

第一，市场竞争加剧。2008 年全球金融危机导致 GE 金融业务出现问题，GE 失去主要的现金流。一是全球制造业竞争的加剧。随着全球竞争加剧，欧美工业竞争力纷纷下滑，如 GE、西门子的照明业务被剥离。同时，全球工业集团与财团的分立、分拆、出售成为一大趋势，GE 频繁并购整合但效果不佳。二是新兴技术企业的挑战。随着科技的快速发展，涌现出许多新兴技术企业，如人工智能、物联网等领域的创新型企业。这些企业利用先进的技术为制造业提供更高效、智能的解决方案，对传统制造业企业构成了挑战。GE 需要密切关注这些新兴技术企业的发展，并积极探索与它们的合作。三是上游原材料价格的波动。在全球经济动荡的背景下，原材料价格起伏不定，直接影响到公司生产规模。四是低碳经济的限制。在全球范围内，许多国家对制造业企业的二氧化碳排放提出了更高的要求，比如碳关税，这将影响通用电气的国际国内市场需求。五是供应链的安全性。经济环境与市场波动，部分企业破产倒闭，影响到供应链的稳定性，通用电气必须重新考虑多元化的供货策略。GE 意识到单纯依靠传统的制造优势难以保持领先地位，为了在竞争中脱颖而出，决定借助数据技术提升生产效率与灵活性。

第二，技术进步推动。外部环境快速变化，全球经济逐渐从工业向数字化转型，科技公司、互联网公司崛起。物联网、大数据、人工智能等技术的发展为制造业带来了前所未有的机遇。一是智能化生产。GE 利用先进技术对生产过程进行实时监控和优化，提高生产效率和产品质量。通过智能化决策支持系统，快速响应市场变化，满足消费者个性化需求。二是数字化供应链管理。通过数据分析，GE 可更精准地预测市场需求，优化库存管理和物流配送。这有助于降低库存成本、提高运营效率并增强市场竞争力。三是定制化产品开发。消费者需求的多样化为企业提供了定制化产品开发的机会。借助数据分析，GE 可更好地了解消费者需求，开发出更符合市场需求的产品，这有助于提高产品附加值和市场占有率。四是节能减排与可持续发展。技术进步为制造业企业提供了更高效、环保的生产方式。GE 利用先进技术降低能耗和减少排放，实现可持续发展，有助于提升企业的社会形象和品牌价值。五是全球化拓展。随着全球化进程的加速，技术进步为 GE 提供了更广阔的市场拓展机会。利用跨境电商进行数字化营销，GE 可更快速地进入国际市场，扩大市场份额。GE 敏锐地洞察到技术进步将为工厂转型提供强大支撑，进而开始布局数据驱动的工厂转型。

第三，满足客户需求。一是随着个性化消费的兴起，客户对产品定制的需求日益增强。为了更好满足客户需求，GE 需要通过数据技术实现生产过程的智能化与柔性化。个性化消费的兴起要求企业快速响应并满足客户的独特需求。过去，通过大规模生产满足大众需求是主流，而现在，越来越多的客户追求与众不同的产品。这要求 GE 在生产过程中实现高度的柔性化，快速生产不同型号、规格的产品。二是客户要求既个性化又高质量的产品。由于产品是定制的，客户对产品细节更关注。在此背景下，GE 借助数据技术对生产过程进行实时监控和优化，确保每一个环节都达到最高品质标准；加强与客户的沟通与互动，通过数据收集和分析，了解客户的真实需求和期望，并以此为依据进行产品设计和功能开发；借助数字化渠道与客户实时互动，获取第一手的反馈信息和建议。

三、转型策略

第一，构建数据平台。GE 在工厂内部构建了完善的数据平台，整合了各个环节的数据，为后续的数据分析与应用打下了基础。推出工业互联网平台——Predix，将其打造成工业互联网的操作系统标准，成为通用电气工业互联网生态系统的重要载体。它降低了企业应用工业互联网的门槛，允许企业安装各种不同的工业软件，将各种工业装备、设备，甚至生产企业连接到互联网并接入云端，提供资产性能管理（APM）和运营优化服务。为了进一步推广 APM 方案，GE 还发布了 Predix 应用工厂（App Factory），用于快速开发建模、实现和部署工业互联网应用。正是因为平台的开放性，加快了工业设备的互联网接入进程，推动了 Predix 生态系统的完善，从而为通用电气带来了更多的产品订单和服务需求业务。

第二，数据分析与应用。通过专业的数据分析工具，GE 对工厂运行过程中产生的海量数据进行深入挖掘，提取有价值的信息，为决策提供支持。同时，GE 利用数据技术优化生产流程，提高产品质量与生产效率。GE 利用其在航空、医疗等领域的高端机床及装备制造优势，提出了工业互联网的发展策略，并将其生成的海量数据通过网络连接，将物理资源优势转变为数据资源优势。GE 在硅谷设立了自己的软件及分析中心，并持续购买与合并其他软件公司的技术，从而大幅提升了资料分析与处理的能力。GE 通过将上述数据与信息处理技术转移到工业互联网产品中，根据用户的需求与行为，进行资源的最优配置与运行优化，进而达到了降低成本、提升生产效率的目的。GE 除生产引擎外，也为世界各地的航空公司和航空货运企业提供服务，包括飞机性能监测、故障预测等。2016 年 GE 获得了价值 1600 亿美元的服务合约，其中应用工业互联网技术生产的产品可使公司的销售收入提高 3%~5%，软件可使销售收入提高 15%。GE 在高端制造领域建立了一种全新的业务模式，即向软件和服务化转型。

第三，人才培养与引进。为了更好地推进数据驱动的工厂转型，GE 注重培养与引进具备数据分析能力的专业人才，为转型提供人才保障。首先，GE 自创立伊始，查尔斯·科芬即提出"学徒制度"，以满足电力生产企业对工程技术人才的需要。其次，GE 主张从高等院校中选拔非技术性专业的毕业生，并将其安排到企业进行管理培训，以培养其理财与管理能力。再次，GE 制定了一系列引进、留住和激励科学家的政策。其中包括优厚的薪酬待遇、充足的研究开发时间，研究仪器，以及对科研人员在学术上的发展给予扶持等。比如，在实验室建立之初，为了招揽科学家威利斯·惠特尼，公司不但给了他与全职教授一样的薪水，还让他继续留在学校办公，每周只花两天在实验室做研究。公司为其提供了雄厚的研究经费、精良的科研设备、宽松的研究环境，并配备了一批高素质的技术人员。最后，公司大力扶持内部人才。鼓励员工积极参与各类学术组织的活动，并将其在标准化方面的研究成果公布，与外界的研究机构保持密切联系。同时将公司作为国家科技系统的一分子，让其研究人员承担起国家的科技发展责任。惠特尼与朗缪尔都是美国化学学会的会长，朗缪尔利用公司的实验室作为自己的开发平台，获得诺贝尔化学奖。

四、实践案例

航空方面，GE 航空 LEAP 发动机的 3D 打印燃油喷嘴尖端将 20 个不同的零件及对其的加工组装环节整合到一个结构中。该公司的涡轮螺旋桨发动机将 855 个零件转换成 12 个 3D 打印组件。在这两种情况下（及其他情况下），GE Aviation 都利用零件整合节省了大量成本。随着对精密制造需求的不断增长，设备制造商致力于提升金属激光打印机的工作效率。这些先进的打印机采用金属粉末逐层制造零件，实现了前所未有的制造精度和效率。如 GE Additive 的 Concept Laser M2 Series5 机器，其双激光器熔化金属层的速度比单激光器快，并为复杂的构建产生一致的结果。M2 配备的激光器也很强大，无论是 400 瓦还是 1 千瓦功率的激光器，都可以产生 50 微米厚的层。它还配备一个 21000 立方厘米的大型构建室，用于制造零件。同时通过提高生产率和缩短开发时间降低成本。另外，通过对发动机生产过程中产生的数据进行实时监控与挖掘，GE 成功地预测了发动机叶片的寿命，为客户提供了更精准的维护方案。这不仅提高了客户满意度，还为 GE 带来了可观的经济效益。

制造和数字化工厂方面，通过现代化的数字化工厂 GE 实现了运营的敏捷性。通过协调资源、能源和效率管理，GE 减少了库存和能源浪费，并深入了解关键流程。通过捕获可靠的质量数据和相关的可追溯性信息，同时对面向过程的数据和面向产品的数据进行分析，企业可以将材料分类为合格、不合格或应召回的材料。

为提升生产效率和准时交付能力，企业通过优化生产流程加快生产速度，保持对市场变化的灵活响应能力，并通过增强在制品订单的实时可见性来提高新产品推出（NPI）的成功率。此外，企业缩短从设计到交付的周期，以加速产品上市进程。通过采用易于安装和操作的 Web 客户端，以及支持快速升级的系统，迅速实现价值。同时，利用基于 ISA 和 GE 研究的设计理念，可显著提升操作员的问题检测和响应速度，确保操作员迅速明了地采取正确的行动，从而整体提高企业的运营效率和市场竞争力。

能源与发电方面，GE 的 APM 软件可从任何地方（远程或现场）获得关键资产运行状况的统一视图。Round pro 提供路由创建、分配和测量，可以采集图像、温度、震动等设备关键数据，集成到 APM 系统中，有助于创建指标，对工作进行优先排序。利用 Smart Signal 预测分析、根本原因分析、生产损失分析和其他关键可靠性工具，预测和预防设备故障，消除意外停机隐患。通过采用先进的基于物理的数字孪生模型，并结合实用的操作建议，优化热能利用率从而减少燃料的使用。燃料的使用减少，排放量自然会下降，有助于实现节能减排目标。

在医疗与生命科学方面，GE HealthCare 是精准护理领域的领导者，将创新与以患者为中心的技术相结合，以实现更好的护理。GE 致力于提供综合解决方案，使医院更高效、临床医生更有效、治疗更精确、患者更健康。其目标是创造一个医疗保健没有限制的世界。其产品按类别主要应用于：成像、超声波、医疗保健 IT、造影剂、分子显像剂、麻醉输送系统、诊断性心电图、母婴护理产品和资源、患者监护解决方案、通风机。[①]

① 资料来源：https://www.gehealthcare.com/?_gl=1*wes8tp*_ga*MTA1OTkxMjU3MS4xNzEzODUzNjY3*_ga_M2Q4NS0CLZ*MTcxMzg1MzY2Ni4xLjE uMTcxMzg1MzY5OS4yNy4wLjA.&_ga=2.200 959214.1349281311.1713853667 -1059912571.1713853667。

五、总结与展望

通过数据驱动的工厂转型,GE 成功提升了生产效率与市场竞争力。未来,随着数据技术的不断发展,GE 将继续深化数据在工厂中的应用,推动工业生产的数字化、智能化进程。同时,GE 的做法为其他制造业企业提供了宝贵的经验,将有力地推动全球制造业的数字化、智能化转型升级。

该案例为其他制造业企业提供了可借鉴的宝贵经验,具体包括以下几点。一是数字化转型的关键是技术与业务的融合。数字化转型不是简单地引入数字化技术,而是实现技术与业务的融合,将数字化技术应用于实际的生产制造场景中,从而提升生产运营效率。因此,企业进行数字化转型,一定要聚焦业务,注重业务和技术的融合,以业务为主,根据业务需要开发相应技术,而不能舍本逐末,一味追求技术突破,陷入"技术陷阱"。二是人才是数字化转型战略的实践者。企业要关注人才的发展,通过激励机制激发人才的工作热情,并通过培训体系帮助人才实现持续的成长。三是数字化转型具有投入大、见效慢的特征,需要长期投入大量资金进行数字化基础设施建设和业务流程的重塑,其转型成果需要较长时间才能显现。

7.2.3　人工智能与制造业协同演化的趋势

人工智能和制造业的协同演化是当前经济发展的重要趋势,主要表现在以下几个方面。

7.2.3.1　推动制造业的数字化转型和智能化升级

利用机器学习、深度学习、自然语言处理等人工智能方法,对大规模数据进行处理与分析,为制造过程的优化与智能管理提供科学依据。比如,利用人工智能技术,企业可实现生产计划最优、质量控制自动化,以及供应链管理智能化。

7.2.3.2　促进生产模式转变

传统制造业主要采用大规模、批量化、标准化的生产模式,而随着人工智能技术的应用,制造业逐渐向个性化定制和灵活生产模式转变。通过人工智能技术的支持,制造业可根据客户需求,跨越空间和时间进行个性化定制,并实现灵活的生产调度和资源配置。例如,某服装智能制造业企业利用人工智能技术实现了按需生产和供应链灵活管理，满足了消费者个性化需求，提高了市场竞争力。

✎ 7.2.3.3 人工智能技术催生制造业与其他领域的融合创新

随着制造业与互联网、大数据、物联网等行业的深度融合，人工智能成为制造业发展的重要驱动力。随着人工智能技术的发展，制造业可实现与其他产业的深度融合，实现产品与服务的不断创新与升级。

✎ 7.2.3.4 人工智能的快速发展，对人才需求、数据安全、隐私保护等提出了更高的要求

制造行业急需培养满足行业发展需求的高素质人才，既了解人工智能技术，又具备制造方面的专业知识。另外，制造业企业需进一步强化数据安全与隐私保护，以保障其可持续发展。

综上所述，人工智能和制造业有相互促进和相互依赖的特点。随着人工智能的迅猛发展，制造业在实现数字化转型、生产模式转型、融合创新等领域迎来了新的契机，但也面临着人才、安全等问题。制造业企业要主动迎接这一挑战，并进一步深化对人工智能技术的应用。

7.3 人工智能赋能制造业转型升级的路径创新选择

📖 7.3.1 技术创新方向：战略选择与技术路线规划

人工智能赋能制造业转型升级战略的指导思想，是以人工智能技术与中国制造业的深度融合推动制造业转型升级，从而实现制造业的智能化、高效率和可持续发展。战略规划强调制定明确的发展目标、时间路线、技术路线，为人工智能在制造业中的应用提供指导和支持，在制造业转型升级中发挥引领作用。

✎ 7.3.1.1 明确企业发展目标

目标的制定应建立在对产业发展的深刻认识和明确人工智能技术潜能的基础上。具体目标包括：①提高制造业的智能化程度，促进其向数字化、网络化、智能化发展。②增强企业的核心竞争能力，培养企业的自主创新

能力，在核心技术和重点领域形成一批具有领导地位的企业。③优化产业结构。引导传统制造业向高端制造业和服务业升级，推动产业结构的优化和升级。④加强人才培养。建立高层次的人才培训体系，为拥有人工智能、制造等多方面知识的复合型人才提供服务。

目标应涉及生产效率的提高、成本的降低、产品质量的增强、产品上市时间的缩短等关键方面。同时，目标应具有可度量性，以便对制造领域内人工智能技术的影响进行评价。

📝 7.3.1.2　规划发展阶段

企业制定明确的时间表是实现人工智能驱动制造业转型升级的关键。时间表应详细列出应用人工智能技术的每一步行动计划，包括技术研发、项目试点、全面推广等阶段。通过设定时间表，确保所有相关部门清楚自身的责任，有助于企业把控转型的总体进度。具体进度如下：

阶段一（2024~2025 年）：一是选择传统制造业中的重点领域，开展人工智能技术应用示范，推动智能制造、智能供应链等领域的发展。二是培养专业人才。加强人工智能相关专业人才的培养，提高高校人工智能课程的质量。同时，推动企业开展技能培训，提高现有从业人员的人工智能技术水平。三是加强基础研究和创新能力。增加对人工智能基础研究的投入，培育核心技术和创新能力。建立与国际先进水平接轨的研发平台，吸引优秀的科研人才和团队。

阶段二（2026~2030 年）：一是推动人工智能与传统制造业深度融合。在示范项目的基础上，推广人工智能技术在传统制造业中的应用，提升行业整体智能化水平。二是促进工业互联网、智能物流等领域的发展，优化产业结构。三是强化数据资源整合和共享。建立完善的数据治理和隐私保护机制，加大数据资源整合和共享的力度。鼓励企业和机构主动参与数据共享，推动跨行业、跨领域的数据融合和利用。

阶段三（2031~2035 年）：一是深化人工智能技术的应用。实现智能工厂、智能供应链、智能产品等全面升级，推动智能制造向智能服务转变，提升产品和服务的智能化水平。二是建设人工智能创新生态系统。建立开放的研发平台和创新生态系统，促进学术界、产业界和政府部门的合作。激发创新活力，推动人工智能技术的快速发展和产业化。推动制造业全面智能化转型，实现智能制造的全覆盖，包括智能工厂、智能供应链、智能产品和智能服务等方面。加强国际合作与交流，吸引国际先进技术和经验，使中国制造业在全球智能制造领域占据领先地位。

📎 7.3.1.3　制定技术路线

在制定技术路线时，需要深入研究相关技术领域的发展趋势，评估其可行性和商业化前景。对于制造业领域来说，需要考虑行业现有技术水平、研发投入、市场需求和竞争对手情况等影响因素。人工智能推进制造业转型升级的技术路线如图 7-6 所示。具体路径如下：

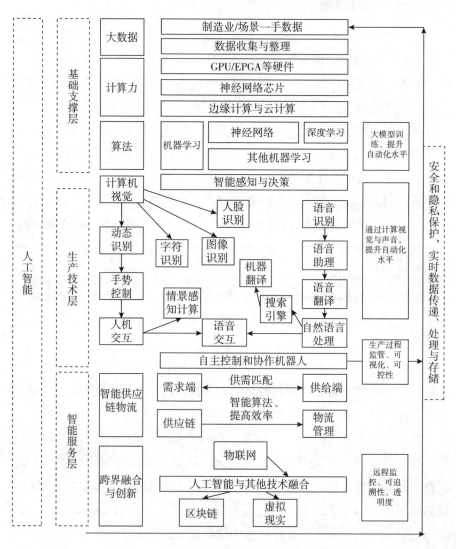

图 7-6　人工智能推进制造业转型升级的技术路线

（1）进行数据收集和处理。建立数据采集系统，包括传感器、物联网设备等，实时收集生产过程中的数据。利用大数据技术进行数据清洗、整合和存储，为后续分析打下基础。

（2）强化机器学习和深度学习。对大量数据进行分析和模型训练，通过学习和优化，提高生产线的自动化水平、产品质量。

（3）加强智能感知和决策。利用计算机视觉、声音识别等技术，实现对生产环境的感知和理解，提高生产过程的智能化水平。

（4）研发自主控制和协作机器人系统，实现与人类工作者的协同作业，提升生产过程的自动化水平和灵活性。

（5）推进边缘计算和云计算。边缘计算可提供低延迟的实时响应，云计算则提供强大的计算和存储能力。

（6）加强数据安全和隐私保护。采用安全加密、访问控制等保护措施，确保数据的机密性和完整性。

（7）强化供应链和物流的智能管理。利用智能算法，优化供应链和物流管理，实现供需匹配的精准预测和实时调控。

（8）推进跨界融合与创新。鼓励人工智能与其他技术的融合与创新，如物联网、区块链、虚拟现实等技术，推动制造业的全面转型和升级。

🖊 7.3.1.4　持续优化和调整

人工智能技术日新月异，市场也在快速发生变化。在实施战略规划的过程中，一定要注意技术的发展与市场的变化，及时做出反应，适时调整战略的方向与执行细节。此外，通过对实际应用案例的收集和分析，加深对人工智能在制造业中应用的实际效果的了解，进一步优化战略规划和技术路线。

📖 7.3.2　数据驱动力量：数据共享、开放和隐私保护

人工智能在推动制造业转型升级方面有巨大潜力，其中数据共享、开放及隐私保护是关键问题。由数据驱动的时代，数据资源已成为企业创新和竞争的重要基础，企业应强调数据共享和开放，建立数据共享平台和标准，促进数据的流动和应用。通过数据共享与开放，企业可获取更全面的市场信息、客户需求和行业趋势，从而更好地优化生产流程、提高产品质

量和降低成本。

7.3.2.1 数据共享和开放

在信息化进程不断加快的背景下，制造业企业生产、销售、运营等方面将产生海量的数据。通过数据的共享与开放，打破"信息孤岛"，对内部、外部的数据资源进行有效的集成，从而形成完备的、高质量的数据集合。通过这种方法，企业能对市场趋势进行精确的分析，对顾客需求进行预测，更好地制定战略决策。

7.3.2.2 建立统一的数据共享平台和标准

该平台需要较强的数据处理与分析功能，支持各种不同类型的数据访问与应用。利用这个平台，企业可便捷地分享、获得相关的数据，并对其进行深度的分析与处理。为了保证数据的准确、可靠，必须建立统一的标准，这要求政府、行业组织、标准化组织等方面协作制定相应的标准。

7.3.2.3 加强隐私保护

在公开数据的同时，存在着个人隐私、企业商业机密泄露等风险。因此，制造业企业必须强化对用户的隐私保护。为保证数据的机密性和完整性，应对数据进行加密、匿名处理。此外，需要建立健全个人信息保护制度与监督机制，以规范对个人信息的利用与扩散。

7.3.2.4 平衡数据共享和隐私保护的关系

这需要各方协作，形成共识和合力，通过沟通、合作，推动制造业的数字化转型和升级。一是国家应制定相应的法律、法规，对信息共享的范围、方式进行规定，并在此基础上强化对个人的隐私保护的监督。二是行业组织通过制订行业标准、规范等方式，为企业间的交流与合作提供便利。同时通过加强与国外企业的交流与合作，引入先进的信息安全技术，提升产业整体竞争能力。三是制造业企业本身应在数据分享和隐私保护间寻求平衡。在数据采集、存储、加工、使用过程中，要保证数据的安全性和可控性。此外，需要对员工进行数据安全知识的培训与教育，以保证企业内的数据安全与隐私保护。

📖 7.3.3　从自动化到智能化演进：自主控制与人机协作

利用机器学习、大数据分析、自动控制等人工智能技术改进产品设计和制造工艺，以改善产品的功能、品质。

✏ 7.3.3.1　机器学习在制造业中的应用

机器学习是一门新兴且重要的人工智能学科，其主要功能是通过分析已有数据，解决复杂问题。在制造领域，机器学习技术可用于制造工艺的优化与控制。利用机器学习技术，可对产品的性能、品质进行深入的研究；利用机器学习模型可分析设备运行状况，预测设备的使用寿命和维护周期，以便及时维修，避免生产线停产。

✏ 7.3.3.2　大数据在制造业中的应用

大数据分析是对海量数据进行深入挖掘和分析，充分发挥数据的功能和价值，提升制造业转型升级水平。例如在新能源汽车制造数据应用，主要体现在以下五个方面。

（1）建立高效的数据收集和管理系统，能够收集、存储和处理与汽车制造相关的数据，以实时获取车辆、设备和生产过程中的数据。

（2）通过数据分析和挖掘，获取有关生产效率、质量控制和供应链优化方面的信息。

（3）预测和预防性维护将减少故障发生次数和停机时间，优化供应链运作和生产流程。

（4）智能制造和自动化技术的应用，结合大数据分析，提高生产效率和产品质量。

（5）保护数据安全和隐私，培养数据人才，确保大数据应用的成功。

这些举措将促进企业创新、提升竞争力，并提供卓越产品，进而提升客户满意度。企业应与其他厂商和行业组织合作，共同推动大数据在汽车制造业中的应用和发展。

✏ 7.3.3.3　自动化控制技术在制造业中的应用

（1）机器人生产线可执行重复、冗余、危险的工作，如焊接、组装、包装、搬运等劳动。

（2）自动堆垛和搬运等自动仓库系统可自动保管和检索商品，通过执行分类任务，提高物流效率和准确性。

（3）数控机床，通过预先编写程序自动完成复杂的加工任务，从而提高加工精度和生产效率。

（4）过程控制系统。在化学、能源、制药等工业领域，采用自动化控制技术对生产过程进行控制。例如，在化工高分子生产中，中石化利用自动化控制系统对反应温度、压力、供料等参数进行监测和控制，保证了高分子质量和性能的稳定性。

7.3.3.4　智能设计在制造业中的应用

人工智能设计技术与工具主要包括计算机辅助设计、数字双晶技术、智能仿真、智能选料、电子设计自动化（EDA）及定向制造工具等。应用这些技术和工具，可提高制造业的产品设计效率、质量，降低产品开发时间和成本，推动制造业的智能和可持续发展。例如，华为使用 CAD 软件制作手机外观和内部结构，通过虚拟仿真分析评估手机散热性能、电池续航时间等性能。

7.3.3.5　智能制造系统在制造业中的集成应用

通过集成自动化设备、传感器和执行器实现智能制造系统的集成。采用智能设计技术制作产品模型，可实现高效加工制造，从设计到制造无缝衔接，提高生产效率和产品质量。例如，华为建立了利用自动化设备和机器人制造并组装产品的智能工厂。智能制造系统的集成需要物联网、大数据、云计算等技术的支持，实现各连接环节间的高效协作和数据处理。

7.3.4　智能物流价值跃升：供应链物流管理与供需匹配

在人工智能技术的推动下，供应链物流智能管理已成为制造业转型升级的关键环节，涉及供需匹配、智能算法应用和价值提升等方面。

7.3.4.1　提高供需匹配度

从需求端出发，通过大数据分析和机器学习技术，实现对未来市场需求的精准预测。这为企业制定生产和库存管理策略提供了有力依据，能有效平衡供需关系。同时，智能系统能深入挖掘顾客的个性化需求，助力企业实现定制化生产并准时交货，进一步满足市场的多元化需求。从供应端出发，智能供应链的优势主要体现在供应链可视化、智能需求预测管理、供应商合作、物流优化。例如，阿里巴巴利用大数据和物联网技术实现了供应链可视化管理、智能配送路径选择。在节约物流时间和成本，提高产品流通效率的同时，与供应商、物流服务商等建立紧密合作关系，实现信息共享和资源合理配置，共同找出供应链中存在的问题，从而提高供需的匹配度。

7.3.4.2　强化智能算法的应用

物流中的智能算法应用主要体现在路径优化、货物流通、库存管理、货物跟踪和可视化、风险管理等方面。利用智能算法分析和选择合适的路线，节省运输时间和成本，同时结合历史数据和实时数据发现潜在的风险。

7.3.4.3　实现价值提升

供应链物流智能管理为企业创造了巨大的价值提升空间。企业通过降低运营成本、提高物流效率并增强可持续发展的能力，获得了显著的经济效益。供应链物流智能不仅提升了企业的市场竞争力，还为实现整个供应链的可持续发展奠定了坚实基础。

7.3.5　人力资本重构：人工智能与人力资源管理的融合

人工智能的发展，不仅可促进生产过程的优化和产品的开发，还可促进人才的管理。

7.3.5.1　人力资源的智能化配置和管理

通过数据分析和人工智能技术的运用，可实现简历自动审核，分析员工知识背景、个人偏好、工作能力及岗位匹配度，推进工作安排的自动化，有效提高工作效率。同时，利用智能算法分析员工的职场行为、同事关系、情感变化等，可预测其是否有辞职倾向等，提早采取介入方案。

7.3.5.2　员工的培训和发展

人工智能在员工培训和发展中的应用主要表现为：以"一对一"的方

式提供个性化的学习路径；构建智能化的知识管理系统，推进知识共享；模拟不同场景，对员工进行虚拟场景培训；对于学习效果进行"一键式"智能化的评估和反馈。通过分析员工的学习兴趣、岗位要求，智能推荐相关的学习资源和培训活动，激发员工学习的主动性，将集中培训与灵活培训相结合，促进员工主动学习和知识更新。

7.3.5.3 绩效评估和员工服务

企业利用人工智能技术对员工的业绩数据及行为规律进行分析可获得更客观、公平的业绩评价依据，从而制定更合理的薪酬制度。同时，企业利用人工智能技术能为员工提供个性化的服务，从而提升员工的满意度与忠诚度。

7.3.6 融合与创新协同：跨界合作与创新生态系统的建立

为促进制造领域人工智能技术的应用与创新，必须构建跨领域协作与创新的生态系统。科研机构、高等院校、制造企业应联合开发新技术，同时政府应为制造业的智能化发展提供扶持政策，搭建创新平台，培育和拓展创新生态系统。促进创新和技术转化。

7.3.6.1 加强产学研合作

制造企业应与研究机构、大学及技术企业建立紧密的合作关系。通过联合研究与应用人工智能技术，双方可充分利用制造业的实践经验，同时借助科研机构的先进技术，实现资源共享和优势互补。这有助于减少研发成本，降低风险，提高研究效率和成功率，为人工智能技术在制造流程中的应用提供技术支撑和解决方案。

7.3.6.2 提供政策扶持与创新交流平台

政府应通过制定产业发展政策、提供财政补贴、税收减免和实施奖励计划等方式，支持人工智能领域的跨国合作。同时，加强专利和知识产权保护，设立专项资金支持跨境合作项目。政府还应搭建创新平台，如人工智能创新中心或实验室，促进不同产业、企业、领域间的沟通与合作，以促进产业联盟和合作机制的形成。

🖊 7.3.6.3　培育和拓展创新生态系统

创新生态系统应加强产学研合作，促进企业、研究机构和高等教育机构间的深度合作，共同推动制造业的创新发展。鼓励企业增加研发投入，提高自主创新能力，推出具有竞争力的产品和服务。同时，建立良好的创新环境，包括政策、市场和文化环境，吸引更多创新人才和资源。

🖊 7.3.6.4　建立跨部门跨领域合作机制

明确合作目的与任务，制定具体的工作方案和时限，确保研究与推广工作的顺利进行。在此基础上，进一步完善知识产权保护制度，保护相关各方的合法权益。构建高效协作机制，促进各主体间的协作，通过搭建跨部门跨领域的合作平台，促进信息共享、技术交流和资源整合，加速人工智能技术在制造业中的推广和应用。

Chapter

第 8 章
研究结论与政策建议

8.1 主要的研究发现

📖 8.1.1 研究结论

　　自 18 世纪 60 年代第一次工业革命开始，人类社会经历了蒸汽时代、电气时代、信息化时代，现在已进入智能化时代，人工智能被认为是工业革命 4.0 的重要标志。随着全球经济的快速发展和竞争的加剧，人工智能被广泛认为是推动制造业转型升级的重要力量。人工智能技术应用在制造业中有巨大潜力，可提升生产效率、优化供应链管理、推动产品创新和提高行业竞争力。同时，中国正经历从制造大国向制造强国转变，传统制造业与现代新兴制造业发展是否能与世界同步，甚至赶超或引领，不仅关系到中国制造业的世界市场竞争地位，也关系到中国主导产业与战略性新兴产业的成败，还关系到中国能否突破人口老龄化带来的劳动力约束、创造新兴就业机会、将数字要素变成大数据资产从而改变生产函数内涵与外延等重大问题。

　　基于此种认识，本书对国内外相关文献进行综述；阐述人工智能对制造业转型升级的理论基础，并对两者的发展水平进行测度；运用上市公司数据进行实证检验、重点行业分析，提出路径创新选择，具体结果得到了如下结论。

8.1.1.1 人工智能是推动制造业转型升级的重要力量

　　第一，人工智能技术作为一种技术创新方向和技术力量，在制造业中有巨大潜力，可提升生产效率、优化供应链管理、推动产品创新和提高行业竞争力。第二，人工智能技术改变传统资本与劳动禀赋结构，生产要素禀赋发生重大改变。第三，数据要素变成数据资产，数据驱动制造，其作为生产要素的价值更凸显。第四，人工智能正在重塑从研究、制造到市场营销的全产业链。第五，人工智能正在改变制造业上中下游主体的内外部组织关系和生产环境。

8.1.1.2 人工智能渗透率呈现总体上升趋势，但各行业的演进存在较大差异

从总体上看，2007~2022 年制造业人工智能应用水平变化较大，相比2007 年，2022 年人工智能渗透率增加了 3.4249，表明中国人工智能发展水平逐渐提升。对于劳动与资本密集型行业，人工智能应用水平的少量提升将会带来生产率的大幅提升；部分行业由于初始人工智能技术应用程度较低，人工智能渗透率较低，相较于技术密集型行业变化幅度更大；制造业对"劳动力替代效应"的偏爱，将会逐步过渡到对"脑力劳动替代效应"的偏好。

8.1.1.3 中国制造业转型升级水平呈现阶梯形上升态势，制造业子行业之间全要素生产率水平差异较小

从时间上看，2022 年较 2007 年增长了 0.9705，提高了 12.14%；从行业上看，黑色金属冶炼和压延加工业，有色金属冶炼和压延加工业，石油、煤炭及其他燃料加工业转型升级水平增长幅度位居前三。从制造业转型升级的动力特征上看，2007~2010 年国际市场是主要驱动力；2011~2015 年从某种角度上看政府是推进力量；2016~2022 年信息化引领工业化是制造业转型升级的推动力，即新一代信息技术作为重要力量，为下一步的人工智能革命奠定基础。

8.1.1.4 人工智能对制造业转型升级的影响和中介效应

利用上市公司数据分析人工智能对制造业转型升级的总体影响和中介效应，对提出的研究假说进行实证检验，得到如下结论。

（1）人工智能通过提升制造业全要素生产率促进制造业转型升级。人工智能通过自动化与机器人技术、数据分析和预测模型的应用以及智能化服务和维护等路径提升制造业的全要素生产率。这种提升对制造业的生产效率、产品质量和竞争力产生了积极的影响，改变传统制造业的生产方式

和组织结构，降低成本，加快创新速度，进而推动了制造业的转型升级。实证结果支撑以上观点，人工智能水平的提升与制造业转型升级水平的提升正相关，人工智能水平每提高 1%，样本期间制造业全要素生产率的均值提升 0.3%。这与相关文献（郑琼洁、王高凤，2021）研究的结论一致。

（2）人工智能通过提高劳动生产率促进制造业转型升级。人工智能通过技术改进路径、知识和技能升级路径及资源优化路径，提高制造业的劳动生产率，进而促进了制造业的转型升级。劳动生产率在这一过程中充当中介变量，对推动制造业的转型升级有重要作用。实证研究结果显示，在加入劳动生产率作为中介变量的回归模型中，人工智能对制造业转型升级仍呈显著正向影响。其中，中介效应占总效应的 66.7%，说明人工智能对劳动生产率有重要的影响，这为制造业转型升级的路径选择提供了参考。

（3）人工智能与制造业转型升级存在异质性机制。其中，行业特征、企业规模、市场竞争与区域位置是影响异质性效应的重要因素。不同规模和资源水平的制造业企业，以及不同的制造业子行业对人工智能技术的应用存在异质性。大型企业倾向于更广泛、深入地应用人工智能技术，从而推动制造业的转型升级。相对稳定的制度环境、清晰的扶持政策，更有利于企业应用人工智能技术，促进制造业的转型升级。

8.1.1.5 人工智能对制造业重点行业转型升级均有积极影响

通过实证分析发现，人工智能对八大重点制造业都有显著的积极影响，其中表现最突出的是计算机、通信和其他电子设备制造业，直接效应为 0.002 个单位，中介效应为 0.004 个单位，两者之和即为总效应 0.006，其中介效应与制造业总体的 66.7% 一致，间接效应大于直接效应。人工智能对其他制造业和劳动生产率产生积极影响，但不存在中介效应或中介效应较弱，说明行业间存在着结构化的差异影响。

8.1.1.6 路径创新是制造业转型升级的关键

行业、技术等级、要素禀赋、企业规模、产权、地区等因素会对制造业转型升级的路径选择和效果产生影响。因此，需要针对不同情况制定相应的政策和策略，促进人工智能与制造业协同演化，从宏观国家、中观产业和微观企业方面进行路径创新定位。路径创新选择有创新性、多元化、主动性和可持续性特征，其内容丰富，包括人工智能技术创新、数据驱动、人力资本重构、融合与创新等领域。

8.1.1.7　规划制定人工智能在制造业转型升级中应用的发展阶段和技术路线

一是发展阶段，阶段一（2024~2025 年）选择传统制造业中的重点领域；阶段二（2026~2030 年）推动人工智能与传统制造业深度融合；阶段三（2031~2035 年）深化人工智能技术的应用。

二是技术路线，包括从大数据、计算力、算法的基础支撑层，到计算机视觉、智能感知与决策、语音识别、自然语言处理、自主控制和协作机器人的生产技术层，再到智能供应链物流、跨界融合与创新的智能服务层。

8.1.2　政策建议

基于以上主要研究结论，本书提出以下十大政策建议。

其一，强化人工智能技术的研究开发与应用推广：考虑到人工智能在制造业转型升级中的重要作用，鼓励科研机构、高校和企业合作，形成产学研一体化的发展模式，培育高质量的人工智能人才。同时，通过设立专项基金、提供税收优惠等方式，吸引更多的优秀人才和团队投身于人工智能技术的研究，促进制造业的智能化转型升级。

其二，推进数据共享与开放协作：人工智能技术的发展依赖于海量优质的数据支撑，政府应推进制造业数据共享平台的建设，引导企业积极开展数据资源的共享。在此基础上，加强与企业、科研院所的合作，联合设立实验室、研究所，协同推进人工智能的研发与应用，促进中国制造业的转型升级。

其三，促进人工智能人才的培养与引入：人工智能技术的普及与应用，要求更多的高质量人才加入，国家各级政府应增加对人工智能人才培养的投资。同时，政府应出台相关的政策，吸引更多的海外优秀人才到中国进行人工智能技术的研发与应用。

其四，制定与执行推进制造业转型升级的政策：政府要建立健全制造业转型升级的政策，激励企业开展技术创新与管理创新，促进传统制造向智慧制造转变。各级政府可给予一定的资金扶持，并设立专项经费，对企业的设备进行升级改造，实现智能化。政策制定者需要深入了解当前中小制造业企业的发展状况，把握行业趋势，制定出符合国情、具有前瞻性的政策，引导制造业向高端化、智能化、绿色化发展。

其五，强化管理与规制：推进人工智能技术在制造领域的应用时，政府要强化对数据安全和隐私的保护，完善相应的法律、法规和标准，保证人工智能技术应用的合法性、公平性。同时，各级政府应加大对人工智能算法的研究与监管力度，预防算法的不公平，推动人工智能产业的良性持久发展。

其六，建立创新生态系统：国家各级政府应积极加强企业、科研院所、孵化器等机构的协作与沟通，构建创新生态圈。通过对企业创新团队的支持，为企业提供资金、技术转移、营销等方面的支持，推动人工智能技术在制造领域的创新应用。

其七，促进跨界融合发展：要实现人工智能和制造业的全面融合，需要实现产业跨界融合，促进产业间的交流与合作。比如，推动制造业与互联网、物联网、大数据等领域的企业开展联合研究，推进人工智能在制造业的应用。

其八，加强国际合作和交流：人工智能是全球性的议题，各国政府应积极推动国际合作和交流，分享先进经验。加强国际的合作，有利于加强制造业的技术交流，进一步提高中国制造业在国际中的竞争能力。

其九，关注社会效应：随着人工智能技术的普及，对制造业就业与择业的影响越来越大，政府应重视制造业就业人员面临的职业境况，建立相应的政策，通过对员工进行职业再培训，使其更好地应对人工智能带来的挑战。

其十，强化监督评价：政府要设立监督评价机制，及时掌握制造业人工智能技术的应用现状及产生的效果。通过对相关数据、案例的搜集与分析，明确其中存在的问题，修正相关政策，以促进制造业的可持续发展。

综上所述，人工智能对于制造业的转型升级有十分重要的作用。要使其更好地服务于制造行业，政府需要进一步扶持人工智能技术的研究与创新，提高制造业的人工智能技术应用水平，强化数据的安全与隐私保护，促进行业的一体化发展。以上政策建议的实施将对提升中国制造业企业生产效率、优化供应链管理、促进产品创新、提升企业竞争力有重要的现实意义。

8.2 结果解释和对研究问题的回答

8.2.1 结果解释

对人工智能与制造业转型升级研究结果的经济解释如下。

首先，人工智能代表科技创新的发展趋势，它可通过提高生产效率和劳动生产率帮助制造业降低成本，提升产品的质量。高效、高质是制造业企业在市场中的核心竞争力，是推动制造业转型升级的关键。

其次，人工智能技术的出现，使传统的资金和劳动力在生产中的分配模式发生了巨大的变化。传统制造业对劳动力的依赖性较强，而人工智能为制造业带来了更多的机遇，使其更多地倾向于智力活动和智能技术，从而对生产要素进行最优分配。这是中国制造业转型升级的一个重要途径。

再次，数据要素在人工智能时代变成了重要的资产，数据驱动制造业升级成为可能。制造业可通过分析数据来优化生产过程、提高产品质量和满足个性化需求，从而提高竞争力。这也说明了人工智能对制造业转型升级的积极影响。

最后，人工智能技术的应用不仅改变了制造业内部的生产方式和组织结构，还对制造业上下游主体间的关系及整个产业链产生了重大影响。从研发、制造到市场营销，人工智能正在重塑制造业的全产业链，推动整个产业向智能化发展。

8.2.2　对研究问题的回答

对研究问题的进一步回答如下。

问题一：为什么人工智能对制造业转型升级有重要影响？

人工智能技术在提高企业生产效率、供应链管理水平、产品创新能力方面有极大的潜力。它以自动化、数据分析、智能服务为手段，实现了对制造业企业全要素生产率的提高，使其生产模式与组织模式发生了变化。

问题二：人工智能如何助力制造业的转型升级？

人工智能借助自动化和机器人技术，将制造过程提升至智能化和自动化的新高度，显著减少了制造业的人工参与，从而大幅提升了生产效率与产品质量。企业通过运用数据分析和预测模型，能更精准地管理供应链，优化生产规划和库存管理，进而实现效率的提升与成本的降低。同时，制造业企业借助智能维修技术，显著提高了设备的可靠性与维护效率，有力地增强了企业的市场竞争力。此外，人工智能推动了产品创新、营销创新，对整个产业链进行了深刻的重塑。

问题三：人工智能对制造业的转型升级水平有何影响？

人工智能渗透率在不同行业间存在差异，但总体呈现上升趋势。在劳动与资本密集型的行业中，即人工智能应用程度较低的行业，人工智能技术的应用可带来生产率的大幅提升。相较于一些技术密集型的行业，其人工智能渗透率越低，转型升级的幅度越大。制造业的偏好正在逐步转向脑力劳动替代效应，这意味着人工智能将更广泛地应用于制造业，进一步推动其转型升级。

问题四：中国制造业的转型升级水平如何？

中国制造业的转型升级呈现渐进的"台阶式"发展态势。2007年至2022年，中国制造业的转型升级水平提高了12.14%，显示出制造业正在朝新的方向稳步迈进，并取得了显著的进展。值得注意的是，中国不同制造行业间的全要素生产率水平相差不大，这进一步证明了产业结构转型升级对各行业均产生了显著影响。

问题五：为什么人工智能对制造业转型升级的影响存在异质性机制？

人工智能对制造业转型升级的影响存在异质性，主要是受到行业特征、区域位置等因素的影响。不同规模和资源水平的制造业企业以及不同的制造业子行业对人工智能技术的应用存在差异。大型企业倾向于更广泛、深入地应用人工智能技术，从而推动制造业的转型升级。

8.3 研究贡献和局限性讨论

8.3.1 研究贡献

总的来说，在人工智能与制造业转型升级领域，本书研究的主要贡献表现在以下三个方面。

8.3.1.1 理论贡献

本书深入探讨了人工智能对我国制造业转型升级的内在影响机制，并强调了其在推动制造业转型升级过程中的重要性。通过系统回顾国内外相关文献、实证检验及对关键制造行业的细致分析，发现人工智能在制造业中的应用前景广阔，它能显著提高生产效率、优化供应链管理、激发产品创新，进而提升企业的市场竞争力。

8.3.1.2 实证贡献

（1）揭示了人工智能渗透率变化的总体趋势和行业差异。研究发现，人工智能在制造业中的应用水平总体呈上升趋势，但不同行业间存在着较大差异。这为制造企业的战略规划和资源配置提供了重要的参考，使其更好地适应人工智能的发展趋势。

（2）提供了关于中国制造业转型升级水平的分析结果。研究显示，中国制造业转型升级水平呈现阶梯形上升的趋势，且各行业间的全要素生产率水平差异较小。这一发现为制造业政策制定者提供了重要的参考，以便更好地推动中国制造业的转型升级。

（3）利用上市公司数据进行实证检验，研究结果证实了人工智能对制造业转型升级的积极影响。人工智能水平的提升与制造业全要素生产率的提升呈正相关，同时人工智能通过提高劳动生产率促进制造业转型升级。这些实证结果对政策制定和决策有参考价值。

8.3.1.3　应用贡献

本书提出了制造业转型升级的创新路径，为中国制造业转型升级提供了理论与实践的双重指导。借助人工智能技术，制造业企业可实现生产模式和组织结构的转型，进而达到降低成本、加快技术创新等目标。这将促进人工智能技术在制造业的广泛应用，推动制造业的转型升级。这一研究成果对中国从制造业大国向制造业强国转变有深远的意义。

综上所述，本书从劳动生产率视角深入探讨了人工智能如何促进制造业的转型升级，不仅提供了重要的理论和实证依据，还为制造业决策者和政策制定者提供了宝贵的信息。这对于中国制造业的发展、产业结构的调整等有重大的现实意义。

8.3.2　研究局限性讨论

8.3.2.1　数据局限性

由于本书主要基于上市公司的数据进行分析，研究未能涵盖所有的制造业企业和行业，因此样本可能不足以代表整个制造业群体，导致结论的泛化性受限。为了获得更全面、精确的研究结果，未来的研究需要认真考虑样本选择、数据收集和分析方法的适用性，并在可能的情况下，通过使用多种资料来源、验证数据质量等手段来弥补这些局限性，以便更深入、全面地探讨制造业的发展趋势和挑战。

8.3.2.2 时间局限性

本书以 2007~2022 年为研究范围，在人工智能飞速发展的背景下，对这一时期的研究成果未必能全面反映其发展对制造业转型升级的影响。为获得更完整、精确的研究成果，将来的研究可扩展研究范围。本书以中国目前的产业发展状况为基础展开，提出了人工智能促进制造业转型升级的新思路，未来需要在不断变化的环境中对此结果进行监测和验证。

8.3.2.3 研究方法局限性

本书的研究主要采用了文献综述、实证研究以及数据资料分析等方法。然而，在定性研究及案例分析等方面，尚未进行深入的探讨。为深入理解人工智能如何推动制造业的转型升级，未来的研究要认真考虑样本选择、数据收集和分析方法的适用性，并在可能的情况下使用多种方法进行结论验证和补充，比如以定性方法对人工智能在制造业中的作用机理进行深入的挖掘与探索。

综上所述，本书在探讨人工智能对制造业转型升级的影响时，存在几个局限性。包括数据局限性导致样本可能不足以代表整个制造业群体，限制了结论的泛化性；时间局限性使研究成果可能无法全面反映人工智能对制造业转型升级的影响，尤其是在其快速发展的背景下；研究方法局限性表现在定性研究和案例分析的缺乏，限制了对人工智能推动制造业转型升级的机理的理解。为了克服这些局限性，未来的研究需要认真考虑样本选择、数据收集和分析方法的适用性，并使用多种方法进行结论验证和补充，更全面、精确地探讨制造业的发展趋势和挑战。同时，研究结论需要在不断变化的环境中进一步监测和验证。

8.4 研究的实践意义和未来研究建议

8.4.1 研究的实践意义

结合中国的现实情况，对人工智能和制造业的转型升级进行深入研究有重要的现实意义。

8.4.1.1 促进经济增长和创新

将人工智能技术运用于制造领域，可推动经济增长和创新。研究表明，将人工智能引入制造业，可提高生产效率、优化供应链管理、降低成本、促进产品与服务的革新。这能创造更多的经济机遇和工作岗位，促进整体经济的发展。人工智能作为一项前沿技术，在中国的创新驱动发展战略中有重要地位。

8.4.1.2 推动制造业转型升级

制造业作为国民经济的支柱产业，正经历着传统产业转型与科技创新的双重挑战。

（1）提升制造业生产效率和竞争力。将人工智能引入制造业企业，无疑为提高生产效率、优化供应链管理、推动产品创新以及增强企业竞争力提供了新的契机。研究数据有力证明了人工智能对制造业转型升级的积极影响。因此，政府和企业应携手，积极推动人工智能技术在制造业中的广泛应用，以实现企业整体效率和竞争力的显著提升。

（2）推动劳动生产率提升。人工智能在提高劳动生产率方面展现出了巨大潜力。人工智能有望推动制造业产业结构的转变和升级，有效应对劳动力短缺、创造新的就业机会，并对解决人口老龄化等社会问题产生深远影响。鉴于此，政府和企业应加大对人工智能技术的投入和应用，通过提升生产力，实现可持续发展的宏伟目标。

8.4.1.3 促进产业链重塑和组织结构变革

人工智能重构了从研发、制造到销售等全部产业链，并引发了制造业上中下游企业内外部组织关系与生产环境的变革。这既给企业带来了机遇，也带来了新的挑战，需要进行组织结构的调整和变革，以适应人工智能时代的发展。

8.4.1.4 劳动力市场和职业转型

人工智能技术的不断发展，将对人才的需求产生巨大的影响。随着人工智能的发展，部分传统制造业岗位将面临被取代的风险，高技术工作也将产生。政府要重视劳动力市场的变化，为就业人员的职业生涯规划、转岗等方面提供必要的指导。

✎ 8.4.1.5 政策制定者参考

对政府而言，本研究将为中国制造业应用人工智能技术与转型升级、推动中国制造业自主创新与竞争能力的提高提供决策支持；对企业而言，将有助于其理解人工智能在制造业转型升级中的作用机理与实践效应，并为其制定策略计划、优化资源配置、提升生产效率与市场竞争能力提供理论依据。

综上所述，本书对人工智能与中国制造业转型升级的现实问题进行了深入研究，对推动中国制造业转型升级，提高经济竞争力，推动经济社会可持续发展有重要意义。

📖 8.4.2 未来研究建议

✎ 8.4.2.1 理论基础研究

从技术与组织创新、创新生态系统构建、可持续发展与社会责任、组织学习与知识管理以及社会学与人文视角等方面研究人工智能与制造业转型升级。这些研究成果可为我国制造业的转型升级提供更深层次的理论支撑与指导，推动相关领域学术与实践的发展。

✎ 8.4.2.2 拓展研究

未来可进行如下拓展研究：除依据工业机器人外，可考虑使用多种指标衡量 AI 技术的应用程度，如 AI 相关专利数量、研发投入比例等，以增强研究的准确性和说服力；进一步扩大数据样本范围，包括非上市公司，以提高研究结论的代表性；在研究方法上，可引入机器学习等新兴分析技术，进一步提高分析的精度和深度；丰富中介变量：除劳动生产率，可考虑引入其他潜在的中介变量，如资本深化、全要素生产率等，以更丰富地阐述人工智能作用机制；扩大行业异质性分析：适当扩大样本范围，覆盖更多行业，以进行更充分的行业特征比较；在政策建议部分，可结合更多国内外经验，提出更具针对性和操作性的政策建议。

综上所述，未来应考虑多方面因素、融合各学科知识，从全球化的角度出发，开展人工智能与制造业的转型升级的研究，以掌握世界制造业发展的趋势，推进人工智能在制造领域的创新和应用，为世界制造业的可持续发展提供重要的理论与现实指导。

［1］Acemoglu D，Restrepo P. The race between man and machine：Implications of technology for growth，factor shares，and employment［J］. *American Economic Review*，2018，108（6）：1488–1542.

［2］Afnan M H，Raj A，Islam R M R，et al. Marketing analytics capability，artificial intelligence adoption，and firms competitive advantage：Evidence from the manufacturing industry［J］. *Industrial Marketing Management*，2022，106：240–255.

［3］Arntz M，Gregory T，Zierahn U. The risk of automation for jobs in OECD countries：A comparative analysis［R］. OECD Social，Employment and Migration Working Papers，2016.

［4］Autor D H，Dorn D，Hanson G H. Untangling trade and technology：Evidence from local labour markets［J］. *The Economic Journal*，2015，125（4）：621–646.

［5］Balinski，Brent. AI group ten point plan advises urgent action on manufacturing［J］. *FEN*，2014，12–15.

［6］Balinski，Brent. AI Group，others reject labor mps ballarat manufacturing job losses figure［J］. *FEN*，2014，22–24.

［7］Barefoot K. Defining and measuring the digital economy［R］. Bea working paper，2018.

［8］Bresnahan T F，Brynjolfsson E，Hitt L M. Information technology，workplace organization，and the demand for skilled labor：Firm–level evidence［J］. *The Quarterly Journal of Economics*，2002，117（1）：339–376.

［9］Brock J K–U，Wangenheim F V. Demystifying AI：What digital transformation leaders can teach you about realistic artificial intelligence［J］.

Reference

California Management Review, 2019, 61（4）: 110–134.

[10] Brynjolfsson E, McAfee A. *The second machine age : Work, progress, and prosperity in a time of brilliant technologies* [M]. WW Norton & Company, 2014.

[11] Brynjolfsson E, Rock D, Syverson C. Artificial intelligence and the modern productivity paradox [J]. *The Economics of Artificial Intelligence : An Agenda*, 2019（23）: 23–57.

[12] Cardona M. ICT and productivity : Conclusions from the empirical literature [J]. *Information Economics and Policy*, 2013, 25（3）: 109–125.

[13] Castellacci F, Natera J M. The dynamics of national innovation systems : A panel cointegration analysis of the coevolution between innovative capability and absorptive capacity [J]. *Research Policy*, 2013, 42（3）: 579–594.

[14] Chatterjee S, Rana N P, Dwivedi Y K, et al. Understanding AI adoption in manufacturing and production firms using an integrated TAM-TOE model [J]. *Technological Forecasting and Social Change*, 2021, 170 : 120880.

[15] Chen Y Z, Li H Y, Luo Jr. Artificial intelligence, technological innovation and the upgrading of chinas equipment manufacturing industry [J]. *Journal of Asian Research*, 2022, 6（4）: 30.

[16] Chen Y, Jin S. Artificial intelligence and carbon emissions in manufacturing firms : the moderating role of green innovation [J]. *Processes*, 2023, 11（9）: 2705.

[17] Comin D, Lashkari D, Mestieri M. Structural change with long - run income and price effects [J]. *Econometrica*, 2021, 89（1）: 311–374.

[18] Dauth W, Findeisen S, Südekum J, et al. German robots : The impact of industrial robots on workers [R]. IAB Discussion Paper, 2017.

[19] David B. Computer technology and probable job destructions in Japan : An evaluation [J]. *Journal of the Japanese and International Economies*, 2017（43）: 77–87.

[20] De Simone V, DiPasquale V, Miranola S. An overview on the use of AI/ML in manufacturing MSMEs : Solved issues, limits, and challenges [J].

Procedia Computer Science, 2023（217）: 1820–1829.

［21］Dubey R, Gunasekaran A, Childe J S, et al. Big data analytics and artificial intelligence pathway to operational performance under the effects of entrepreneurial orientation and environmental dynamism: A study of manufacturing organisations［J］. *International Journal of Production Economics*, 2020（226）: 107599.

［22］Fei W. Research on the application of artificial intelligence technology to promote the high–quality development path of manufacturing industry［J］. *SHS Web of Conferences*, 2023, 154（4）: 03001.

［23］Füller J, Hutter K, Wahl J, et al. How AI revolutionizes innovation management: Perceptions and implementation preferences of AI based innovators［J］. *Technological Forecasting and Social Change*, 2022（178）: 121598.

［24］Furman J, Seamans R. AI and the economy［J］. *Innovation Policy and the Economy*, 2019, 19（1）: 161–191.

［25］Garbuio M, Lin N. Artificial intelligence as a growth engine for health care startups: Emerging business models［J］. *California Management Review*, 2019, 61（2）: 59–83.

［26］Gereffi G. International trade and industrial upgrading in the apparel commodity chain［J］. *Journal of International Economics*, 1999, 48（1）: 37–70.

［27］Gollin Douglas, Stephen Parente, Richard Rogerson. The role of agriculture in development［J］. *American Economic Review*, 2002, 92（2）: 160–164.

［28］Graetz G, Michaels G. Robots at work［J］. *Review of Economics and Statistics*, 2018, 100（5）: 753–768.

［29］Hashino T, Saito O. Tradition and interaction: Research trends in modern Japanese industrial history［J］. *Australian Economic History Review*, 2004, 44（3）: 241–258.

［30］Hastig G G, Sodhi M S. Blockchain for supply chain traceability: Business requirements and critical success factors［J］. *Production and Operations Management*, 2020, 29（4）: 935–954.

[31] Hémous D, Olsen M. The rise of the machines : Automation, horizontal innovation, and income inequality [J]. *American Economic Journal : Macroeconomics*, 2022, 14 (1): 179–223.

[32] Hessler M. How AI is making inroads in Auto manufacturing [J/OL]. *Industry Week*, 2019. https : //www.industryweek.com/technology–and–iiot/article/22027756/how–ai–is–making–inroads–in–auto–manufacturing.

[33] Hinton G E, Osindero S, Teh Y W. A fast learning algorithm for deep belief nets [J]. *Neural Computation*, 2006, 18 (7): 1527–1554.

[34] Hitomi K. Present trends and issues in Japanese manufacturing and management [J]. *Technovation*, 1992, 12 (3): 177–189.

[35] Hossein M R. The influence of artificial intelligence adoption on circular economy practices in manufacturing industries [J]. *Environment, Development and Sustainability*, 2022, 25 (12): 14355–14380.

[36] Humphrey J, Schmitz H. *Governance and upgrading : linking industrial cluster and global value chain research* [M]. Brighton : Institute of Development Studies, 2000.

[37] Humphrey J, Schmitz H. How does insertion in global value chains affect upgrading in industrial clusters [J]. *Regional Studies*, 2002, 36 (9): 1017–1027.

[38] Ivus O, Boland M. The employment and wage impact of broadband deployment in Canada [J]. *Canadian Journal of Economics/Revue canadienne d'économique*, 2015, 48 (5): 1803–1830.

[39] Jeremy D J. The hundred largest employers in the United Kingdom, in manufacturing and non–manufacturing industries, in 1907, 1935 and 1955 [J]. *Business History*, 1991, 33 (1): 93–111.

[40] Kim Jang Hwan. Changes in the industrial structure caused by the IoT and AI [J]. *Convergence Security Journal*, 2017, 17 (5): 93–99.

[41] Kunst D. Deskilling among manufacturing production workers [R]. Tinbergen Institute Discussion Papers, 2019.

[42] Li C, Li X. Research on smart logistics path based on artificial intelligence [J]. *Journal of Physics : Conference Series*, 2020 (153): 102455.

［43］Liang K W，Ting T S，Yu R X. The impact of artificial intelligence on total factor productivity：Empirical evidence from Chinas manufacturing enterprises［J］. *Economic Change and Restructuring*，2022，56（2）：123-145.

［44］Liu J，Chang H，Forrest Y J，et al. Influence of artificial intelligence on technological innovation：Evidence from the panel data of chinas manufacturing sectors［J］. *Technological Forecasting & Social Change*，2020（158）：120142.

［45］Lu Y，Wang B，Li Z，et al. Collaborative optimization of smart logistics based on artificial intelligence［C］//2019 IEEE 8th Data Driven Control and Learning Systems Conference（DDCLS）. IEEE，2019.

［46］Ma X. Influence research on the industrial transformation and upgrading based on internet plus strategy［J］. *Journal of Computational and Theoretical Nanoscience*，2017，14（9）：4384-4390.

［47］Manu S，Sunil L，Sudhanshu J，et al. Implementing challenges of artificial intelligence：Evidence from public manufacturing sector of an emerging economy［J］. *Government Information Quarterly*，2021，39（4）：101624.

［48］Mcafee A，Brynjolfsson E，Davenport T H，et al. Big data：The management revolution［J］. *Harvard Business Review*，2012，90（10）：60-68.

［49］Warren S McCulloch，Walter Pitts. A logical calculus of the ideas immanent in nervous activity［J］. *Bulletin of Mathematical Biophysics*，1943，5（4）：115-133.

［50］McKinsey. Global AI Survey：AI proves its worth，but few scale impact［Z］. McKinsey& Company Report，2019.

［51］Mengmeng X，Lin D，Yan X，et al. Does artificial intelligence affect the pattern of skill demand：Evidence from Chinese manufacturing firms［J］. *Economic Modelling*，2021，96（prepublish）：45-67.

［52］Michael E. Porter. *The Competitive Advantage of Nations*［M］. New York：The Free Press，1990.

［53］Ming T，Peilin Z，Yutong S. Discussion on the social problems caused by the extensive application of artificial intelligence technology in

China's manufacturing industry and its countermeasures—A case study of foshan manufacturing industry［J］. *Academic Journal of Humanities & Social Sciences*，2021，4（5）：53-58.

［54］Muro M，S Liu. The geography of AI：Which cities will drive the artificial intelligence revolution［R/OL］. Brookings Metropolitan Policy Program，https：//www.the globleeye.it/the-geography-of-ai-which-cities-will-drive-the-artificial-intelligence-revolutiong/.

［55］Nilsson N J. *Principles of Artificial Intelligence*［M］. Burlington：Morgan Kaufmann Publishers，1982.

［56］Nordhaus W D. Are we approaching an economic singularity：Information technology and the future of economic growth［R］.NBER Working Paper，No.21547，2015.

［57］Panigrahi R R，Shrivastava K A，Qureshi M K，et al. AI chatbot adoption in SMEs for sustainable manufacturing supply chain performance：A mediational research in an emerging country［J］. *Sustainability*,2023,15(18)：13743.

［58］Pisano P，Pironti M，Rieple A. Identify innovative business models：Can innovative business models enable players to react to ongoing or unpredictable trends［J］. *Entrepreneurship Research Journal*，2015，5（3）：181-199.

［59］Quirin D，Sven L. How the Terminator might affect the car manufacturing industry：Examining the role of pre-announcement bias for AI-based IS adoptions［J］. *Information & Management*，2024，61（1）：103881.

［60］Ramirez-Asis E，Vilchez-carcamo J，Thakar CM，et al. A review on role of artificial intelligence in food processing and manufacturing industry［J］. *Materials Today*：*Proceedings*，2022，51（8）：2462-2465.

［61］Rumelhart D E，Hinton G E，Williams R J. Learning representations by back-propagating errors［J］.*Nature*，1986，323（6088）：533-536.

［62］Scott P，Walsh P. Patterns and determinants of manufacturing plant location in interwar London［J］. *The Economic History Review*,2004,57（1）：109-141.

［63］Shao S, Shizz, Shi Y R. Impact of AI on employment in manufacturing industry［J］. *International Journal of Financial Engineering*, 2022, 9（3）: 2141013.

［64］Sharma P, Shah J, Patel R. Artificial intelligence framework for MSME sectors with focus on design and manufacturing industries［J］. *Materials Today : Proceedings*, 2022, 62（13）: 6962–6966.

［65］Shizhi L, Jie Y, Tao D. Performance evaluation of AI driven low carbon manufacturing industry in China : An interactive network DEA approach［J］. *Computers & Industrial Engineering*, 2022, 170 : 102–115.

［66］Shuai S, Zhanzhong S, Yirong S. Impact of AI on employment in manufacturing industry［J］. *International Journal of Financial Engineering*, 2022, 9（3）: 2141013.

［67］Smith T A. Customer value proposition, corporate transformation and growth in caribbean financial firms［J］. *International Journal of Bank Marketing*, 2016, 34（6）: 885–903.

［68］Stanford University. Artificial intelligence index［R］. Stanford University Report, 2017–2022, https : //aiindex.stanford.edu/.

［69］Steffen K, Marco B, Enrica C. Prerequisites for the adoption of AI technologies in manufacturing : Evidence from a worldwide sample of manufacturing companies［J］. *Technovation*, 2022, 110.

［70］Syrquin M, Chenery H. Industrialization and growth : A comparative study［J］. *Chapter Patterns of structural change*, 1986.

［71］Tian H, Zhao L, Yunfang L, et al. Can enterprise green technology innovation performance achieve "corner overtaking" by using artificial intelligence : Evidence from Chinese manufacturing enterprises［J］. *Technological Forecasting and Social Change*, 2023, 194 : 122732.

［72］Turing, A. M. Computing machinery and intelligence［J］. *Mind*, 1950, 59（236）: 433–460.

［73］Vernim S, Baueer H, Rauch E, et al. A value sensitive design approach for designing AI–based worker assistance systems in manufacturing［J］. *Procedia Computer Science*, 2022（200）: 505–516.

［74］Wang K L, Sun T T, Xu R Y. The impact of artificial intelligence on total factor productivity：Empirical evidence from China's manufacturing enterprises［J］. *Economic Change and Restructuring*，2023，56（2）：1113-1146.

［75］Wang L，Wang H. Research on path optimization of intelligent logistics based on artificial intelligence［C］// 2019 International Conference on Computer Science，Communications and Information Technology. IEEE，2019.

［76］Wilmot J. Artificial intelligence at the edge improves manufacturing productivity［J］. *Plant Engineering*，2020，74（10）：30-35.

［77］Xu P，Zhang Z. Are scholar-type CEOs more conducive to promoting industrial AI transformation of manufacturing companies［J］. *Industrial Management & Data Systems*，2023，123（8）：2150-2168.

［78］Xu P，Zhang Z. Facilitation or inhibition：Impact of CEOs financial background on industrial AI transformation of manufacturing companies［J］. *Frontiers in Psychology*，2023（14）：1126801.

［79］Zhang J，Liu Z. Research on intelligent logistics path optimization based on artificial intelligence［C］// 2020 IEEE 5th International Conference on Cloud Computing and Big Data Analytics（CCBDA）. IEEE，2020.

［80］蔡啸，黄旭美.人工智能技术会抑制制造业就业吗：理论推演与实证检验［J］.商业研究，2019（6）：53-62.

［81］曹兴，汤长安.创新扩散系统要素对集群企业竞争优势的作用机制［J］.科学学与科学技术管理，2008，29（12）：70-74.

［82］曾大军，张柱，梁嘉琦，等.机器行为与人机协同决策理论和方法［J］.管理科学，2021，34（6）：55-59.

［83］曾繁华，何启祥，冯儒，等.创新驱动制造业转型升级机理及演化路径研究：基于全球价值链治理视角［J］.科技进步与对策，2015，32（24）：45-50.

［84］曾繁华，杨馥华，侯晓东.创新驱动制造业转型升级演化路径研究：基于全球价值链治理视角［J］.贵州社会科学，2016（11）：113-120.

［85］常悦，鞠晓峰.技术转让模式下技术创新扩散的博弈分析［J］.东北农业大学学报，2013，44（8）：143-147.

［86］钞小静，沈路，廉园梅.人工智能技术对制造业就业的产业关联

溢出效应研究［J］.现代财经（天津财经大学学报），2022，42（12）：3-20.

［87］陈凤仙.人工智能发展水平测度方法研究进展［J］.经济学动态，2022（2）：142-158.

［88］陈红，王稳华，刘李福，等.人工智能对企业成本黏性的影响研究［J］.科研管理，2023，44（1）：16-25.

［89］陈晓彤，高峰.路径创新选择的制约因素及其应对策略研究［J］.科技进步与对策，2019，36（1）：21-24.

［90］陈长江，成长春.新发展格局下长三角引领全国制造业转型升级的路径研究［J］.苏州大学学报（哲学社会科学版），2023，44（1）：10-19.

［91］程文.人工智能、索洛悖论与高质量发展：通用目的技术扩散的视角［J］.经济研究，2021，56（10）：22-38.

［92］崔艳.人工智能对制造业就业的影响及应对研究：来自微观企业和劳动者调查数据［J］.当代经济管理，2022，44（3）：59-66.

［93］戴勇.传统制造业转型升级路径、策略及影响因素研究：以制鞋企业为例［J］.暨南学报（哲学社会科学版），2013，35（11）：57-62.

［94］邓晓芒.人工智能的本质［J］.山东社会科学，2022（12）：39-46.

［95］邓洲.促进人工智能与制造业深度融合发展的难点及政策建议［J］.经济纵横，2018（8）：41-49.

［96］丁晟春，刘嘉龙，张洁逸.产业领域专利技术构成与关联演化分析：以人工智能领域为例［J］.情报科学，2020，38（12）：12-18+35.

［97］董慧，徐雷.基于本体知识表示的历史领域专家系统模型［J］.现代图书情报技术，2010（Z1）：72-78.

［98］董景荣，张文卿.技术进步要素偏向、路径选择与中国制造业升级［J］.管理现代化，2019，39（4）：26-30.

［99］董哲.“互联网+”背景下新能源汽车消费的创新扩散研究［J］.时代汽车，2020（14）：102-103.

［100］段欣，张洁逸，丁晟春.产业领域专利合作状态与演化分析：以人工智能领域为例［J］.情报科学，2020，38（12）：27-35.

［101］范晓男，张雪，鲍晓娜.市场竞争，技术创新与企业全要素

生产率：基于 A 股制造业上市公司的实证分析［J］.价格理论与实践，2020（7）：162-165，180.

［102］方毅，陈煜之，卫剑.人工智能与中国股票市场：基于机器学习预测的投资组合量化研究［J］.工业技术经济，2022，41（8）：83-91.

［103］付文宇，李彦，赵景峰.人工智能如何影响地区制造业优化升级：基于双重中介效应的研究［J］.经济体制改革，2020（4）：187-193.

［104］傅家骥.对技术经济学研究对象的看法［J］.工业技术经济，1992（1）：1-4.

［105］高煜.我国经济高质量发展中人工智能与制造业深度融合的智能化模式选择［J］.西北大学学报（哲学社会科学版），2019，49（5）：28-35.

［106］葛冬冬."智能+"：为制造业转型升级赋能［J］.人民论坛，2019（33）：66-68.

［107］郭凯明.人工智能发展、产业结构转型升级与劳动收入份额变动［J］.管理世界，2019，35（7）：60-77，202-203.

［108］郭伟锋，王汉斌，李春鹏.制造业转型升级的协同机理研究：以泉州制造业转型升级为例［J］.科技管理研究，2012，32（23）：124-129.

［109］郭艳冰，胡立君.人工智能、人力资本对产业结构升级的影响研究：来自中国 30 个省份的经验证据［J］.软科学，2022，36（5）：15-20.

［110］韩峰，庄宗武.国内大市场、人工智能应用与制造业出口国内附加值［J］.世界经济研究，2022（5）：33-47，135.

［111］韩明华.生产性服务业促进产业结构优化升级研究：以宁波制造业转型为例［J］.经济体制改革，2010（4）：51-55.

［112］韩永辉，刘洋，王贤彬.人工智能对区域经济增长的异质性影响与机制识别：基于中国"机器换人"的实证检验［J］.学术研究，2023（2）：97-104.

［113］何冬梅，刘鹏.人口老龄化、制造业转型升级与经济高质量发展：基于中介效应模型［J］.经济与管理研究，2020，41（1）：3-20.

［114］何勤，李雅宁，程雅馨，等.人工智能技术应用对就业的影响及作用机制研究：来自制造业企业的微观证据［J］.中国软科学，2020（S1）：213-222.

［115］何小钢，梁权熙，王善骝．信息技术、劳动力结构与企业生产率：破解"信息技术生产率悖论"之谜［J］．管理世界，2019，35（9）：65-80．

［116］洪后其，傅家骥，雷家骕．我国技术创新扩散模式的选择［J］．中国工业经济研究，1991（4）：64-65．

［117］胡丽娜．我国装备制造业转型升级面临的挑战与财政支持政策［J］．长白学刊，2023（1）：113-122．

［118］胡钦太，伍文燕，冯广，等．人工智能时代高等教育教学评价的关键技术与实践［J］．开放教育研究，2021，27（5）：15-23．

［119］胡志明，张金隆，马辉民，等．制造业转型升级政策协调性分析：以粤苏鄂辽为例［J］．科技进步与对策，2020，37（1）：122-128．

［120］黄东兵，王灵均，周承绪，等．制造企业人工智能创新如何赋能高质量发展：来自中国上市公司的经验证据［J］．科技进步与对策，2022，39（8）：110-120．

［121］黄晓凤，朱潇玉，王金红．人工智能提升了中国制造业企业的全要素生产率吗［J］．财经科学，2023（1）：138-148．

［122］季良玉．技术创新影响中国制造业转型升级的路径研究［D］．江苏：东南大学，2016：36-45．

［123］贾若男，王晰巍，于雪，等．突发公共事件网络舆情时空演化分析模型及算法研究［J］．现代情报，2023，43（2）：137-145．

［124］金银琴．公共文化服务体系下高职院校图书馆社会服务研究：以浙江省高职院校图书馆为例［J］．图书馆工作与研究，2018（6）：100-105．

［125］康凯，苏建旭，张会云．技术创新扩散场——技术创新空间扩散研究的一种新方法［J］．河北工业大学学报，2000（2）：27-31．

［126］孔高文，刘莎莎，孔东民．机器人与就业：基于行业与地区异质性的探索性分析［J］．中国工业经济，2020（8）：80-98．

［127］孔伟杰．制造业企业转型升级影响因素研究：基于浙江省制造业企业大样本问卷调查的实证研究［J］．管理世界，2012，（9）：120-131．

［128］黎文靖，郑曼妮．实质性创新还是策略性创新：宏观产业政策对微观企业创新的影响［J］．经济研究，2016，51（4）：60-73．

［129］李春发，李冬冬，周驰．数字经济驱动制造业转型升级的作用机理：基于产业链视角的分析［J］．商业研究，2020（2）：73-82．

［130］李海峰，何微，林宏烈．惠农支付与数字化普惠金融：服务模式创新与治理框架［J］．海南金融，2018（2）：34-40.

［131］李海英，Arthur C Graesser，Janice Gobert. 具身在人工智能导师系统中隐身何处［J］.华南师范大学学报（社会科学版），2017（2）：79-91.

［132］李怀政，田晓宇，吴虹．人工智能渗透、劳动生产率与中国制造业出口韧性提升［J］.西北人口，2023，44（6）：29-42.

［133］李捷，余东华，张明志．信息技术、全要素生产率与制造业转型升级的动力机制：基于"两部门"论的研究［J］.中央财经大学学报，2017（9）：67-78.

［134］李璟，屈韬，陈勇姗，等．服务业驱动制造业转型升级的路径和机制研究：基于佛山市2010—2018年制造业的实证检验［J］.广东财经大学学报，2022，37（1）：75-86.

［135］李静雯．人工智能对全要素生产率的影响研究［J］.工业技术经济，2023，42（11）：38-47.

［136］李廉水，鲍怡发，刘军．智能化对中国制造业全要素生产率的影响研究［J］.科学学研究，2020，38（4）：609-618，722.

［137］李廉水，石喜爱，刘军．中国制造业40年：智能化进程与展望［J］.中国软科学，2019（1）：1-9，30.

［138］李廉水．中国制造业40年：回溯与展望［J］.江海学刊，2018（5）：107-114，238.

［139］李强．山西省战略性新兴产业选择实证研究［J］.山西大同大学学报（社会科学版），2015，29（6）：102-108.

［140］李强．以竞争性产业政策推动我国汽车产业升级［J］.汽车工业研究，2015（11）：15-18.

［141］李沁峰．企业研发强度对经营绩效波动的影响研究［J］.全国流通经济，2022（12）：94-97.

［142］李舒沁，王灏晨，汪寿阳．人工智能背景下工业机器人发展水平综合动态评价研究：以制造业为例［J］.系统工程理论与实践，2020，40（11）：2958-2967.

［143］李舒沁，王灏晨，汪寿阳．人工智能背景下制造业劳动力结构影响研究：以工业机器人发展为例［J］.管理评论，2021，33（3）：307-314.

［144］李舒沁，王灏晨．人工智能对老龄化背景下制造业劳动力的影响：来自中国的证据［J］．科学学与科学技术管理，2021，42（7）：3-17.

［145］李翔，叶初升，潘丽群．人工智能何以提升中国制造业发展质量：索洛悖论在中国制造业的再检验［J］．兰州大学学报（社会科学版），2023，51（4）：44-58.

［146］李新娥，何勤，李晓宇，等．基于政策量化的人工智能政策对制造业就业的影响研究［J］．科技管理研究，2020，40（23）：197-203.

［147］李新娥，喻子君，夏静，等．人工智能技术应用下制造业企业就业效应研究：基于101家上市公司的实证检验［J］．中国软科学，2021（S1）：277-286.

［148］李丫丫，潘安．工业机器人进口对中国制造业生产率提升的机理及实证研究［J］．世界经济研究，2017（3）：87-96，136.

［149］李雅宁，何勤，王琦，等．人工智能上市公司全要素生产率测度及其对就业的影响研究［J］．中国人力资源开发，2020，37（11）：62-74.

［150］李兆丰，刘炎峻，徐勇将，等．数字化食品在新时代下的发展与挑战［J］．食品科学，2022，43（11）：1-8.

［151］李志强，刘英，魏琳．人工智能时代技能溢价的影响路径研究［J］．当代财经，2022（7）：16-26.

［152］梁超，王华，汤立许．智慧主动健康服务框架构建与应用策略研究［J］．中国工程科学，2023，25（5）：30-42.

［153］廖信林，杨正源．数字经济赋能长三角地区制造业转型升级的效应测度与实现路径［J］．华东经济管理，2021，35（6）：22-30.

［154］林晨，陈小亮，陈伟泽，等．人工智能、经济增长与居民消费改善：资本结构优化的视角［J］．中国工业经济，2020（2）：61-83.

［155］林晨，夏明，张红霞．产业基本性与重点产业选择［J］．统计研究，2020，37（6）：93-105.

［156］林兰，曾刚．技术扩散对高新技术企业布局的影响［J］．科技进步与对策，2007（2）：78-83.

［157］令小雄，王鼎民，袁健．ChatGPT爆火后关于科技伦理及学术伦理的冷思考［J］．新疆师范大学学报（哲学社会科学版），2023，44（4）：123-136.

［158］刘斌，潘彤.人工智能对制造业价值链分工的影响效应研究［J］.数量经济技术经济研究，2020，37（10）：24-44.

［159］刘晨，崔鹏.研发投入、企业规模与人工智能企业的生产效率：基于三阶段 DEA 模型与 Tobit 模型的二阶段分析［J］.财贸研究，2022，33（5）：45-55.

［160］刘曙光，孟庆婕.人工智能技术对中国制造业全球价值链升级的影响效应研究［J］.工业技术经济，2022，41（12）：94-99.

［161］刘松竹，肖生鹏，梁运文.人工智能与中国制造业企业高质量发展［J］.江汉论坛，2022（7）：24-31.

［162］刘婷婷，罗义南，杨晨阳.基于多智能体深度强化学习的分布式干扰协调［J］.通信学报，2020，41（7）：38-48.

［163］刘鑫鑫，韩先锋.人工智能与制造业韧性：内在机制与实证检验［J］.经济管理，2023，45（11）：48-67.

［164］刘夔龙，史冬梅，刘进长，等.基于文献计量学的人工智能领域研究现状及热点分析［J］.科技管理研究，2021，41（10）：38-48.

［165］刘影.中国制造背景下工匠精神与职业技能融合的高职院校人才培养：以建筑工程技术专业为例［J］.西部素质教育，2017，3（23）：9-10，80.

［166］刘媛，杨涛，胡峰，等.引领江苏发展的未来产业遴选及前沿热点技术研究：以人工智能产业为例［J］.科技管理研究，2021，41（11）：53-62.

［167］路江涌，陶志刚.中国制造业区域聚集及国际比较［J］.经济研究，2006（3）：103-114.

［168］路寻.略论人工智能哲学中的情感问题［J］.中州学刊，2010（5）：273-274.

［169］吕慧珍，张萌.开放式创新战略与制造业转型升级：基于减税降费的调节效应视角［J］.财会通讯，2022（13）：58-62.

［170］吕民乐，汪星星.人工智能对制造业企业金融化影响研究：以中国 A 股主板制造业上市公司为例［J］.华东经济管理，2023，37（7）：100-109.

［171］吕荣杰，徐梦瑶，杨蕾.人工智能发展水平对制造业就业的影响：基于消费升级的中介效应分析［J］.金融与经济，2021（7）：63-71.

［172］吕越，谷玮，包群.人工智能与中国企业参与全球价值链分工［J］.中国工业经济，2020（5）：80-98.

［173］吕越，张昊天，高恺琳.人工智能时代的中国产业链"延链补链"：基于制造业企业智能设备进口的微观证据［J］.中国工业经济，2024（1）：56-74.

［174］蒙丹，姚书杰.西部制造业转型升级的产业链整合模式研究：兼论云南省制造业转型升级［J］.学术探索，2019（8）：78-83.

［175］米晋宏，江凌文，李正图.人工智能技术应用推进中国制造业升级研究［J］.人文杂志，2020（9）：46-55.

［176］苗翠芬.人工智能与制造业服务化［J］.经济与管理研究，2023，44（7）：22-39.

［177］苗红，赵润博，黄鲁成，等.基于LDA-SVM分类算法的技术融合测度研究［J］.科学学与科学技术管理，2018，39（10）：13-29.

［178］那丹丹，李英.我国制造业数字化转型的政策工具研究［J］.行政论坛，2021，28（1）：92-97.

［179］欧阳日辉，刘昱宏.生成式人工智能（AIGC）融入制造业的理论逻辑与实现路径［EB/OL］.［2024-03-14］.https：//www.sdbdra.cn/newsinfo/ 6918049.html.

［180］潘为华，潘红玉，陈亮，等.中国制造业转型升级发展的评价指标体系及综合指数［J］.科学决策，2019（9）：28-48.

［181］彭本红，谷晓芬，武柏宇.制造业转型升级中的服务型制造项目治理机制［J］.产经评论，2015，6（5）：65-77.

［182］彭本红，周倩倩，谷晓芬.服务型制造项目治理的影响因素及其作用路径［J］.技术经济，2015，34（4）：64-72.

［183］彭莹莹，汪昕宇.人工智能技术对制造业就业的影响效应分析：基于中国广东省制造业企业用工总量与结构的调查［J］.北京工业大学学报（社会科学版），2020，20（5）：68-76.

［184］彭羽，陈希.FDI流入、贸易中间商集聚与区域经济增长：基于长三角地区面板数据的实证研究［J］.财经论丛，2011（5）：19-24.

［185］钱宝荣.促进制造业转型升级的税收政策思考［J］.税务研究，2010（6）：7-12.

［186］钱铁云.人工智能是否可以超越人类智能：计算机和人脑、算

法和思维的关系［J］.科学技术与辩证法，2004（5）：44-47.

［187］史铭之."中国制造2025"视域下地方本科院校的转型与坚守［J］.职业技术教育，2015，36（25）：13-17.

［188］宋华.人工智能数智供应链的理论探索与展望［J］.中国流通经济，2024，38（1）：44-54.

［189］孙德升，刘峰，陈志.中国制造业转型升级与新微笑曲线理论［J］.科技进步与对策，2017，34（15）：49-54.

［190］孙杭生.中国"世界工厂"转型升级问题研究［J］.价格理论与实践，2011（3）：76-78.

［191］孙文远，刘于山.人工智能对劳动力市场的影响机制研究［J］.华东经济管理，2023，37（3）：1-9.

［192］孙雯."营改增"对制造业企业转型升级的影响研究：基于制造业服务化的视角［D］.杭州：浙江财经大学，2022.

［193］孙月，邱若臻.交叉销售下基于支持向量聚类的数据驱动多产品库存鲁棒优化模型［J］.中国管理科学，2022，30（2）：156-168.

［194］孙早，侯玉琳.工业智能化与产业梯度转移：对"雁阵理论"的再检验［J］.世界经济，2021，44（7）：29-54.

［195］孙早，侯玉琳.人工智能发展对产业全要素生产率的影响：一个基于中国制造业的经验研究［J］.经济学家，2021（1）：32-42.

［196］汤长安.集群成熟期技术创新扩散过程模式研究［J］.内蒙古财经学院学报，2008（4）：46-49.

［197］唐青青，白东北，王珏.人工智能对出口产品质量促进的异质效应与影响路径［J］.现代财经（天津财经大学学报），2021，41（12）：94-110.

［198］唐晓华，景文治.人工智能赋能下现代柔性生产与制造业智能化升级研究［J］.软科学，2021，35（8）：30-38.

［199］王兵，王启超.全要素生产率、资源错配与工业智能化战略：基于广东企业的分析［J］.广东社会科学，2019（5）：17-26.

［200］王层层.辽宁装备制造业转型升级与智能化建设的系统动力学研究［J］.科技管理研究，2020，40（7）：190-199.

［201］王华，杨曦，赵婷微，等.基于扎根理论的创新生态系统构建研究：以中国人工智能芯片为例［J］.科学学研究，2023，41（1）：143-155.

［202］王继平，周娜，金星霖.制造业转型升级背景下制造类企业技能型员工培训质量改进：基于 QFD 质量功能展开模型［J］.中国职业技术教育，2019（6）：52-57.

［203］王磊，肖倩，邓芳芳.人工智能对中国制造业创新的影响研究：来自工业机器人应用的证据［J］.财经论丛，2023（9）：14-24.

［204］王林辉，胡晟明，董直庆.人工智能技术会诱致劳动收入不平等吗：模型推演与分类评估［J］.中国工业经济，2020（4）：97-115.

［205］王书华，杨学成，曹静，等.应用人工智能优化制造业人力资源结构的对策建议［J］.科技管理研究，2024，44（2）：187-193.

［206］王先庆，雷韶辉.新零售环境下人工智能对消费及购物体验的影响研究：基于商业零售变革和人货场体系重构视角［J］.商业经济研究，2018（17）：5-8.

［207］王晓卉，翁伟斌.制造业转型背景下职教师资培养策略研究：以上海为例［J］.职教论坛，2015（29）：14-19.

［208］王雅君.近代认识论的理论困境及其现代转向［J］.哈尔滨市委党校学报，2006（6）：37-39.

［209］王永钦，董雯.机器人的兴起如何影响中国劳动力市场：来自制造业上市公司的证据［J］.经济研究，2020（10）：159-175.

［210］王袁欣，刘德寰.接触与采纳：基于人工智能早期体验者的创新扩散研究［J］.现代传播（中国传媒大学学报），2023，45（2）：78-87.

［211］王媛媛，张华荣.G20 国家智能制造发展水平比较分析［J］.数量经济技术经济研究，2020，37（9）：3-23.

［212］王志平.拓展功能 创新发展 着力打造优质展览平台［J］.中国经贸，2013（10）：12-13.

［213］韦东明，顾乃华，韩永辉.人工智能推动了产业结构转型升级吗：基于中国工业机器人数据的实证检验［J］.财经科学，2021（10）：70-83.

［214］魏龙，王磊.全球价值链体系下中国制造业转型升级分析［J］.数量经济技术经济研究，2017，34（6）：71-86.

［215］魏巍.人工智能技术对制造业资本溢价与技能溢价影响的区域异质性研究［J］.技术经济，2022，41（11）：12-23.

［216］温湖炜，钟启明.智能化发展对企业全要素生产率的影响：来

自制造业上市公司的证据［J］.中国科技论坛，2021（1）：84-94.

［217］温习华，张彤.制造业转型升级中的路径创新选择研究［J］.科技创新与应用，2018（31）：85-87.

［218］温忠麟，张雷，侯杰泰，等.中介效应检验程序及其应用［J］.心理学报，2004（5）：614-620.

［219］问泽霞.贸易战背景下我国贸易利益分析：基于属权原则和要素分解的测度［J］.技术经济与管理研究，2019（2）：92-96.

［220］问泽霞.增加值贸易视角下中美服务贸易双边嵌套关系研究［J］.当代经济管理，2019，41（11）：40-44.

［221］吴淼.减税政策对我国制造业企业转型升级的影响研究［D］.昆明：云南财经大学，2022.

［222］吴鹏阳.人工智能时代：互联网推动制造业升级的四大方向［J］.船舶工程，2017，39（12）：134-139.

［223］吴文菲，丰燕.数字经济、消费升级与城市土地利用效率：基于武汉城市圈的实证［J］.统计与决策，2022，38（19）：107-110.

［224］谢康，卢鹏，盛君叶，等.人工智能、产品创新与制造业适应性转型［J］.北京交通大学学报（社会科学版），2024，23（1）：84-95.

［225］谢萌萌，夏炎，潘教峰，等.人工智能、技术进步与低技能就业：基于中国制造业企业的实证研究［J］.中国管理科学，2020，28（12）：54-66.

［226］谢伟丽，石军伟，张起帆.人工智能、要素禀赋与制造业高质量发展：来自中国208个城市的经验证据［J］.经济与管理研究，2023，44（4）：21-38.

［227］谢雁翔，覃家琦，金振，等.企业工业智能化与全要素生产率提升：基于制造业上市公司的经验证据［J］.科学学与科学技术管理，2023，44（11）：148-165.

［228］"新一代人工智能引领下的制造业新模式新业态研究"课题组.新一代人工智能引领下的制造业新模式与新业态研究［J］.中国工程科学，2018，20（4）：66-72.

［229］徐广林，林贡钦.工业4.0背景下传统制造业转型升级的新思维研究［J］.上海经济研究，2015（10）：107-113.

［230］徐家天泽，程如烟，姜桂兴.基于合著论文的中国高水平国际

合作发展趋势研究：以人工智能领域为例［J］.中国科技论坛，2022（6）：84-89.

［231］徐璐，朱炳元.人工智能的马克思劳动价值论解读［J］.思想理论教育，2022（2）：59-65.

［232］徐璐，朱炳元.人工智能的马克思主义分析和解读［J］.广西社会科学，2022（11）：84-90.

［233］徐明德.信息化是公路管理现代化的必由之路［J］.中国交通信息产业，2004（2）：63-64.

［234］徐星，惠宁，韩先锋，等.人工智能驱动制造业高质量发展的复合效应研究：基于知识创造与知识地理溢出的双重机制［J］.中国科技论坛，2024（1）：50-61.

［235］阳立高，谢锐，贺正楚，等.劳动力成本上升对制造业结构升级的影响研究：基于中国制造业细分行业数据的实证分析［J］.中国软科学，2014（12）：136-147.

［236］杨光，侯钰.工业机器人的使用、技术升级与经济增长［J］.中国工业经济，2020（10）：138-156.

［237］杨劼，赵莹，张荣光，等.政府创新偏好、产业结构优化与绿色经济发展水平［J］.统计与决策，2022，38（19）：169-173.

［238］杨仁发，陆瑶.人工智能对制造业高质量发展的影响研究［J］.华东经济管理，2023，37（4）：65-76.

［239］杨文华.信息时代商品理念的创新与发展［J］.沈阳干部学刊，2004（3）：23-25.

［240］杨学成，郭景，杨东晓.人工智能技术进步对高技术制造业就业结构的影响路径研究［J］.北京工业大学学报（社会科学版），2024，24（2）：110-123.

［241］杨阳，兰孝峰，侯琼.我国工业减废降碳协同增效路径探索：以食品制造业为例［J］.环境工程学报，2023，17（12）：3817-3825.

［242］杨寅，刘勤.人工智能有助于加速会计职能转变吗：基于调查问卷数据的例证［J］.会计之友，2023（5）：72-77.

［243］叶祥松，欧进锋.新一代人工智能与中国产业结构优化的动态交互效应及耦合协调度：基于省际面板数据的实证分析［J］.广东社会科学，2023（2）：27-40.

［244］余东华，信婧.信息技术扩散、生产性服务业集聚与制造业全要素生产率［J］.经济与管理研究，2018，39（12）：63-76.

［245］余东华，张维国.要素市场扭曲、资本深化与制造业转型升级［J］.当代经济科学，2018，40（2）：114-123，128.

［246］余玲铮，魏下海，孙中伟，等.工业机器人、工作任务与非常规能力溢价：来自制造业"企业—工人"匹配调查的证据［J］.管理世界，2021，37（1）：47-59，4.

［247］袁其刚，嵇泳盛，于舒皓.人工智能促进了制造业企业出口产品升级吗：基于技术复杂度视角的分析［J］.产业经济评论，2022（3）：69-82.

［248］原毅军，陈喆.环境规制、绿色技术创新与中国制造业转型升级［J］.科学学研究，2019，37（10）：1902-1911.

［249］岳宇君，顾萌.人工智能会改变制造企业的成本粘性吗［J］.东南大学学报（哲学社会科学版），2022，24（1）：90-99，147.

［250］臧维，张延法，徐磊.我国人工智能政策文本量化研究：政策现状与前沿趋势［J］.科技进步与对策，2021，38（15）：125-134.

［251］詹浩勇，冯金丽.生产性服务业集聚与制造业转型升级的机理与实证检验［J］.商业研究，2014（4）：49-56.

［252］詹浩勇，冯金丽.西部生产性服务业集聚对制造业转型升级的影响：基于空间计量模型的实证分析［J］.技术经济与管理研究，2016（4）：102-109.

［253］张华.产业融合：制造业转型升级的重要途径［J］.求是，2010（15）：32-33.

［254］张华.从"中国制造"到"中国智造"：记"机械行业之星"摩士集团［J］.宁波经济（财经视点），2010（5）：56-57.

［255］张华.稳健小巨人 制造大未来［J］.现代制造，2010（39）：62-63.

［256］张继红，陈锐.制造业转型升级中的路径创新选择与实施［J］.科技管理研究，2017，37（13）：117-121.

［257］张金若，隆雨."双循环"格局下制造业转型升级的成本核算与列报问题研究［J］.苏州大学学报（哲学社会科学版），2022，43（1）：49-59.

［258］张可云，庄宗武，韩峰.国内超大规模市场、人工智能应用与制造业出口产品质量升级［J］.经济纵横，2022（7）：1–12，137.

［259］张乐乐，顾小清.人工智能在教育领域创新扩散的影响因素研究：基于TOE理论框架［J］.中国远程教育，2023，43（2）：54–63，82.

［260］张乐乐.人工智能与学校体育教育变革：价值、困境及策略［J］.四川体育科学，2023，42（3）：123–126，132.

［261］张龙鹏，钟易霖.价值链视角下人工智能应用对全要素生产率的影响：基于中国A股上市公司的实证研究［J］.经济体制改革，2023（4）：106–113.

［262］张舒.传统制造业转型升级述评：以世界纺织业为例［J］.财经问题研究，2015（10）：38–44.

［263］张雪.中国制造业企业转型问题研究［J］.价格月刊，2011（6）：50–51，62.

［264］章潇萌，刘相波.融资约束、人工智能与经济增长［J］.财经研究，2022，48（8）：63–77.

［265］赵滨元.数字技术应用、智能制造生产模式和企业生产效率［J］.经济与管理，2023，37（6）：76–84.

［266］赵海峰，李世媛，巫昭伟.中央环保督察对制造业企业转型升级的影响：基于市场化进程的中介效应检验［J］.管理评论，2022，34（6）：3–14.

［267］郑琼洁，王高凤.人工智能对中国制造业价值链攀升的影响研究［J］.现代经济探讨，2022（5）：68–75.

［268］郑琼洁，王高凤.人工智能技术应用与中国制造业企业生产率：兼对"生产率悖论"的再检验［J］.学习与实践，2021（11）：59–69.

［269］郑琼洁，王高凤.人工智能驱动制造业价值链攀升：何以可能，何以可为［J］.江海学刊，2021（4）：132–138.

［270］郑权.AI赋能政务新媒体：趋势洞察与未来展望［J］.青年记者，2023（3）：64–66.

［271］郑烨，任牡丹，Jane E Fountain.基于文献计量的中外人工智能政策研究现状及启示［J］.情报杂志，2021，40（1）：48–55.

［272］周大鹏，肖建军.制造业转型中金融服务体系的构建［J］.新金

融，2010（11）：55-59.

［273］周杰琦，陈达，夏南新．人工智能、产业结构优化与绿色发展效率：理论分析和经验证据［J］．现代财经（天津财经大学学报），2023，43（4）：96-113.

［274］周杰琦，陈达，夏南新．人工智能的绿色发展效应：技术赋能和结构优化［J］．当代经济科学，2023，45（5）：30-45.

［275］周杰琦，陈达，夏南新．人工智能对绿色经济增长的作用机制与赋能效果：产业结构优化视角［J］．科技进步与对策，2023，40（4）：45-55.

［276］周科选，余林徽．人工智能产业政策与出口产品质量［J］．上海对外经贸大学学报，2023，30（2）：5-21.

［277］周民良．区域创新、结构调整与中国地区制造业转型升级［J］．学习与实践，2011（8）：31-43.

［278］周民良．推动沿海制造业转型升级战略构想［J］．人民论坛，2011（26）：124-127.

［279］周敏．价值链视阈下的热力企业成本管控策略探析［J］．中外企业家，2019（10）：1.

［280］周倩．我国医药制造企业数字化转型发展探析［J］．中国信息化，2021（10）：82-84.

［281］周松兰，王俊霞，林熙．人工智能、制造业创新链与经济高质量发展：基于地区面板数据的实证研究［J］．科技管理研究，2023，43（7）：171-181.

［282］周亚建，陆晓红．人工智能时代的中小学智能教育［J］．中国教育学刊，2023（S1）：6-8.

［283］周勇，吴海珍，韩兆安．数字经济对制造业转型升级的影响［J］．统计与决策，2022，38（20）：122-126.

［284］周勇，张小路，刘志迎．安徽智能制造高质量发展创新路径研究［J］．现代管理科学，2022（4）：82-87.

［285］周元元，贾晓柏．人工智能在财务业务一体化中的应用［J］．财会月刊，2007（31）：60-62.

［286］朱凤．利用科学活动促进幼儿深度学习［J］．学前教育研究，2018（9）：67-69.

［287］朱巧玲，李敏．人工智能、技术进步与劳动力结构优化对策研究［J］．科技进步与对策，2018，35（6）：36-41.

［288］朱巍，陈慧慧，田思媛，等．人工智能：从科学梦到新蓝海：人工智能产业发展分析及对策［J］．科技进步与对策，2016，33（21）：66-70.

［289］祝黄河，孙兴．人工智能时代劳动发展的逻辑与实践［J］．思想理论教育导刊，2023（4）：56-64.

　　在这个瞬息万变的世界里，笔者不禁思考，人工智能是否能引领制造业的转型升级，为未来带来一缕曙光？是什么力量让这个领域如此引人入胜、令人着迷？或许人工智能是人类与机械的绝妙结合，是智慧的化身，是未来的希望。在全球经济快速发展和竞争加剧的背景下，人工智能被广泛认为是推动制造业转型升级的重要力量。因此，深入研究人工智能对制造业的影响，探索其促进制造业转型升级的机制与路径创新，有极强的理论与现实意义。

　　本书的研究可追溯到党的十六大报告提出的"以信息化带动工业化，以工业化促进信息化"的新型工业化道路；2007年党的十七大提出，顺应世界科技经济发展新趋势，提出走中国特色新型工业化发展道路。这期间，笔者有幸参与了国家重大招标课题"中国特色新型工业化道路"的研究工作。笔者的研究历程涵盖了从互联网工业、《中国制造2025》（与德国工业4.0相仿）到智能制造（数字化转型）的各个发展阶段。制造业一直被视为国家经济发展的重要支柱。例如，2022年中国制造业增加值占全球的比重接近30%，位居世界第一。本书的研究既是出于以往情怀的继续，也是一种使命感的驱动，笔者深感有责任对这一课题继续展开探索性研究。

　　在研究期间，人工智能领域发生了两件重要的大事情，一是美国初创公司OpenAI于2022年11月30日发布人工智能语言模型ChatGPT-3.5，其被公认为近年来人工智能领域的一次重大突破；二是2024年2月，全球人工智能模型的领先者、AI时代的开创者OpenAI推出了一款能根据文字指令即时生成短视频的模型，并将之命名为Sora。Sora的发布被视为AI技术发展的重要里程碑，这也进一步引发了轰动效应。如果说GPT解决的是机器和人的互动问题，对制造业转型升级有潜在的积极影响，可提高生产效率，进行质量控制、个性化生产，推动人机协作和创新，并使就业结构发生变化；那么Sora解决了机器和这个世界的互动问题，其应用将鼓励制造业进行更多创新和研发工作，加深对物理世界的理解。本书尽可能从理论与实践层面进行人工智能对制造业转型升级研究。

首先，本书进行了文献综述，系统梳理了国内外相关文献研究。通过对人工智能和制造业转型升级的关系进行综合分析，为后续章节的研究奠定理论和实证基础。在此基础上，本书探讨了人工智能与制造业转型升级的理论基础，深入研究了人工智能理论、技术创新扩散理论、产业转型升级理论和产业生命周期理论在这一领域的应用。这些理论的研究和分析为人们更好地理解人工智能影响制造业转型升级的过程提供重要的支撑。

其次，测度人工智能与制造业转型升级两个核心变量的水平。通过定量指标和数据分析，客观地评估了人工智能在制造业转型升级中的作用和效果，为相关决策提供科学依据。同时，本书深入分析了人工智能对制造业转型升级的影响机制，包括全要素生产率提升、中介效应和异质性机制。这些机制的研究帮助人们更好地理解人工智能如何影响制造业的创新能力、生产效率和竞争力。

再次，在进行实证研究时，笔者设计了面板数据模型，选取制造业上市公司数据，进行了基准回归结果分析。对要素禀赋、产权和地区等异质性因素进行了分析，并揭示了它们对制造业应用人工智能技术转型升级的影响。这项实证研究为人们深入了解人工智能对制造业转型升级的实际影响提供了重要的实证依据。

最后，在第 7 章中，本书重点讨论了人工智能赋能制造业转型升级的路径创新选择，探讨了制造业转型升级路径创新的重要性、不同路径的特点以及制约因素与驱动力量。此外，本书深入分析了人工智能促进制造业转型升级的路径创新，包括技术创新、数据驱动、融合与创新等方面。这一章节的研究，为制造业决策者提供了指导，可帮助他们制定适合自身情况的转型升级路径，充分利用人工智能的潜力。

总的来说，本书对理解人工智能如何影响制造业转型升级有重要的参考意义。本书揭示了人工智能对制造业的多方面影响，包括提高生产效率、促进技术创新、改善组织管理、创造新的商业模式等。这些发现为制造业决策者提供了重要参考，可帮助他们在人工智能时代中抓住机遇，实现转型升级。

本研究在探讨人工智能与制造业转型升级的关系时，面临一些限制和挑战。首先，这一领域本身极为复杂，涉及多个学科，要求广泛的合作与深入的综合分析。其次，研究主要基于中国 A 股上市公司制造业的数据，但数据的不完整性和不准确性对结果的可靠性和有效性构成了挑战，因此需要克服这些问题。此外,尽管研究集中于人工智能对制造业的影响,但其他因素如市场需求和政策环境等对转型升级同样重要,这些因素在未来可能会产生新的影响和效应,值得进一步探讨。同时,我们意识到研究存在的不足,例如时间和资源的限制可能导致分析不够全面,而人工智能技术的快速进步可能需要我们对研究结果进行定期的修订和更新。尽管如此,本研究为未来的探索打下了基础,未来的工作可以更深入地研究人工智能与制造业的关系,包括智能制造、机器人技术、物联网和人机协作等细分领域。此外,研究可扩展到其他行业,考察人工智能在服务业、农业和医疗等领域的应用和影响,并进一步分析人工智能在制造业转型升级过程中可能遇到的风险和挑战,提出相应的解决策略。同时,结合物联网、大数据等其他新兴技术,探索它们与人工智能在制造业中的协同效应,也是未来研究的重要方向。

在此,我要感谢所有支持和参与本书研究的人员,包括我们的研究团队、同事和家人。他们的辛勤工作和支持使本书顺利完成。感谢蒋永穆教授多年来给予的教导和帮助;感谢于代松教授、王红军教授、匡后权教授、孙从海教授、黄飚博士、罗志华博士、许前川副研究员、彭景副教授对本书的研究指导。我还要深深感谢在研究期间帮助过我的所有同学和朋友,他们的帮助使本书得以顺利完成。感谢唐李翊苿、汪雨腈、李磊、黄诗静、何俊宏、贺飞云等研究生同学,他们参与了资料收集、数据整理、技术支撑、模型设计、修改完善等方面的工作,研究生活因你们更精彩。

真诚感谢出版社的各位编辑,尤其感谢经济管理出版社王光艳编辑多年来的支持和帮助,正是他们严谨、科学、一丝不苟的工作,本书才得以面世。

此外,特别感谢我的妻子叶桂英及其他亲人,在研究过程中他们给予了我无私的爱和关怀,是他们为我铺就了温暖而平坦的路,催我奋进,永不懈怠。

最后,希望这本书能对读者有所启发,并为人工智能与制造业转型升级的相关研究和实践提供有益的参考。随着人工智能技术的发展和制造业的变革,我们相信这个领域将充满机遇和挑战。期待未来更多的研究者和实践者加入这个领域,共同推动人工智能发展与制造业转型升级,为经济社会的可持续发展做出更大贡献。

贺刚

2024 年 2 月 26 日于成都府南河畔